Office 2013

Die Anleitung in Bildern

von
Frank Möller

Vierfarben

Sie haben Fragen, Wünsche oder Anregungen zum Buch?
Gerne sind wir für Sie da:

Anmerkungen zum Inhalt des Buches: maike.luebbers@vierfarben.de
Bestellungen und Reklamationen: service@vierfarben.de
Rezensions- und Schulungsexemplare: thomas.losch@vierfarben.de

An diesem Buch haben viele mitgewirkt, insbesondere:

Lektorat Maike Lübbers
Korrektorat Petra Bromand, Düsseldorf
Herstellung Kamelia Brendel
Einbandgestaltung Daniel Kratzke
Coverentwurf Janina Conrady
Coverbilder iStockphoto: 886435 © urbancow,
5070428 © Cheryl Casey, 16207621 © Stígur Karlsson
Typographie und Layout Vera Brauner
Satz Tilly Mersin
Druck Aprinta druck, Wemding

Gesetzt wurde dieses Buch aus der Linotype Syntax (10,25 pt/14,25 pt) in Adobe InDesign CS6. Und gedruckt wurde es auf mattgestrichenem Bilderdruckpapier (115 g/m^2). Hergestellt in Deutschland.

Bibliografische Information der Deutschen Nationalbibliothek
Die Deutsche Nationalbibliothek verzeichnet diese Publikation in der Deutschen Nationalbibliografie; detaillierte bibliografische Daten sind im Internet über http://dnb.d-nb.de abrufbar.

ISBN 978-3-8421-0076-3

1. Auflage 2013
© Vierfarben, Bonn 2013
Vierfarben ist ein Verlag der Galileo Press GmbH
Rheinwerkallee 4, D–53227 Bonn
www.vierfarben.de

Der Verlagsname Vierfarben spielt an auf den Vierfarbdruck, eine Technik zur Erstellung farbiger Bücher. Der Name steht für die Kunst, die Dinge einfach zu machen, um aus dem Einfachen das Ganze lebendig zur Anschauung zu bringen.

Liebe Leserin, lieber Leser,

egal ob Sie beispielsweise einen Brief oder eine E-Mail schreiben, einen Vortrag oder ein Referat vorbereiten, eine Kundenliste oder ein Haushaltsbuch führen wollen: Mit dem Office-Paket von Microsoft lassen sich diese Aufgaben schnell und einfach lösen. Zu den praktischsten Office-Programmen zählen dabei Word für die Textverarbeitung, PowerPoint zum Erstellen von Präsentationen, Excel für die Tabellenkalkulation und Outlook für Ihre E-Mails. Jedes dieser Programme kann Ihnen das (Berufs-)Leben erleichtern – wenn Sie sich auskennen.

Damit Sie die genannten Programme zu Ihrem Vorteil nutzen können und sich dabei nicht durch umständliche oder schwammige Erklärungen kämpfen müssen, möchte ich Ihnen dieses Buch ans Herz legen. Frank Möller zeigt Ihnen, wie Sie Office einfach und schnell für sich nutzen. Dabei macht er Sie in kleinen Schritten mit den wichtigsten Funktionen vertraut: verständlich, zielgerichtet, Bild für Bild und vor allem schnell nachvollziehbar.

Dieses Buch wurde mit größter Sorgfalt geschrieben und hergestellt. Sollten Sie dennoch einmal Fehler finden oder inhaltliche Anregungen haben, freue ich mich, wenn Sie mit mir in Kontakt treten. Für konstruktive Kritik bin ich dabei ebenso offen wie für lobende Worte. Doch zunächst einmal wünsche ich Ihnen viel Freude beim Lesen!

Ihre Maike Lübbers
Lektorat Vierfarben

maike.luebbers@vierfarben.de

Inhalt

3 Texte in Word perfekt formatieren 74

4 Schicke Layouts mit Word 110

Inhalt

Inhalt

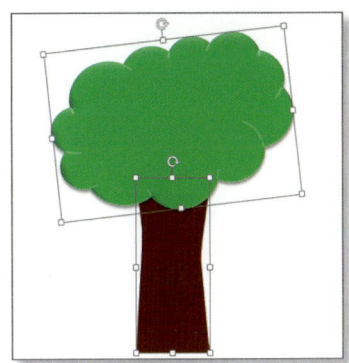

13 Seriendruck in Office 304

14 Office und das Internet 320

Kapitel 1
Die Grundlagen – Office im Überblick

In diesem Kapitel geht es um grundlegende Handgriffe bei der Arbeit mit Office: Wie nutzen Sie die Maus und ein Touchpad, wie erstellen und speichern Sie Dokumente, und wie passen Sie die Bildschirme der jeweiligen Programme an Ihre Wünsche an?

Die Maus und das Touchpad
Der Umgang mit der Maus und/oder dem Touchpad ❶ ist vielen PC-Nutzern vertraut. Dennoch beschreiben wir in diesem ersten Kapitel zunächst die Grundlagen ihrer Nutzung, damit sich auch Neueinsteiger zurechtfinden.

Dokumente anlegen, speichern und organisieren
Zu den ersten Schritten gehört das Öffnen der Programme. Wir zeigen Ihnen, wie das auf verschiedenen Wegen möglich ist. Sie haben es bei der Arbeit mit Office mit unterschiedlichen Dokumenten zu tun. Hier lernen Sie, wie Sie Dokumente anlegen, speichern ❷ und so organisieren, dass Sie sie ohne Probleme wiederfinden.

Bildschirme anpassen
Die Office-Programme werden nach dem Aufruf mit einem Standardbildschirm präsentiert. Diese Ansicht können Sie so anpassen ❸, dass sie Ihrer Arbeit und Ihren Bedürfnissen entspricht. Wir zeigen Ihnen, welche Anpassungen möglich und sinnvoll sind.

① Mit Maus und Touchpad bewegen Sie sich im Programm.

Im Dialog zum Speichern von Dateien können Sie verschiedene Angaben machen. ②

Stellen Sie eine praktische Bildschirmansicht ein. ③

Maus und Touchpad bedienen

Mit der Computermaus und auch mit dem Touchpad eines Notebooks sind viele Anwender heutzutage vertraut. Wir zeigen Ihnen dennoch kurz die wichtigsten Handgriffe.

Schritt 1

Am häufigsten benutzen Sie die linke Maustaste. Drücken Sie sie, um den Cursor an eine andere Stelle im Text zu setzen. Auf diese Weise starten Sie auch Befehle oder öffnen Auswahllisten und Dialoge.

Schritt 2

Wenn Sie hingegen die rechte Maustaste drücken, rufen Sie ein Kontextmenü auf. Dabei handelt es sich um Menüs mit variierenden Befehlen; die Auswahl ist jeweils abhängig von der Stelle, an der Sie geklickt haben.

Schritt 3

Mitunter benötigen Sie auch einen Doppelklick, d. h., Sie drücken möglichst schnell zweimal hintereinander auf die linke Maustaste. In Word markiert ein Doppelklick z. B. ein Wort. Im Explorer werden Ordner per Doppelklick geöffnet.

Schritt 4

Mit der Maus können Sie auch »ziehen«; dazu halten Sie die linke Maustaste gedrückt und ziehen die Maus in eine Richtung. Für diese Aktion gibt es unterschiedliche Einsatzgebiete. Ziehen Sie beispielsweise an der Bildlaufleiste, um das »Blatt« nach unten bzw. oben zu verschieben.

Schritt 5

Das Touchpad finden Sie an den meisten Notebooks oder Netbooks. Auch damit können Sie den Mauszeiger bewegen und Aktionen ausführen. Fahren Sie mit einer Fingerkuppe leicht über das Touchpad: Der Mauszeiger auf dem Monitor folgt der Bewegung Ihres Fingers.

Schritt 6

Unterhalb des Touchpads sind zwei Tasten angeordnet, deren Funktionen denen der Maustasten entsprechen. Für einen Linksklick reicht aber auch ein kurzes Antippen des Touchpads ❶. Wie mit der Maus können Sie auch mit der linken Taste des Touchpads einen Doppelklick ausführen.

Touchpad-Funktionen

Mit dem Touchpad können Sie je nach Hersteller (bzw. installiertem Treiber) auch weitere Funktionen ausführen. So bewirkt ein doppeltes Antippen des Pads einen Doppelklick. Ein abgebrochenes doppeltes Antippen, bei dem Sie direkt in eine Ziehbewegung übergehen, entspricht dem Ziehen mit der Maus.

Der neue Startbildschirm

Alle Programme und Funktionen in Windows 8 sind über den neuen Startbildschirm zu erreichen. Er präsentiert sich als Kacheloberfläche.

Schritt 1

Nachdem der Computer hochgefahren ist, wird automatisch der Startbildschirm angezeigt. Von dieser Oberfläche aus starten Sie alle Programme (Software), Apps (Windows-Software) und Windows-Funktionen.

Schritt 2

Wichtige Funktionen sind in der *Charms-Leiste* gesammelt, die Sie auf den ersten Blick nicht sehen. Sie müssen sie einblenden. Dazu zeigen Sie mit der Maustaste in die rechte untere oder obere Ecke des Bildschirms. Bei einem Touchscreen können Sie auch einfach mit dem Finger vom rechten Rand nach links streifen.

Schritt 3

Über die Kacheln gelangen Sie auch zum »klassischen« Windows-Bildschirm, dem *Desktop*. Klicken Sie einfach auf die Kachel mit der Beschriftung **Desktop**.

Schritt 4

Sie vermissen auf den ersten Blick vielleicht einige bekannte Windows-Programme (Editor, WordPad, Paint etc.)? Keine Sorge, es gibt sie noch: Bei einem Touchscreen wischen Sie vom unteren Rand ein wenig nach oben, ansonsten klicken Sie mit der rechten Maustaste auf den Bildschirm. Sodann erscheint unten in einer Leiste die Schaltfläche **Alle Apps 1**. Klicken Sie darauf, oder tippen Sie sie an.

Schritt 5

Daraufhin wird Ihnen eine Oberfläche mit Symbolen bzw. Kacheln für alle Programme und Apps angezeigt, die auf dem Rechner installiert sind. Das erneute Anklicken oder -tippen von **Alle Apps** bringt Sie zurück zum Startbildschirm.

Schritt 6

Wenn Sie eine Kachel mit der rechten Maustaste anklicken, erscheint am unteren Rand eine Leiste mit App-Befehlen, z. B. **Deinstallieren**, **Von »Start« lösen** oder **Kleiner** (um die Größe einer Kachel zu halbieren). Diese Befehle nutzen Sie per Klick oder durch Antippen.

Office-Programme starten und beenden

Viele Wege führen nach Rom und auch zur Arbeit mit den Office-Programmen. Die gängigsten Wege beschreiben wir in diesem Abschnitt.

Schritt 1

Um ein Programm aufzurufen, klicken Sie unter Windows 8 einfach seine Kachel auf dem Startbildschirm an. Bei einem Touchscreen funktioniert das durch Antippen.

Schritt 2

Praktisch ist es, sich ein Programmsymbol auf die Taskleiste des Desktops zu legen. So können Sie Programme bequem aufrufen. Klicken Sie die Kachel mit der rechten Maustaste an, um sie zu markieren. In der Leiste unten klicken Sie auf **An Taskleiste anheften** ❶.

Schritt 3

Danach sehen Sie das Programmsymbol in der Taskleiste. Ein Mausklick oder eine Fingerberührung reicht nun, um es aufzurufen.

Kacheln mit dem Finger markieren
Bei der Verwendung eines Touchscreens markieren Sie eine Kachel, indem Sie sie antippen, festhalten und kurz nach unten wischen.

Schritt 4

Wenn Ihr PC oder Laptop noch mit Windows 7 ausgestattet ist, gibt es links unten auf dem Desktop die Schaltfläche **Start** ❷. Klicken Sie auf diese Schaltfläche, dann auf **Alle Programme** ❸ ▸ **Microsoft Office** ❹. Wählen Sie per Mausklick das gewünschte Programm aus dem Office-Paket aus.

Schritt 5

Um unter Windows 7 ein Programm als Symbol auf die Taskleiste zu legen, klicken Sie im Startmenü den Programmnamen mit der rechten Maustaste an und wählen **An Taskleiste anheften**.

Schritt 6

Für einen schnellen Zugriff können Sie das Programmsymbol auch auf dem Desktop ablegen. Ziehen Sie es dazu mit gedrückter rechter Maustaste aus dem Startmenü auf den Desktop. Im zugehörigen Kontextmenü wählen Sie **Verknüpfungen hier erstellen**.

Office-Programme starten und beenden (Forts.)

Schritt 7

Sie rufen das Programm auch auf, wenn Sie im Explorer eine Datei doppelt anklicken. Datei und Programm werden geöffnet.

Schritt 8

Den Explorer rufen Sie unter Windows 8 schnell auf, indem Sie eine Art Startmenü einblenden. Dazu drücken Sie ⊞ + ⊠. Im Menü klicken Sie auf **Explorer** ❶.

Schritt 9

In vielen geöffneten Programmfenstern (z. B. in Word oder Excel) sehen Sie ganz oben rechts das sogenannte *Schließkreuz*. Mit einem Klick darauf werden Programme beendet. In manchen Programmen, z. B. in Word, wird so zunächst nur das Dokument geschlossen, an dem Sie gerade arbeiten (falls mehrere Dokumente geöffnet sind).

> **Der Explorer auf der Taskleiste**
> Es ist sinnvoll, ein Symbol für den Explorer auf die Taskleiste zu legen. Sie finden die Kachel **Explorer** unter **Alle Apps** in der Rubrik **Windows-System**. Klicken Sie die Kachel mit rechts an, und wählen Sie **An Taskleiste anheften**.

Schritt 10

Nachdem Sie alle Programme beendet haben, fahren Sie Ihren Rechner herunter. Unter Windows 8 blenden Sie dazu die Charms-Leiste ein. Zeigen Sie mit der Maus in die untere rechte Ecke, oder wischen Sie mit dem Finger vom rechten Rand ein wenig nach links. Dann klicken Sie auf **Einstellungen**.

Schritt 11

Im unteren Bereich des darauffolgenden Menüs gibt es die Schaltfläche **Ein/Aus**. Klicken Sie darauf, oder tippen Sie sie an.

Schritt 12

Im Menü wählen Sie **Herunterfahren**, um den Rechner auszuschalten, oder **Neu starten**, wenn er kurz heruntergefahren und dann automatisch wieder gestartet werden soll.

Windows 7

Unter Windows 7 klicken Sie auf die **Start**-Schaltfläche und dann auf **Herunterfahren**. Wenn Sie auf den Pfeil an der Schaltfläche klicken, sehen Sie weitere Optionen, z. B. **Neu starten**. Damit fährt der Rechner herunter und sofort wieder hoch.

Das Office-Fenster kennenlernen

Zunächst müssen Sie sich im Programmfenster zurechtfinden. Wir helfen Ihnen bei der Orientierung.

Schritt 1

Alle wichtigen Funktionen sind in *Registerkarten* zusammengestellt, die sich im *Menüband* befinden. Um sie zu öffnen, klicken Sie auf die jeweilige Bezeichnung, z. B. **Start** (Word).

Schritt 2

Links oben befindet sich die *Symbolleiste für den Schnellzugriff*. Hier haben Sie standardmäßig Zugriff auf die Symbole **Speichern** ❶, **Rückgängig** und **Wiederholen** ❷ (hier sehen Sie zusätzlich das Symbol **Fingereingabe-/Mausmodus** ❸, dazu mehr im Abschnitt »Der Bildschirm im Touchmodus« auf Seite 44).

Schritt 3

Rechts oben am Bildschirm sehen Sie die Schaltflächen **Word-Hilfe** ❹, **Menüband-Anzeigeoptionen** ❺, **Minimieren** (zum Ablegen des Programms in der Taskleiste) und **Verkleinern** ❻ (zum Verkleinern des Programms auf ein Fenster – ist das Programm im Fenster geöffnet, heißt das Symbol dann **Maximieren**) sowie **Schließen** ❼.

Schritt 4

Klicken Sie auf das Symbol **Verkleinern**, um das Programm in einem kleineren Fenster darzustellen. Dessen Größe können Sie verändern, indem Sie den Mauszeiger an den Rand bzw. eine der Ecken des Fensters führen und mit gedrückter Maustaste nach innen oder nach außen ziehen.

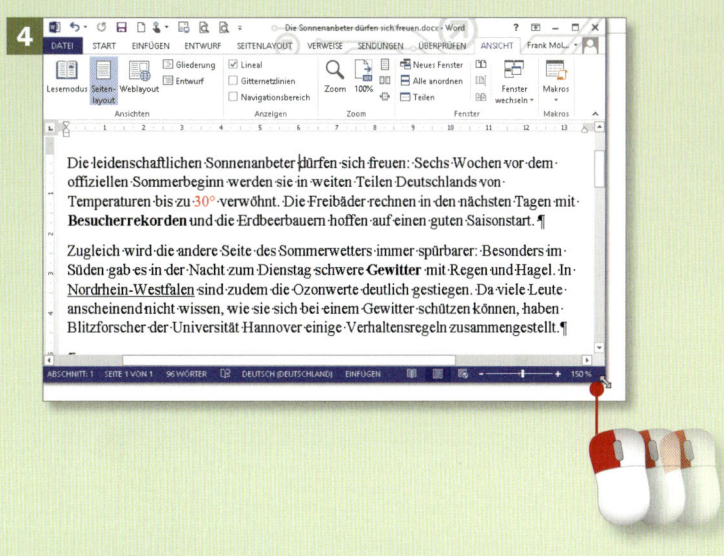

Schritt 5

Unterhalb des Arbeitsbereichs befindet sich die *Statusleiste* ❽, in der in Word z. B. die Seitenzahl des Dokuments angezeigt wird. Wenn dort **Seite: 1 von 4** steht, steht der Cursor auf der Seite 1 eines Dokuments mit 4 Seiten. Wenn Sie hier klicken, wird der Navigationsbereich geöffnet, über den Sie schnell zwischen den Seiten des Dokuments wechseln können.

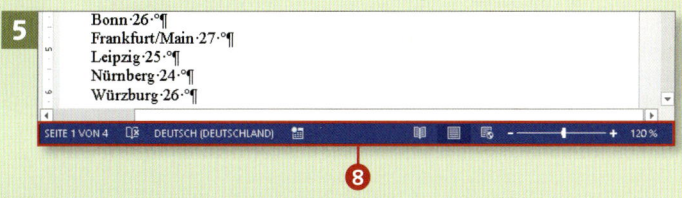

Schritt 6

Auf der rechten Seite der Statusleiste finden Sie die Schaltflächen zum Wechseln der Ansicht ❾ und den Regler bzw. die Plus- und Minuszeichen zur Veränderung des Zooms der Darstellung. Testen Sie ruhig einmal durch Verschieben des Reglers, wie sich die Anzeige des Dokuments ändert.

Das Fenster vergrößern und verkleinern

Die Office-Programme bzw. Dateien können als Vollbild oder in einem Fenster angezeigt werden. Die Arbeit mit Fenstern bietet sich vor allem an, wenn Sie mehrere Dateien/Programme gleichzeitig geöffnet haben.

Schritt 1

Um ein Programm nicht im Vollbild anzuzeigen, sondern in einem minimierten Fenster, klicken Sie oben rechts am Bildschirm auf das Symbol **Verkleinern**.

Schritt 2

Daraufhin wird das Programm/die Datei in einem Fenster dargestellt. Praktisch: Die Größe dieses Fenster lässt sich verändern. Führen Sie den Mauszeiger auf eine der Ecken, und ziehen Sie den Rahmen mit gedrückter Maustaste nach innen oder außen.

Schritt 3

Ein Fenster kann auch verschoben werden. Dazu führen Sie den Mauszeiger auf den oberen Rand des Fensters und ziehen es mit gedrückter Maustaste an die gewünschte Position. Bei einem Touchscreen lässt sich das Fenster auch einfach mit der Fingerkuppe ziehen.

Schritt 4

Um das Programm wieder im Vollbildmodus darzustellen, klicken Sie erneut auf das Symbol links neben dem Schließkreuz. In einem verkleinerten Fenster heißt dieses Symbol **Maximieren**.

Schritt 5

Wenn Sie das Programm/die Datei nicht schließen, sondern nur als Symbol in die Taskleiste legen möchten, klicken Sie auf das Symbol **Minimieren**.

Schritt 6

Ein Klick auf das Symbol unten in der Taskleiste lässt das Programm bzw. die Datei dann wieder im Vollbild erscheinen. (Wenn Sie mit der Maus nur darauf zeigen, ohne zu klicken, wird eine kleine Vorschau eingeblendet.)

Praktische Fenstertechnik

Wenn Sie ein verkleinertes Fenster mit gedrückter Maustaste an den oberen bzw. einen Seitenrand des Bildschirms ziehen, wird der Bildschirm in diesem Bereich abgedunkelt. Sobald Sie die Maus loslassen, wird das Fenster auf diesen abgedunkelten Bereich vergrößert.

Ein neues Dokument anlegen

Wenn Sie ein Office-Programm aufrufen, können Sie sofort mit der Arbeit beginnen.

Schritt 1

Nach dem Aufruf eines Office-Programms sehen Sie ein Menü, aus dem heraus Sie ein leeres Dokument öffnen können. Klicken Sie auf die entsprechende Schaltfläche: in Word auf **Leeres Dokument**, in Excel auf **Leere Arbeitsmappe** und in Power-Point auf **Leere Präsentation**.

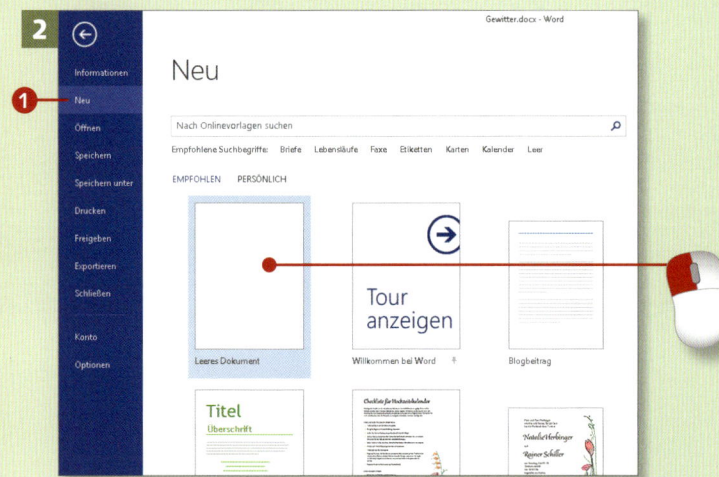

Schritt 2

Wenn Sie während der Arbeit ein neues Dokument erstellen möchten, klicken Sie im *Backstage-Bereich* (Registerkarte **Datei**) auf **Neu** ❶. Im nächsten Menü klicken Sie auf **Leeres Dokument** (in Word), **Leere Arbeitsmappe** (in Excel) oder **Leere Präsentation** (in PowerPoint).

Schritt 3

Sie können mehrere Programme/Dokumente gleichzeitig geöffnet haben. Die Symbole werden in der Taskleiste angezeigt. Wenn Sie den Mauszeiger auf ein Symbol halten, erscheinen Vorschaubildchen der geöffneten Dokumente. Per Mausklick werden sie aufgerufen.

Schritt 4

Über Word, Excel und PowerPoint haben Sie Zugang zu vorbereiteten, teils ausgefüllten Dokumenten, die Sie als Basis für Ihr neues Dokument nutzen können. Öffnen Sie das Register **Datei ▸ Neu** ❷, und klicken Sie im nächsten Fenster auf eine Miniatur-Vorlage.

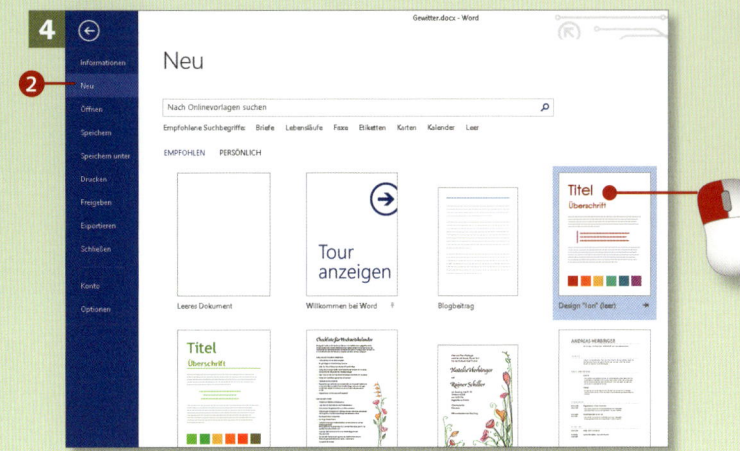

Schritt 5

Zunächst wird die Vorlage näher beschrieben. Klicken Sie hier auf **Erstellen**. Daraufhin wird die Vorlage heruntergeladen und ein neues Dokument auf ihrer Basis erstellt.

Schritt 6

Sie können auch gezielt nach weiteren Vorlagen suchen. Dazu klicken Sie auf eine der Kategorien unterhalb des Suchfeldes oder geben einen Begriff in das Suchfeld ein und klicken auf die Lupe ❸.

Eigene Dokumentvorlagen

In Kapitel 4, »Schicke Layouts mit Word«, ab Seite 110 erfahren Sie, wie Sie eigene Dokumentvorlagen erstellen. Sie werden in der Kategorie **Persönlich** gesammelt; diese Kategorie gibt es erst, wenn Sie eigene Vorlagen erstellt haben.

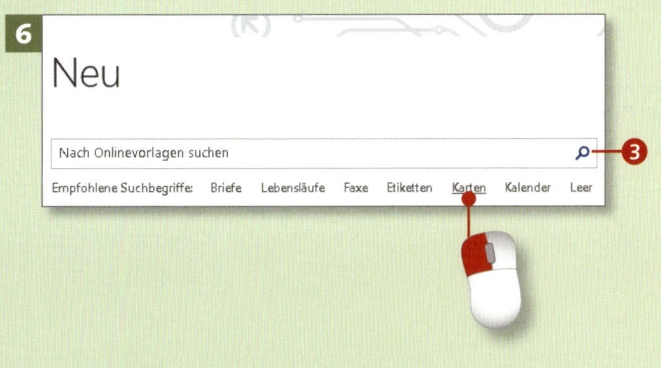

Die Ansicht des Dokuments anpassen

Wenn Sie mit dem Standardbildschirm und seinen Einstellungen nicht zufrieden sind, können Sie ihn an Ihre Bedürfnisse anpassen.

Schritt 1

Das Menüband nimmt einen recht großen Bereich in Anspruch. Sie können es aber auch ausblenden. Klicken Sie dazu auf das Symbol **Menüband-Anzeigeoptionen**. Im Menü finden Sie drei Optionen zum Umgang mit dem Menüband.

Schritt 2

Mit **Registerkarten anzeigen** ❶ verschwindet das Menüband, übrig bleiben die Registerreiter. Sobald Sie einen Reiter anklicken, wird das entsprechende Register mit allen Befehlen wieder eingeblendet und legt sich über den Text.

Schritt 3

Mit **Menüband automatisch ausblenden** (❷ in Bild 1) verschwindet das Menüband ganz. Wenn Sie mit der Maus in den oberen Bereich des Fensters fahren und auf den blauen Balken klicken, erscheint es wieder. Mit einem Klick auf **Registerkarten und Befehle anzeigen** ❸ blenden Sie es dauerhaft ein.

Schritt 4

Die Größe des Dokuments ändern Sie mit dem *Zoom*. Den Faktor bestimmen Sie im Dialog **Zoom**, den Sie mit einem Klick auf die Schaltfläche **Zoom** auf der Register-karte **Ansicht** aufrufen. Auch rechts in der Statusleiste gibt es einen Reg-ler ❹ zum Einstellen des Zooms.

Schritt 5

Die meisten Office-Programme bieten unterschiedliche Ansichten. In Word gibt es z. B. das *Seitenlay-out* ❺ oder den *Lesemodus*, in Excel z. B. die Ansicht **Normal** ❻ oder die *Umbruchvorschau*, in Power-Point ebenfalls die Ansicht **Normal** oder die *Foliensortierung*. Über die Registerkarte **Ansicht** können Sie zwischen den Ansichten wechseln.

Schritt 6

Wenn Sie in einem Word-Doku-ment z. B. Textpassagen von einem Bereich in den anderen kopieren wollen, müssen Sie nicht jedes Mal durch den gesamten Text scrollen. Sie können das Fenster teilen und sich beide Bereiche des Dokuments anzeigen lassen. Klicken Sie dazu auf der Registerkarte **Ansicht** auf **Teilen**. In einem geteilten Fenster heißt die Schaltfläche **Teilung aufheben** ❼.

Ein Dokument speichern

Speichern ist das A und O bei der Arbeit mit den Office-Programmen. Wenn Sie es nicht vergessen, ersparen Sie sich eine Menge Frust.

Schritt 1

Um ein noch nicht gespeichertes Dokument zu sichern, klicken Sie in der Backstage-Ansicht (Registerkarte **Datei**) auf **Speichern unter**. Daraufhin erscheint rechts das gleichnamige Menü.

Schritt 2

Markieren Sie den Eintrag **Computer 1** mit einem Klick. Wenn Sie den Ordner, in den Sie das Dokument speichern möchten, rechts in der Liste entdecken, klicken Sie ihn an. Ansonsten klicken Sie auf die Schaltfläche **Durchsuchen**.

Schritt 3

In beiden Fällen öffnet sich der Dialog **Speichern unter**. Zum Navigieren durch die Ordnerstruktur nutzen Sie das Adressfeld oben im Dialog. Ein Klick auf den Ordnernamen öffnet den Ordner, ein Klick auf den Pfeil zeigt die Unterordner an, die dann ebenfalls per Mausklick zu öffnen sind.

Schritt 4

Das neue Dokument ist in einem neuen Ordner besser aufgehoben? Dann öffnen Sie den entsprechenden Überordner und klicken auf **Neuer Ordner**. In das Feld neben dem neuen Ordner ❷ schreiben Sie den Namen und drücken ⏎.

Schritt 5

Wenn Sie den richtigen Ordner für Ihr Dokument gefunden haben, geben Sie im Feld **Dateiname** den Namen ein, unter dem Sie das Dokument speichern wollen. Die Erweiterung (*.docx* für Word, *.xslx* für Excel und *.pptx* für PowerPoint) schreiben Sie nicht mit; die Programme vergeben sie automatisch. Klicken Sie dann auf **Speichern** ❸.

Schritt 6

Sie können Dokumente in einem anderen Format speichern, beispielsweise in dem Format älterer Office-Versionen. Dazu klicken Sie auf den Pfeil am Feld **Dateityp** und wählen z. B. **Word 97-2003-Dokument (*.doc)**.

Ein Dokument speichern (Forts.)

Schritt 7

Wenn Sie das Dokument auf dem SkyDrive, dem Online-Speicher von Microsoft, speichern möchten, verfahren Sie ganz ähnlich, nur dass Sie im Fenster **Speichern unter** auf **[Benutzername]s SkyDrive** klicken.

Schritt 8

Rechts wählen Sie einen SkyDrive-Ordner für den Speichervorgang aus der Liste aus **1**, oder Sie klicken auf **Durchsuchen**.

Schritt 9

Die Verbindung zum Server wird hergestellt, der Dialog **Speichern unter** geöffnet. In der Adressleiste steht *https://d.docs.live.net* **2**. Speichern Sie das Dokument, wie in den Schritten 4 bis 6 beschrieben.

Ein Microsoft-Konto anmelden
Für den SkyDrive brauchen Sie ein Microsoft-Konto. Wenn Sie noch kein Konto haben, können Sie die Anmeldung auch im Dialog **Speichern unter** starten. Klicken Sie ganz oben rechts auf den Link **Anmelden**. Ansonsten klicken Sie in der Charms-Leiste auf **Einstellungen ▸ PC-Einstellungen ändern ▸ Benutzer** und nehmen die Anmeldung vor.

Schritt 10

Sobald ein Dokument gespeichert ist, taucht der Dateiname in der Titelleiste am Kopf des Programmfensters auf ❸.

Schritt 11

Denken Sie nun daran, ein Dokument regelmäßig »nachzuspeichern«. Das geht am schnellsten, wenn Sie auf das Diskettensymbol in der Symbolleiste für den Schnellzugriff klicken (siehe dazu auch den Kasten »Eine neue Schaltfläche anlegen«). Genauso gut können Sie im Menü **Datei** auf **Speichern** ❹ klicken. Auch mit der Tastenkombination Strg + S speichern Sie Dokumente nach.

Schritt 12

Wenn Sie das Programm schließen und Änderungen noch nicht gespeichert haben, werden Sie gefragt, wie Sie weiter verfahren möchten. Sie sollten auf **Speichern** klicken, es sei denn, Sie möchten bewusst auf die letzten Änderungen verzichten.

Eine neue Schaltfläche anlegen

Wenn Sie die Schaltfläche **Speichern** nicht in der Symbolleiste für den Schnellzugriff entdecken, fügen Sie sie ihr einfach hinzu. Dazu klicken Sie auf den Pfeil rechts an der Leiste (❺ in Bild 11) und im Menü auf **Speichern**. Fortan können Sie ein Dokument bequem nachspeichern.

Dokumente drucken, teilen oder exportieren

Viele Dokumente braucht man auch im digitalen Zeitalter »schwarz auf weiß« auf Papier. Praktisch ist aber auch die schnelle Umwandlung in ein PDF-Dokument.

Schritt 1

Ein Klick auf den Befehl **Drucken** im Menü **Datei** öffnet den **Drucken**-Dialog. Hier finden Sie diverse Einstellungen für den Ausdruck, z. B. die Möglichkeit, zu bestimmen, ob das ganze Dokument oder nur bestimmte Seiten ausgedruckt werden sollen ❶. Rechts sehen Sie eine Druckvorschau.

Schritt 2

Die Seitenzahlen geben Sie im Feld **Seiten** im Bereich **Einstellungen** jeweils durch Kommas getrennt ein ❷. Wenn Sie alle Einstellungen vorgenommen haben, klicken Sie auf **Drucken**.

Schritt 3

Über die Funktion **Exportieren** rufen Sie ein Menü auf, mit dessen Hilfe Sie das aktuelle Dokument in ein PDF-Dokument verwandeln ❸ oder einen anderen Dateityp, z. B. das alte .doc-Format früherer Word-Versionen, wählen können ❹.

Schritt 4

Wenn Sie auf **Dateityp ändern** geklickt haben, können Sie das Format auswählen **❺**. Dann klicken Sie auf **Speichern unter**.

Schritt 5

Das Speichern auf dem SkyDrive (siehe Seite 30) ist nicht nur für Sie praktisch. Der Clou ist, dass Sie auch anderen Personen Zugriff auf Ihre Dokumente verschaffen können. Um eine Einladung auszusprechen, klicken Sie auf **Datei ▸ Freigeben ❻ ▸ Personen einladen**.

Schritt 6

Rechts im Fenster geben Sie eine E-Mail-Adresse an **❼**. Im Feld daneben können Sie auswählen, ob das Dokument nur angezeigt oder auch bearbeitet werden darf. Schreiben Sie ggf. noch einen Einladungstext **❽**. Dann klicken Sie auf **Freigeben ❾**.

Dokumente freigeben

Wenn Sie ein Dokument freigeben möchten, muss es bereits auf dem SkyDrive gespeichert sein. Ansonsten öffnet sich nach dem Klick auf **Freigeben** ein Fenster, in dem Ihnen mitgeteilt wird, dass Sie dies nachholen müssen.

Ein Dokument schließen

Es gibt verschiedene Wege, um ein Dokument zu schließen. Doch egal, welchen Weg Sie gehen, Sie benötigen kaum mehr als einen oder zwei Mausklicks.

Schritt 1

Um ein Dokument zu schließen, aktivieren Sie die Registerkarte **Datei** und klicken hier auf die Option **Schließen**. Das Programm selbst wird dadurch nicht geschlossen, wenn weitere Dokumente geöffnet sind.

Schritt 2

Falls Sie Änderungen am Dokument vorgenommen haben, erscheint ein kleiner Dialog, in dem Sie gefragt werden, ob Sie sie speichern möchten. Im Regelfall klicken Sie hier auf **Speichern**. Die Änderungen werden gesichert, das Dokument wird geschlossen.

Schritt 3

Schnell und einfach schließen Sie ein Dokument mit einem Klick auf das *Schließkreuz* oben rechts am Bildschirm. Wenn nur ein Dokument geöffnet ist, wird so auch das jeweilige Programm beendet.

Schritt 4

Um ein Dokument zu schließen, das geöffnet ist, aber nur in der Taskleiste angezeigt wird, klicken Sie mit der rechten Maustaste auf den Dateinamen in der Taskleiste. Im Kontextmenü wählen Sie den Befehl **Fenster schließen**.

Schritt 5

Wenn Sie den Rechner herunterfahren, also im Charms-Leisten-Menü **Einstellungen** auf **Ein/Aus ▸ Herunterfahren** klicken, und einige Dateien/Programme zuvor nicht beendet haben, werden Sie darauf hingewiesen.

Schritt 6

Sie können den Vorgang nun stoppen und auf **Abbrechen** klicken. Dann ist nichts passiert. Oder Sie klicken auf die Schaltfläche **Dennoch beenden**. Unter Windows 7 heißt diese Schaltfläche **Herunterfahren erzwingen**.

Dateien organisieren und wiederfinden

Die lästige Suche nach einer bestimmten Datei ersparen Sie sich, wenn Sie mit einer durchdachten Ordnerstruktur arbeiten.

Schritt 1

Sie können direkt im Dialog **Speichern unter** einen neuen Ordner erstellen. Klicken Sie einfach auf **Neuer Ordner** ❶, und vergeben Sie einen Namen. Achten Sie darauf, dass Sie sich wirklich in dem Ordner befinden, in dem Sie den neuen Unterordner anlegen möchten.

Schritt 2

Der richtige Ort für Ihre Ordner- und Dateiverwaltung ist in der Regel auch unter Windows 8 der *Explorer* (früher *Windows-Explorer*). Am bequemsten rufen Sie ihn mit einem Klick auf sein Symbol in der Taskleiste auf.

Schritt 3

Und so zaubern Sie das Explorer-Symbol auf die Taskleiste: Rufen Sie über den Startbildschirm die Ansicht **Alle Apps** auf (siehe Seite 15), und klicken Sie unter der Überschrift **Windows-System** mit der rechten Maustaste auf **Explorer**. Dann klicken Sie auf **An Taskleiste anheften** ❷.

Schritt 4

Liegt eine Datei in einem »falschen« Ordner, können Sie sie im Explorer in den richtigen verschieben. Markieren Sie die Datei, klicken Sie sie mit rechts an, und wählen Sie **Ausschneiden**. Öffnen Sie den Zielordner, klicken Sie mit rechts hinein, und wählen Sie dann **Einfügen**. Beide Befehle finden Sie auch auf der Registerkarte **Start**.

Schritt 5

Um eine Datei zu löschen, markieren Sie sie (im Explorer), klicken sie mit der rechten Maustaste an und wählen im Kontextmenü **Löschen**. Genauso gut können Sie die Datei markieren und dann einfach die `Entf`-Taste drücken. Das geht am schnellsten!

Schritt 6

Falls Ihnen auffällt, dass ein Dateiname doch nicht passt, benennen Sie die Datei einfach um. Dazu klicken Sie sie mit rechts an und wählen im Kontextmenü die Option **Umbenennen**. Geben Sie einen neuen Namen ein, und drücken Sie `↵`.

Kapitel 2
Texte schreiben in Word

Word ist ein Textverarbeitungsprogramm mit vielfältigen Möglichkeiten für die Eingabe und Bearbeitung von Texten. In diesem Kapitel erfahren Sie mehr über die optimale Einstellung des Bildschirms und über den Umgang mit Dokumenten.

Word einrichten

Zunächst geht es um die Grundlagen von Word: Wie richten Sie Word ein, wie stellen Sie den Bildschirm optimal ein oder ergänzen die Ansicht um Elemente, die die Arbeit erleichtern? Auf der Registerkarte **Seitenlayout** ❶ regeln Sie, wie das Blatt selbst aussehen soll: Wird es im Hoch- oder Querformat, mit schmaleren Seitenrändern oder beispielsweise mit mehreren Spalten gestaltet?

Texte bearbeiten, korrigieren, kopieren

Word ist ein Textverarbeitungsprogramm, es dreht sich also alles um die Eingabe von Text und dessen Gestaltung ❷. Wir erklären u. a., wie Sie Texte verfassen, innerhalb von längeren Texten navigieren, Text ändern und korrigieren oder ganze Textpassagen kopieren.

1 Legen Sie fest, wie Ihr Blatt aussehen soll.

Geben Sie Text ein, und bearbeiten Sie ihn nach Belieben. **2**

Word optimal einstellen

Wenn Sie Word aufrufen wird Ihnen ein Standardbildschirm mit bestimmten Einstellungen präsentiert. Sie können die Darstellung an Ihre Bedürfnisse anpassen.

Schritt 1

Um die Lineale sowie Seitenränder und Einzüge anzuzeigen, aktivieren Sie auf der Registerkarte **Ansicht** die Option **Lineal**. Die Seitenränder werden grau angedeutet ❶.

Schritt 2

Die Größe des angezeigten Dokuments ändern Sie mit der Zoomfunktion. Den Faktor bestimmen Sie in der Statusleiste ❷ oder auf der Registerkarte **Ansicht**. Klicken Sie hier auf **Zoom** (❸ in Bild 1), um den gleichnamigen Dialog aufzurufen. Wählen Sie den Faktor aus ❹, oder stellen Sie ihn im Feld **Prozent** ein.

Schritt 3

Wenn Sie auf **Navigationsbereich** klicken, öffnet sich links dieser Bereich, u.a. mit den Überschriften Ihres Dokuments ❺ (siehe dazu den Abschnitt »Mit Formatvorlagen arbeiten« auf Seite 92). Per Klick auf eine Überschrift springt der Cursor direkt zur entsprechenden Stelle im Dokument.

Schritt 4

Die Symbolleiste für den Schnellzugriff können Sie um Funktionen erweitern, die Sie häufig nutzen. Klicken Sie dazu auf den Pfeil und aktivieren Sie im Menü die gewünschten Befehle.

Schritt 5

Ein Klick auf den Eintrag **Weitere Befehle** ⑥ öffnet einen Dialog, der alle Word-Befehle enthält. Um die gesamte Auflistung der Befehle zu erhalten, klicken Sie auf den Pfeil am Feld **Befehle auswählen**. Hier wählen Sie **Alle Befehle**.

Schritt 6

Dann wandern Sie mit dem Scrollbalken ⑦ durch die Liste der Befehle und markieren den gewünschten Eintrag ⑧. Ein Klick auf **Hinzufügen** überträgt den Befehl auf die Symbolleiste. Bestätigen Sie die Aktion mit **OK** ⑨. Die Schaltfläche wird in die Symbolleiste aufgenommen.

---

i

Die Symbolleiste anpassen

Den Dialog zum Anpassen der Symbolleiste rufen Sie auch auf, indem Sie das Menüband mit der rechten Maustaste anklicken und **Passen Sie die Symbolleiste für den Schnellzugriff an** wählen.

Word optimal einstellen (Forts.)

Schritt 7

Blenden Sie auf jeden Fall die *Formatierungs-* bzw. *Steuerzeichen* ein (Absatzmarken, Leerzeichen, Tabstopps). Sie helfen bei der Orientierung, sind aber nur auf dem Bildschirm zu sehen (werden also nicht ausgedruckt). Klicken Sie auf der Registerkarte **Start** auf **Alle anzeigen**.

Schritt 8

Wenn Sie nur bestimmte Zeichen sehen wollen, wählen Sie **Datei ▸ Optionen ▸ Anzeige ❶** und haken im Bereich **Diese Formatierungszeichen immer auf dem Bildschirm anzeigen** per Mausklick die gewünschten Formatierungszeichen an.

Schritt 9

Sie können in unterschiedlichen Ansichten arbeiten. Sie stellen sie auf der Registerkarte **Ansicht** ein. Für die normale Arbeit bietet sich das *Seitenlayout* an, zum Lesen und Überprüfen eines Dokuments die Ansicht **Lesemodus**.

Der Lesemodus

Im Lesemodus lassen sich keine Korrekturen vornehmen. Klicken Sie auf **Ansicht ▸ Dokument bearbeiten**. Sie beenden den Lesemodus mit ⎋ Esc .

Schritt 10

Wenn Sie einen Touchbildschirm besitzen, können Sie Word auch mit dem Finger bedienen. Damit das gut funktioniert, legen Sie sich zunächst die Schaltfläche **Fingereingabe-/ Mausmodus** auf die Symbolleiste für den Schnellzugriff (siehe dazu Seite 41). In ihrem Menü wählen Sie **Fingereingabe**.

Schritt 11

Mit dieser Einstellung sind die Abstände zwischen den Symbolen auf den Registerkarten größer, sodass sie besser zu »treffen« sind.

Schritt 12

Wenn Sie häufig Text oder Bilder zwischen Dokumenten hin- und herkopieren, können Sie über **Datei ▸ Optionen ▸ Erweitert ❷** im Bereich **Ausschneiden, Kopieren und Einfügen** dafür Vorlieben festlegen.

ℹ Fingereingabe-/Mausmodus

In der Regel zeigen die Abbildungen dieses Buches den Bildschirm im Mausmodus, da der für die Fingereingabe gedachte Modus für den ohnehin begrenzten Platz auf den Seiten zu raumgreifend ist.

Der Bildschirm im Touchmodus

Mit einem Touchscreen lässt sich Word auch per Fingereingabe bedienen. Während es recht einfach ist, auf Schaltflächen zu tippen, sind manche anderen Aktionen gewöhnungsbedürftig.

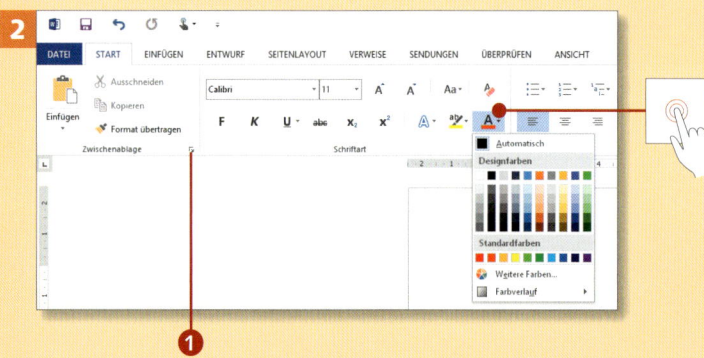

Schritt 1

Für die Fingereingabe gibt es einen speziellen Modus. Klicken Sie auf die Schaltfläche **Fingereingabe-/Mausmodus** in der Symbolleiste für den Schnellzugriff, und wählen Sie **Fingereingabe**.

Schritt 2

Die Abstände zwischen den Schaltflächen werden zwecks bequemer Bedienung größer. Auch wenn Sie auf den Pfeil an einer Schaltfläche tippen, bietet das Menü größere Abstände und größere Symbole.

Schritt 3

Über die Pfeile an den Befehlsgruppen ❶ öffnen Sie Arbeitsbereiche oder Dialoge. Innerhalb von Dialogen werden die Schaltflächen auch im Fingereingabe-Modus immer in der normalen Größe angezeigt.

Schritt 4

Etwas aufwendiger ist das Öffnen des Kontextmenüs per Fingereingabe. Tippen Sie an den Anfang eines Textstückchens, und fahren Sie mit dem Finger über den Text, um ihn zu markieren.

Schritt 5

Tippen Sie dann auf den Markierungskreis am Ende des markierten Textes. Nun erscheint die *Minisymbolleiste* mit einigen gängigen Befehlen.

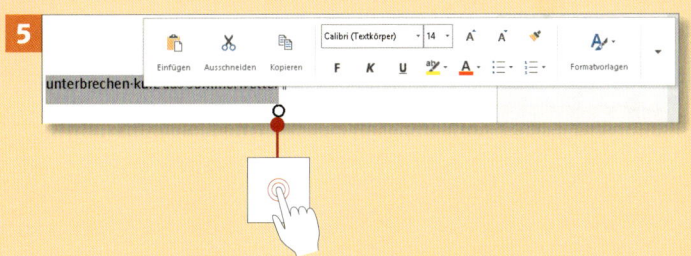

Schritt 6

Die Schaltfläche mit dem Pfeil ganz rechts öffnet das Kontextmenü. Tippen Sie darauf. Sodann wird das Kontextmenü angezeigt, das Sie sonst öffnen, indem Sie den markierten Text mit der rechten Maustaste anklicken.

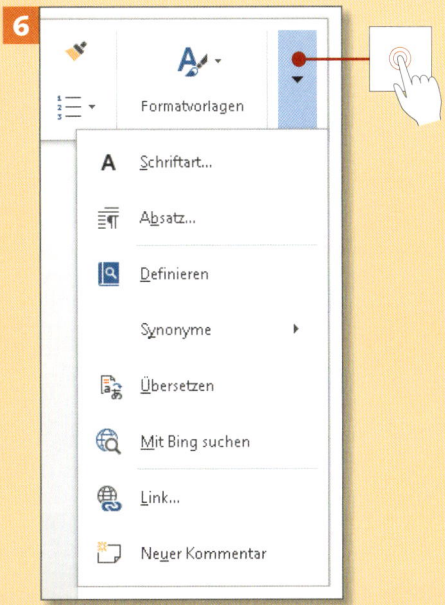

Einstellungen zur Fingereingabe
Generelle Einstellungsmöglichkeiten zur Fingereingabe finden Sie in der Systemsteuerung unter dem Punkt **Stift- und Fingereingabe** (am schnellsten öffnen Sie die Systemsteuerung in Windows 8 mit ⊞ + X und einem Klick auf **Systemsteuerung**).

Papierformat und Seitenrand einstellen

Mit der Word-Standardseite können Sie in vielen Fällen ohne Änderungen arbeiten. Sie können sich eine Seite aber auch ganz nach Ihrem Geschmack einrichten.

Schritt 1

Im Standard schreiben Sie auf einem Blatt im *Hochformat*. Mitunter passt das *Querformat* jedoch besser. Aktivieren Sie die Registerkarte **Seitenlayout**, und klicken Sie auf **Ausrichtung**. Wählen Sie **Querformat**.

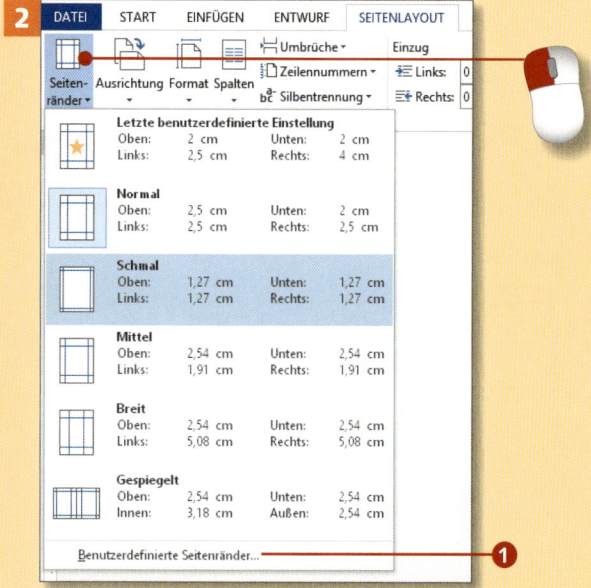

Schritt 2

Sie können die Standardseitenränder verändern. Aktivieren Sie die Registerkarte **Seitenlayout**, und klicken Sie auf **Seitenränder**. Im Menü werden Layouts mit unterschiedlichen Seitenrändern angeboten. Klicken Sie das passende Layout an.

Schritt 3

Um die Breite der Seitenränder individuell festzulegen, wählen Sie die Option **Benutzerdefinierte Seitenränder ❶**. Im Dialog **Seite einrichten** können Sie dann die passenden Maße in den entsprechenden Feldern eingeben.

Schritt 4

In der Standardeinstellung schreiben Sie einspaltig. Um mehrere Spalten einzurichten, klicken Sie auf der Registerkarte **Seitenlayout** auf **Spalten** und wählen die Anzahl der Spalten.

Schritt 5

Sie können die Spalten und Seitenränder auch im Lineal mit der Maus verändern. Blenden Sie die Lineale mit einem Klick auf **Lineal** auf der Registerkarte **Ansicht** ein.

Schritt 6

Wenn Sie den Mauszeiger jetzt auf den grauen Rand setzen, der die Seitenränder andeutet, wird er zum Doppelpfeil, und Sie können den Rand mit gedrückter Maustaste verschieben. Die »Sanduhren« ❷ zeigen die Absatzeinzüge an (mehr dazu im Abschnitt »Textpassagen einrücken« auf Seite 84).

Seite einrichten

Im Dialog **Seite einrichten** können Sie nicht nur die Seitenränder anpassen, sondern auch die Ausrichtung festlegen. Auf der Registerkarte **Papier** legen Sie das Format für den Ausdruck fest.

Text eingeben

1 Die·Republik·Zypern·ist·seit·dem·1.·Mai·2004·Mitgliedstaat·der· Europäischen·Union·(EU).·Die·EU·bekräftigte·den·Herrschaftsanspruch·der· Republik·Zypern·über·die·gesamte·Insel·und·sieht·daher·auch·ganz·Zypern· als·Teil·des·EU-Gebietes·an;·faktisch·jedoch·trat·nach·dem·Scheitern·des· Referendums·zum·Annan-Plan·am·24.·April·2004·durch·die·überwiegende·¶

Bei der Arbeit mit Word geht es im Wesentlichen darum, Texte zu schreiben. Sehen Sie, welche Vorteile die Texteingabe am PC hat.

Schritt 1

Fangen Sie einfach an zu schreiben – zwar nicht ohne Punkt und Komma, aber ohne am Zeilenende einen *Zeilenumbruch* mit der ⏎-Taste zu erzwingen. Word bricht die Zeilen am rechten Rand automatisch um.

2 Zypern·ist·eine·Insel·im·östlichen·Mittelmeer.·Sie·ist·die·drittgrößte·Insel· des·Mittelmeeres·und·gehört·geographisch·zu·Asien,·wird·politisch·jedoch· oft·zu·Europa·gezählt.¶

❶ Die·Insel·ist·seit·1974·geteilt.·Der·größere·Südteil·wird·von·der·Republik· Zypern·beherrscht,·die·völkerrechtlich·die·ganze·Insel·umfasst·(außer·den· britischen·Militärbasen).·¶

Schritt 2

Nur wenn Sie einen Absatz benötigen, drücken Sie einmal die ⏎-Taste. Wenn Sie nun weiterschreiben, beginnt ein neuer Absatz ❶ (Sie werden noch sehen, dass sich manche Formatierungen nur auf Absätze auswirken).

Schritt 3

Wenn Sie keinen neuen Absatz erzeugen, aber dennoch in einer neuen Zeile weiterschreiben möchten, hilft ein *weicher Zeilenumbruch* ❷. Drücken Sie dazu ⇧ + ⏎.

3 Die·Insel·ist·seit·1974·geteilt.·Der·größere·Südteil·wird·von·der·Republik· Zypern·beherrscht,·die·völkerrechtlich·die·ganze·Insel·umfasst·(außer·den· britischen·Militärbasen).·↵ Der·Nordteil·steht·jedoch·unter·Kontrolle·der·Türkischen·Republik· Nordzypern,·welche·nur·von·der·Türkei·anerkannt·wird,·die·den·Norden·

Schritt 4

Word kümmert sich auch um den *Seitenumbruch*. Wenn der untere Rand erreicht ist, also am Ende einer Seite, wandert der Cursor auf die nächste Seite. In der Statuszeile steht jetzt **Seite 2 von 2 ❸**.

Schritt 5

Wenn Sie an einer bestimmten Stelle auf der nächsten Seite weiterschreiben möchten, können Sie einen Seitenumbruch »erzwingen«: Drücken Sie dazu ⌨Strg + ⌨↵. Der Seitenumbruch wird (in der Ansicht **Seitenlayout**) als gestrichelte Linie dargestellt.

Die·Republik·Zypern·ist·seit·dem·1.·Mai·2004·Mitgliedstaat·der·Europäischen·Union·(EU).·Die·EU·bekräftigte·den·Herrschaftsanspruch·der·Republik·Zypern·über·die·gesamte·Insel·und·sieht·daher·auch·ganz·Zypern·als·Teil·des·EU-Gebietes·an;·faktisch·jedoch·trat·nach·dem·Scheitern·des·Referendums·zum·Annan-Plan·am·24.·April·2004·durch·die·überwiegende·Ablehnung·im·griechischen·Teil·der·Nordteil·der·Insel·nicht·der·EU·bei.¶

-----------Seitenumbruch-----------¶

Schritt 6

Sie können verhindern, dass der Zeilenumbruch z. B. zwischen einer Zahl und einer Maßeinheit erfolgt. Dazu fügen Sie ein *geschütztes Leerzeichen* ein: ⌨Strg + ⌨⇧ + Leertaste. Das geschützte Leerzeichen wird als hochgestellter Kreis angezeigt ❹.

Der·Norden·der·Insel·hat·256.644·(2006)·und·der·Süden·766.400°Einwohner.·Hinzu·kommen·7.500·britische·Militärangehörige

> **ℹ Das geschützte Leerzeichen**
>
> Sie sollten das geschützte Leerzeichen immer verwenden, wenn Zeichen nicht getrennt werden sollen (z. B. 10 €, 10 km etc.), selbst wenn die Angabe aktuell (noch) mitten in der Zeile steht.

Im Text bewegen – mit Maus oder Finger

Wenn Sie einen längeren Text vor sich haben und zu einem bestimmten Abschnitt wandern wollen, wäre es lästig, den Text »durchscrollen« zu müssen. Es gibt elegantere Methoden der Navigation.

Schritt 1

Durch relativ kurze Texte bewegen Sie sich einfach, indem Sie nach unten oder oben *scrollen* (am Mausrädchen drehen). Sie können dazu auch die Bildlaufleiste benutzen: Klicken Sie auf die Pfeile oben ❶ oder unten ❷, oder ziehen Sie mit gedrückter Maustaste am *Scrollbalken*.

Schritt 2

Bei Verwendung eines Touchscreens ist die Navigation durch Dokumente ein Kinderspiel. Sie berühren den Bildschirm und streifen einfach nach oben oder unten.

Schritt 3

Um bequem durch den Text zu wandern, können Sie auch die Pfeiltasten ❸ nutzen. Mit den Tasten `Bild ↑` und `Bild ↓` ❹ springen Sie zum Seitenanfang oder -ende.

Zu Überschriften springen

Wenn Sie Überschriften mit Formatvorlagen formatieren (siehe dazu den Abschnitt »Mit Formatvorlagen arbeiten« auf Seite 92), können Sie sich den Navigationsbereich anzeigen lassen und direkt per Klick auf eine Überschrift an diese Stelle im Dokument springen.

Schritt 4

Um an das Ende einer Zeile zu springen, drücken Sie `Ende` ❺. An den Anfang einer Zeile gelangen Sie, indem Sie die `Pos1`-Taste ❻ drücken.

Schritt 5

Sie können auch zum Ende eines Dokuments springen. Halten Sie dazu die `Strg`-Taste gedrückt, und drücken Sie dann die `Ende`-Taste ❼. Mit der Tastenkombination `Strg` + `Pos1` ❽ setzen Sie den Cursor an den Anfang des Textes.

Schritt 6

Klicken Sie ganz rechts auf der Registerkarte **Start** auf den Pfeil an der Schaltfläche **Suchen** und im Menü auf **Gehe zu**. Dies öffnet den Dialog **Suchen und Ersetzen** mit der Registerkarte **Gehe zu**. Über diesen Dialog können Sie zu bestimmten Elementen springen, z. B. zu einer Seitenzahl ❾.

Zu Seiten springen

Ist im Navigationsbereich die Rubrik **Seiten** aktiviert, erscheinen die einzelnen Seiten des Dokuments als Miniaturvorschauen. Mit einem Klick oder durch Antippen steuern Sie die Seite an.

Textpassagen markieren

1 Zypern·ist·eine·Insel·im·östlichen·Mittelmeer.·¶

Sie·ist·die·drittgrößte·Insel·des·Mittelmeeres·und·gehört·geographisch·zu·Asien,·wird·politisch·jedoch·oft·zu·Europa·gezählt.¶

2 Die **Sonnenanbeter**·dürfen·sich·freuen:·Sechs·Wochen·vor·dem·offiziellen·Sommerbeginn·werden·sie·in·weiten·Teilen·Deutschlands·von·Temperaturen·bis·zu·30 °·verwöhnt.·Die·Freibäder·rechnen·in·den·nächsten·Tagen·mit·**Besucherrekorden**·und·die·Erdbeerbauern·hoffen·auf·einen·guten·Saisonstart.·¶

Zugleich·wird·die·andere·Seite·des·Sommerwetters·immer·spürbarer:·Besonders·im·Süden·gab·es·in·der·Nacht·zum·Dienstag·schwere·**Gewitter**·mit·Regen·und·Hagel.·In·Nordrhein-Westfalen·sind·zudem·die·Ozonwerte·deutlich·gestiegen.·Da·viele·Leute·anscheinend·nicht·wissen,·wie·sie·sich·bei·einem·Gewitter·schützen·können,·haben·Blitzforscher·der·Universität·Hannover·einige·Verhaltensregeln·zusammengestellt.¶

3x

3 Einfg | Pos 1 | Bild ↑
Entf | Ende | Bild ↓

↑
← ↓ →
❶

Das gesamte Dokument markieren
Mit der Tastenkombination `Strg` + `A` markieren Sie das gesamte Dokument.

Bei vielen Aktionen müssen Sie den Text zunächst markieren, damit Word »weiß«, welche Passage Sie bearbeiten möchten.

Schritt 1

Die gängigste Methode, Text zu markieren, besteht darin, einfach mit gedrückter Maustaste über den Text zu fahren und die Maustaste dann loszulassen. Beginnen Sie die Markierung am Anfang der Textpassage (oder am Ende).

Schritt 2

Neben dieser einfachen Methode gibt es viele Tricks, Textpassagen zu markieren: Ein Doppelklick auf ein Wort markiert es, ein Doppelklick links neben einem Absatz markiert den Absatz. Wenn Sie dreimal am linken Rand klicken (Sie sehen dort den Mauszeiger), wird das gesamte Dokument markiert.

Schritt 3

Auch mit der Tastatur können Sie gut markieren. Halten Sie die `⇧`-Taste gedrückt, und drücken Sie dann – abhängig von der Richtung, in die Sie markieren möchten – eine der Pfeiltasten ❶.

Schritt 4

Sie können zum Markieren auch Befehle einsetzen. Klicken Sie dazu auf der Registerkarte **Start** auf **Markieren**. Im Menü wählen Sie z. B. **Alles markieren**.

Schritt 5

Arbeiten Sie mit einem Touchscreen, berühren Sie mit dem Finger die Stelle, an der die Markierung beginnen soll. Dort erscheint ein Kringel ❷. Ziehen diesen Kringel bis zum Ende der Textpassage, die markiert werden soll. Dort erscheint ein weiterer Kringel.

Schritt 6

Nachdem Sie den Text markiert haben, berühren Sie die Markierung mit dem Finger und wischen ein wenig nach unten. Daraufhin wird die *Minisymbolleiste* mit den gängigen Symbolen zum Formatieren und Bearbeiten von Text eingeblendet.

Das Kontextmenü aufrufen

Wenn Sie auf den Pfeil ❸ an der Minisymbolleiste tippen, wird das Kontextmenü aufgerufen.

Text löschen, ändern und ergänzen

1 Löschen von Text geht schnell mit der Entf-Taste oder der Backspace-Taste.¶

Entf oder ←

Zerknülltes Papier, weil Sie ein Stück Text vergessen oder sich verschrieben haben, gehört längst der Vergangenheit an.

Schritt 1

Um Text zu löschen, setzen Sie den Cursor an die entsprechende Stelle und drücken entweder die `Entf`-Taste (zum Löschen von Zeichen rechts des Cursors) oder die `←`-Taste (zum Löschen von Zeichen links davon).

2 Zugleich wird die andere Seite des Sommerwetters immer spürbarer. Besonders im Süden gab es in der Nacht zum Dienstag schwere Gewitter mit Regen und Hagel. In Nordrhein-Westfalen sind zudem die Ozonwerte deutlich gestiegen. Da viele Leute anscheinend nicht wissen, wie sie sich bei einem Gewitter schützen können, haben Blitzforscher der Universität Hannover einige Verhaltensregeln zusammengestellt.¶

+ Entf

Schritt 2

Zum Löschen längerer Textpassagen ist es sinnvoll, den Text zuvor zu markieren. Achten Sie darauf, dass Sie vor dieser Aktion den Cursor an den Anfang des Textes (oder an das Ende, aber nicht mittig) setzen. Dann drücken Sie die `Entf`-Taste.

Schritt 3

2x

3 Zugleich wird die andere Seite des Sommerwetters immer spürbarer. Besonders im Süden gab es in der Nacht zum Dienstag schwere Gewitter mit Regen und Hagel. In Nordrhein-Westfalen sind zudem die Ozonwerte deutlich gestiegen. Da viele Leute anscheinend nicht wissen, wie sie sich

Entf

Wenn Ihnen genau ein Wort ein Dorn im Auge ist und Sie es löschen möchten, können Sie dieses Wort per Doppelklick markieren und dann zum Löschen die `Entf`-Taste drücken.

Schritt 4

Haben Sie Zeichen vergessen, tippen Sie sie einfach nachträglich ein. Sie werden eingefügt, der alte Text rutscht weiter nach rechts.

Schritt 5

Im *Überschreibmodus* wird der Text beim Tippen nicht verschoben, sondern überschrieben. Sie aktivieren dies über **Datei ▸ Optionen ▸ Erweitert ❶**. Im Bereich **Bearbeitungsoptionen** setzen Sie ein Häkchen vor **Überschreibmodus verwenden**. Wenn Sie **EINFG-Taste zum Steuern des Überschreibmodus verwenden ❷** aktivieren, können Sie diesen Modus mit der `Einfg`-Taste an- und ausschalten.

Schritt 6

Wenn Sie nun innerhalb eines Textes neuen Text eingeben, werden die nächsten Zeichen »aufgefressen«. Praktisch ist dieser Überschreibmodus z. B. bei Vordrucken oder Formularen. Denken Sie daran, ihn ggf. wieder zu deaktivieren.

Den Modus in der Statuszeile anzeigen lassen
Klicken Sie die Statuszeile mit rechts an, und setzen Sie im Menü ein Häkchen vor **Überschreiben**. In der Statusleiste steht dann **Überschreiben**. In der Standardeinstellung hingegen wird hier **Einfügen** angezeigt.

Text ausschneiden, kopieren und einfügen

Textpassagen lassen sich ganz einfach an eine andere Position verschieben – Sie müssen nichts neu tippen!

Schritt 1

Markieren Sie die Textpassage, die Sie verschieben wollen. Dann klicken Sie auf der Registerkarte **Start** auf **Ausschneiden**. Sie können auch per Rechtsklick das Kontextmenü aufrufen und darin **Ausschneiden** wählen.

Schritt 2

Setzen Sie den Cursor an den »Zielort«, und klicken Sie auf **Einfügen** (oder wählen Sie **Einfügen** im Kontextmenü). Der Text wird an der ursprünglichen Stelle weggenommen und an der Position des Cursors wieder eingefügt.

Schritt 3

Wenn Sie bestimmen möchten, mit welcher Formatierung der Text eingefügt wird, klicken Sie auf den Pfeil an der Schaltfläche **Einfügen**. Es werden drei (beim Einfügen in einen Text mit einer anderen Formatvorlage vier) Optionen angeboten. Klicken Sie auf eine davon. Der zuvor ausgeschnittene Text wird entsprechend formatiert eingefügt.

Einfügen, sooft Sie möchten

Sie können den ausgeschnittenen Text nicht nur einmal, sondern mehrmals einfügen. Es geht so lange, bis Sie einen anderen Text oder ein anderes Objekt (Ordner, Bild etc.) ausgeschnitten oder kopiert haben.

Schritt 4

Direkt nach dem Einfügen erscheint ein kleines Symbol am eingefügten Text. Klicken Sie es an, erhalten Sie erneut ein Menü, mit dem Sie die Formatierung des Textes nachträglich ändern können.

Schritt 5

Statt einen Text auszuschneiden, können Sie ihn auch kopieren und einfügen. Dann bleibt der kopierte Text an der ursprünglichen Stelle erhalten. Markieren Sie die Textpassage, und klicken Sie auf der Registerkarte **Start** oder im Kontextmenü auf **Kopieren**.

Schritt 6

Diese Aktionen lassen sich auch mit der Tastatur erledigen. Sie markieren den Text, drücken `Strg` + `X` (zum Ausschneiden) oder `Strg` + `C` (zum Kopieren), wandern zu der Stelle, an der der Text eingefügt werden soll, und drücken `Strg` + `V`. Der Text wird mit der ursprünglichen Formatierung eingefügt ❶. Wie Text jeweils eingefügt wird, stellen Sie über **Datei ▸ Optionen ▸ Erweitert** im Bereich **Ausschneiden, Kopieren und Einfügen** ein.

Einfüge-Optionen
Es gibt verschiedene Einfüge-Optionen (❷ in Bild 4). Wenn Sie den Mauszeiger darauf halten, sehen Sie, was sie bewirken.

Verschieben und kopieren mit Drag & Drop

1 Am·25.·April·1607·fand·während·des·Achtzigjährigen·Krieges·die·Schlacht·bei·Gibraltar·statt.· Dabei·überraschte·eine·niederländische·Flotte·eine·in·der·Bucht·von·Gibraltar·ankernde· spanische·Flotte·und·vernichtete·sie.¶

So·begann·beispielsweise·der·Zweite·Englisch-Niederländische·Seekrieg·1664,·als·ein·

2 ¶

Nachdem·die·spanischen·Habsburger·die·Vorherrschaft·in·Europa·am·Ende·des· Dreißigjährigen·Krieges·1648·verloren·hatten,·kämpften·Niederländer·und·Engländer· darum.·Dies·war·die·Zeit·der·Englisch-Niederländischen·Seekriege.·Die·vier·Seekriege· fanden·in·der·Zeit·zwischen·1652·und·1784·statt,·wobei·es·zeitweilig·immer·wieder·zu· Friedensschlüssen·und·gemeinsamen·Aktionen·gegen·Dritte·kam.·¶

3 Am·25.·April·1607·fand·während·des·Achtzigjährigen·Krieges·die·Schlacht·bei·Gibraltar·statt.· Dabei·überrschte·eine·niederländische·Flotte·eine·in·der·Bucht·von·Gibraltar·ankernde· spanische·Flotte·und·vernichtete·sie.¶

¶

Einfügeoptionen:

Standardeinstellungen für das Einfügen festlegen...

Bei der Methode Drag & Drop erledigen Sie das Ausschneiden/Kopieren/Einfügen einfach mit der Maus.

Schritt 1

Zuerst markieren Sie die Textpassage, die Sie ausschneiden möchten. Dann führen Sie den Mauszeiger an den markierten Bereich, drücken die Maustaste und halten sie gedrückt.

Schritt 2

Ziehen Sie den markierten Text zu der gewünschten Stelle im Dokument (engl. »to drag«). Ein kleiner vertikaler Strich zeigt, wo der Text eingefügt wird, wenn Sie die Maustaste loslassen – also den Text »fallenlassen« (engl. »to drop«).

Schritt 3

Nachdem Sie den Text verschoben haben, erscheint ein kleines Symbol, über das Sie die Formatierung der Textpassage beeinflussen können. Klicken Sie auf den kleinen Pfeil, um das Menü zu öffnen.

! Vorsicht bei Drag & Drop!
Für ungeübte Mausbenutzer ist die Drag&Drop-Methode nicht unbedingt zu empfehlen, da ein versehentliches Loslassen oft zu ungewollten Ergebnissen führt. Allerdings können Sie das mit `Strg` + `Z` schnell wieder rückgängig machen.

Schritt 4

Sie können so auch kopieren. Markieren Sie den Text, drücken Sie die rechte Maustaste, und ziehen Sie den Text mit gedrückter rechter Maustaste zum Zielort. Auch hier verändert sich der Mauszeiger.

Schritt 5

Am Zielort lassen Sie die Maustaste los. Daraufhin erscheint ein kleines Menü, das die Optionen **Hierhin verschieben** und **Hierhin kopieren** anbietet. Klicken Sie auf den entsprechenden Befehl.

Schritt 6

In dem Menü gibt es auch die Option **Verknüpfung hier erstellen**. Damit kopieren Sie den markierten Text und verknüpfen ihn gleichzeitig mit dem Ursprungstext. Jede Änderung am Ursprungstext wird auch am eingefügten Text vorgenommen.

Aktualisierung anstoßen

Um die Aktualisierung einer Verknüpfung manuell anzustoßen, setzen Sie den Mauszeiger in den verknüpften Text und drücken die Taste F9.

Text von Hand korrigieren

Die Zeiten von Tipp-Ex sind vorbei! Fehler und Buchstabendreher sind in Word kinderleicht zu korrigieren.

Schritt 1

Klassisch löschen Sie Zeichen einfach mit `Entf` oder `←`. Achten Sie darauf, wo der Cursor steht! Wenn Sie `Entf` drücken, wird das Zeichen rechts vom Cursor gelöscht ❶, während `←` das Zeichen links vom Cursor tilgt ❷.

Schritt 2

Wenn Sie ein oder mehrere Zeichen vergessen haben, platzieren Sie den Cursor im Text und tippen das fehlende Zeichen ein. Der vorhandene Text rutscht nach rechts und schafft Platz für die Zeichen, die Sie einfügen.

Schritt 3

Sie können Korrekturen auch sichtbar machen. Wechseln Sie zur Registerkarte **Überprüfen**, und klicken Sie auf **Änderungen nachverfolgen ▸ Änderungen nachverfolgen**. In diesem Modus werden gelöschte Zeichen durchgestrichen, und eingefügter Text wird farblich hervorgehoben.

ℹ Im Änderungsmodus arbeiten

Der Modus **Änderungen nachverfolgen** ist dann sinnvoll, wenn Dritte Ihr Dokument bearbeiten und Sie die Korrekturen sehen möchten. Sie können die Änderungen annehmen oder ablehnen.

Schritt 4

Es kommt vor, dass Sie Ihren Text nachträglich durch Absätze strukturieren möchten. Dann setzen Sie den Cursor an die Stelle, an der ein neuer Absatz beginnen soll ❸, und drücken die ↵-Taste.

Schritt 5

Ebenso einfach lassen sich Absatzschaltungen auch wieder entfernen. Setzen Sie den Cursor vor die Absatzmarke ❹ (sie ist nur zu sehen, wenn die Formatierungs- bzw. Steuerzeichen angezeigt werden, siehe Schritt 6), und drücken Sie die Entf -Taste.

Schritt 6

Die Anzeige dieser Zeichen (per Klick auf das Symbol **Alle anzeigen** auf der Registerkarte **Start**) ist auch für andere Korrekturen wichtig. Mithilfe dieser Zeichen können Sie beispielsweise erkennen, ob Sie zwei Leerzeichen hintereinander getippt haben, da diese durch Punkte angezeigt werden ❺. Löschen Sie ggf. ein Zeichen.

Die Rechtschreibprüfung einsetzen

1

In·Gibraltarr·leben·derzeit·etwa·28.750·Einwohner.·Seit·langem·kommt·es·zu·
Spannungen·zwischen·England·und·Spanien,·weil·Spanien·die·Hoheit·über·Gibraltar·
wiedererlangen·möchte.·Die·Grentze·nach·Spanien·war·von·1969·bis·1985·
geschlossen.·Bei·einem·Referendum·am·7.·November·2002·stimmten·99·%·der·
Abstimmenden·für·einen·Verbleib·unter·britischer·Herrschaft.·Nur·187·Bewohner·
waren·für·eine·geteilte·Souveränität.¶

Ihre Schulzeit ist schon etwas her,
und die neue Rechtschreibung ist
Ihnen auch noch nicht in Fleisch
und Blut übergegangen? Die Recht-
schreibprüfung hilft Ihnen.

Schritt 1

Word weist Sie mithilfe von roten
Wellenlinien mitten im Text auf
Rechtschreibfehler hin.

2

Schritt 2

Um ein rot unterstrichenes Wort zu
korrigieren, können Sie die Rechtschreibprüfung nutzen. Klicken
Sie das unterstrichene Wort mit
der rechten Maustaste an, um das
Kontextmenü zu öffnen.

3

Schritt 3

Häufig bietet dieses Menü einen
oder mehrere Korrekturvorschläge;
klicken Sie einfach mit der Maus auf
den passenden Vorschlag, um ihn als
Korrektur zu übernehmen **1**.

wiedererlangen·möchte.·Die·Grenze·nach·Spanien·war·von·1969·bis·1985·
geschlossen.·Bei·einem·Referendum·am·7.·November·2002·stimmten·99·%·
Abstimmenden·für·einen·Verbleib·unter·britischer·Herrschaft.·Nur·187·Bew

1

Schritt 4

Falls ein Wort trotz richtiger Schreib-weise rot unterstrichen wurde (z. B. ein Eigenname), rufen Sie per Rechtsklick das Kontextmenü auf, und wählen Sie hier **Alle ignorieren**. Die Wellenlinie verschwindet.

Schritt 5

Wenn Sie einen bestimmten Begriff häufig benutzen, den das interne Wörterbuch nicht kennt, sollten Sie diesen Begriff aufnehmen. Klicken Sie ihn mit der rechten Maustaste an, und wählen Sie **Hinzufügen zum Wörterbuch**.

Schritt 6

Daraufhin wird der Begriff nicht mehr bemängelt ❷. Rot unter-strichen wird er nun nur noch dann, wenn Sie den Begriff nicht so schreiben, wie Sie ihn in das Wörterbuch aufgenommen haben.

Was wird geprüft?

Die Rechtschreibprüfung funktio-niert so: Word vergleicht alle Wör-ter mit dem internen Wörterbuch und markiert diejenigen als falsch, die in diesem Wörterbuch nicht aufgeführt sind.

Die Rechtschreibprüfung einsetzen (Forts.)

Schritt 7

Sie können ein Dokument auch »durchkorrigieren«. Wechseln Sie zur Registerkarte **Überprüfen**, und klicken Sie hier auf **Rechtschreibung und Grammatik**, um rechts den Aufgabenbereich **Rechtschreibung** zu öffnen.

Schritt 8

Oben wird das erste Wort angezeigt, das Word bemängelt. Wählen Sie den richtigen Vorschlag aus ❶, und übernehmen Sie ihn mit **Ändern**. Handelt es sich um ein richtig geschriebenes Wort, das Word nicht kennt, klicken Sie auf **Ignorieren** ❷. Danach wird dann das nächste fehlerhafte Wort angezeigt.

Schritt 9

Auch in diesem Dialog können Sie das Wörterbuch um Begriffe ergänzen. Klicken Sie auf **Hinzufügen**.

Alte Rechtschreibung

Wenn Sie ein Anhänger der alten Rechtschreibung sind, können Sie die Rechtschreibprüfung umstellen. Deaktivieren Sie im Dialog **Datei ▸ Optionen ▸ Dokumentprüfung** die Option **Deutsch: Neue Rechtschreibung verwenden**.

Schritt 10

Mitunter zeigt Word auch blaue Linien an. Sie weisen darauf hin, dass mit der Grammatik etwas nicht stimmt. Klicken Sie mit der rechten Maustaste auf die Markierung, um einen Korrekturvorschlag zu erhalten. Per Klick wählen Sie ihn aus.

Schritt 11

Wenn Sie auf **Grammatik** ❸ klicken, wird rechts der Aufgabenbereich **Grammatik** eingeblendet, der eine Erklärung zu dem Fehler liefert.

Schritt 12

Wenn keine Linien auftauchen, ist die Rechtschreibprüfung möglicherweise nicht eingeschaltet. Überprüfen Sie dies über **Datei ▸ Optionen ▸ Dokumentprüfung** ❹. Aktivieren Sie die Optionen **Rechtschreibung während der Eingabe überprüfen** und **Grammatikfehler während der Eingabe markieren** ❺.

> **! Grammatikprüfung**
>
> Vertrauen Sie der Kritik von Word nicht blind! Bei grammatikalisch komplizierten Sätzen kreidet Wort oft richtige Strukturen an und erkennt umgekehrt nicht tatsächliche Fehler.

Arbeitserleichterung durch die AutoKorrektur

Manche Fehler werden wie von Zauberhand korrigiert. Dies ist keine Magie, sondern die Arbeit der Auto-Korrektur.

Schritt 1

Überprüfen Sie als Erstes die Einstellungen der AutoKorrektur. Wählen Sie dazu **Datei ▸ Optionen ▸ Dokumentprüfung ❶**. Hier klicken Sie auf die Schaltfläche **AutoKorrektur-Optionen**.

Schritt 2

Der zugehörige Dialog zeigt Ihnen, was in der Standardeinstellung automatisch korrigiert wird. In der Regel ist z. B. die Option **Jeden Satz mit einem Großbuchstaben beginnen** ❷ aktiviert. Dadurch geschieht genau das: Nach einem Punkt schreibt Word automatisch groß.

Schritt 3

Wenn Sie z. B. mit Tabellen arbeiten, ist es oft lästig, dass jeder Eintrag in einer Tabellenzelle großgeschrieben wird. Um dies zu verhindern, deaktivieren Sie die Option **Jede Tabellenzelle mit einem Großbuchstaben beginnen**.

Schritt 4

Die AutoKorrektur hilft auch bei typischen Tippfehlern. Geben Sie einen Buchstaben in das Feld **Ersetzen** ein, öffnet sich darunter eine Liste mit Tippfehlern, die standardmäßig korrigiert werden.

Schritt 5

Sie können auch selbst dafür sorgen, dass ein bestimmter Fehler sofort korrigiert wird. Schreiben Sie ein Wort, das Sie oft falsch schreiben, in das Feld **Ersetzen** ❸. Im Feld **Durch** geben Sie das Wort korrekt geschrieben ein. Klicken Sie dann auf **Hinzufügen** ❹ und **OK** ❺.

Schritt 6

Testen Sie Ihren Eintrag, indem Sie das Wort falsch schreiben. Schreiben Sie einfach weiter. Sie werden sehen: Aus »Starße« wird automatisch »Straße« ❻.

i

AutoFormat

Sie können u. a. deaktivieren, dass Absätze, die mit einer Ziffer beginnen, automatisch in eine Nummerierung verwandelt werden. Diese Einstellungen nehmen Sie auf der Registerkarte **AutoFormat während der Eingabe** vor.

Schnellbausteine nutzen

Wenn Sie bestimmte Textpassagen immer wieder schreiben müssen, bietet es sich an, Schnellbausteine anzulegen. Dann müssen Sie diesen Text nie wieder tippen.

Schritt 1

Um für ein paar (fertig formatierte) Textzeilen, die Sie häufig verwenden, einen Schnellbaustein zu erstellen, markieren Sie sie.

Schritt 2

Wechseln Sie zur Registerkarte **Einfügen**, und klicken Sie hier auf den Pfeil an der Schaltfläche **Schnellbausteine**. Im Menü wählen Sie **Auswahl im Schnellbaustein-Katalog speichern**.

Schritt 3

Daraufhin wird der Dialog **Neuen Baustein erstellen** geöffnet. Hier überschreiben Sie die im Feld **Name** ❶ vorgeschlagene Bezeichnung (die ersten Wörter des markierten Textes) mit einem einfachen Kürzel. Merken Sie sich das Kürzel. Im Feld **Katalog** ❷ belassen Sie es bei **Schnellbausteine**. Dann klicken Sie auf **OK**.

Länge der Bausteine

Bausteine können entweder nur ein Wort umfassen – z. B. ein langes, das Sie ungern tippen – oder mehrere Zeilen bzw. Absätze. Im Prinzip kann ein Baustein beliebig lang sein.

Schritt 4

Probieren Sie nun den Baustein aus. Öffnen Sie ein leeres Dokument, und setzen Sie den Cursor an die Stelle, an der der Text des Bausteins eingefügt werden soll ❸. Dort geben Sie das Kürzel aus Schritt 3 ein und drücken F3. Der Text wird eingefügt ❹.

Schritt 5

Diese schnelle Methode setzt natürlich voraus, dass Sie das richtige Kürzel wissen. Im Zweifelsfall klicken Sie auf die Schaltfläche **Schnellbausteine** und dann im Menü auf den Baustein, den Sie einfügen möchten.

Schritt 6

Sie können Bausteine auch wieder löschen. Klicken Sie auf **Schnellbausteine ▸ Organizer für Bausteine** ❺. Markieren Sie den zu löschenden Baustein in der Liste ❻, und klicken Sie auf **Löschen**.

> **ℹ Speicherort**
>
> Die Dokumentvorlage *Building Block.dotx* ist der Standardspeicherort für Schnellbausteine. Sie können im Dialog **Neuen Baustein erstellen** im Feld **Speichern in** aber auch eine andere Dokumentvorlage wählen, in der der Baustein gespeichert werden soll.

Datum per Tabulator ausrichten

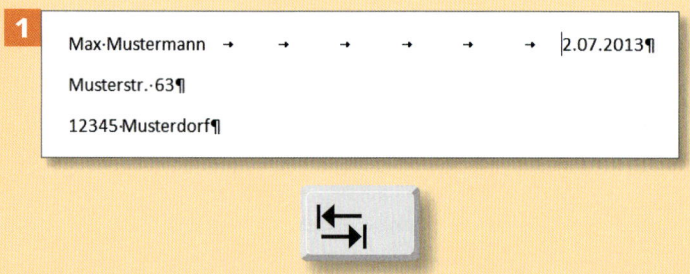

Wenn das Datum rechts auf dem Blatt stehen soll, benutzen ungeübte Word-User dafür häufig die Leertaste. Geschickter ist es, das Datum per Tabulator auszurichten.

Schritt 1

Um das Datum z. B. bei einem Brief schnell auf die rechte Seite zu rücken, können Sie die Taste ⇥ nutzen. Schreiben Sie das Datum, z. B. 2.07.2013, und setzen Sie den Cursor genau vor die 2. Drücken Sie dann mehrere Male ⇥ .

Schritt 2

Anstelle der Standard-Tabstopps können Sie auch einen Tabstopp genau an der Stelle einfügen, an der das Datum erscheinen soll. Wechseln Sie zur Registerkarte **Ansicht**, und aktivieren Sie hier die Option **Lineal**.

Schritt 3

Ganz links am Lineal sehen Sie das Symbol **Tabstopp ❶**, mit dem Sie die Ausrichtung des Tabstopps ändern. Die Ausrichtung am linken Seitenrand ist die Standardeinstellung.

Tabstopps per Dialog einfügen

Für ganz präzise Tabstopp-Positionen nutzen Sie den Dialog **Tabstopps**. Dazu öffnen Sie über den Pfeil an der Gruppe **Absatz** auf der Registerkarte **Start** zunächst den Dialog **Absatz**. Hier klicken Sie auf **Tabstopps**. Im zugehörigen Dialog geben Sie die gewünschte Position ein und klicken auf **Festlegen**.

Schritt 4

Klicken Sie so oft auf das kleine Symbol, bis sich das Zeichen zu einem nach rechts weisenden Häkchen verändert (wenn Sie mit der Maus auf das Symbol zeigen, steht in einer kleinen QuickInfo **Tabstopp rechts ❷**).

Schritt 5

Setzen Sie den Cursor in die richtige Zeile, und klicken Sie bei ca. 15 cm in den unteren Bereich des Lineals. Im Lineal erscheint das Symbol für einen rechtsbündigen Tabstopp ❸. Nun drücken Sie ⇥. Der Cursor springt zu dem neuen Tabstopp.

Schritt 6

Schreiben Sie jetzt das Datum. Sie sehen, dass Sie »nach links schreiben«, da bei einem rechtsbündigen Tabstopp immer das letzte Zeichen der Zeile an dem Tabstopp ausgerichtet wird.

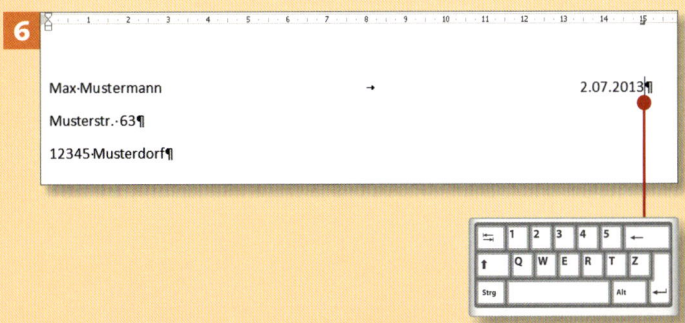

Tabstopps löschen/verschieben
Um Tabstopps wieder aus dem Lineal zu entfernen, ziehen Sie das Tabstopp-Symbol einfach mit gedrückter Maustaste aus dem Lineal. Zum Verschieben ziehen Sie es im Lineal nach links oder rechts.

Automatisches Datum per Feldbefehl

Besonders praktisch ist es, das Datum als Feldbefehl einzufügen. Nicht nur, dass Sie dann immer das richtige Datum erwischen, Sie können es auf diese Weise auch automatisch aktualisieren lassen.

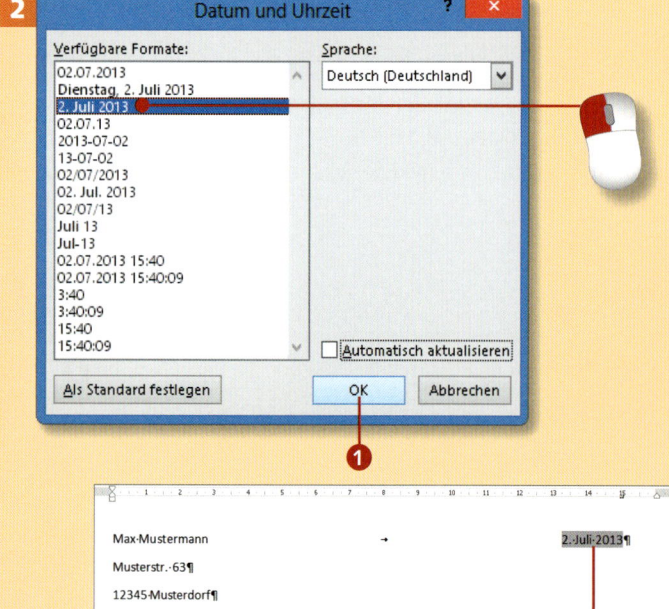

Schritt 1

Um das Datum einzufügen, wechseln Sie zur Registerkarte **Einfügen**. Hier finden Sie in der Gruppe **Text** die Schaltfläche **Datum und Uhrzeit**. Klicken Sie darauf.

Schritt 2

Im zugehörigen Dialog werden diverse numerische und alphanumerische Datumsformate angeboten. Wählen Sie per Mausklick das gewünschte Format aus, und klicken Sie auf **OK** ❶. Das Datum wird an der Cursorposition eingefügt ❷.

Schritt 3

Sie können auch dafür sorgen, dass das eingefügte Datum bei jedem Öffnen der Datei aktualisiert wird. Dazu aktivieren Sie im Dialog **Datum und Uhrzeit** die Option **Automatisch aktualisieren**.

Schritt 4

Das Datum wurde nun als *Feld* in das Dokument eingefügt. Wenn Sie den Cursor in das Datum setzen, sehen Sie – in der Standardeinstellung – die Feldschattierung.

Schritt 5

Für internationale Korrespondenz können Sie für die Datumsanzeige Formate einstellen, die im englischsprachigen Bereich üblich sind. Klicken Sie im Dialog **Datum und Uhrzeit** auf den Pfeil am Feld **Sprache**, und wählen Sie **Englisch**.

Schritt 6

Auch die Registerkarte **Kopf- und Fußzeilentools** ❸, die eingeblendet wird, wenn Sie eine Kopf- bzw. Fußzeile einfügen (siehe dazu auch den Abschnitt »Kopf- und Fußzeilen anlegen« auf Seite 100), bietet die Schaltfläche **Datum und Uhrzeit**, mit der Sie den beschriebenen Dialog öffnen.

Fest oder aktualisierbar?
Überlegen Sie sich gut, ob das Datum jeweils aktualisiert werden oder statisch bleiben soll. Rechnungen z. B. brauchen ein festes Datum.

Kapitel 3
Texte in Word perfekt formatieren

In diesem Kapitel stehen die Gestaltung und die detaillierte Bearbeitung von Texten im Mittelpunkt. Sie lernen einiges zu Schriftformaten, Texteffekten, über die Arbeit mit Tabellen sowie über Kopf- und Fußzeilen.

Text und Absätze formatieren

Über die Registerkarte **Start** ❶ lassen sich wesentliche Formatierungseinstellungen vornehmen. Hier richten Sie Absätze aus, rücken Text ein und weisen die klassischen Schriftformate wie fett oder kursiv, aber auch raffinierte Texteffekte zu. Wir zeigen Ihnen auch, welche speziellen Einstellungen im Dialog **Drucken** für den Ausdruck zur Verfügung stehen.

Tabellen einfügen und bearbeiten

Wenn Text sauber untereinanderstehen soll, sind Tabellen das Mittel der Wahl. Wir zeigen Ihnen, wie Sie Tabellen einfügen ❷, sie über die Registerkarte **Tabellentools** bearbeiten und ihnen auf diese Weise ein schickes Aussehen verpassen.

Inhaltsverzeichnis und Kopf- und Fußzeilen

Längere Dokumente wie wissenschaftliche Arbeiten oder Aufsätze brauchen ein Inhaltsverzeichnis ❸ und Kopf- bzw. Fußzeilen, die z. B. Kapitelüberschriften oder Seitenzahlen enthalten. Wir zeigen Ihnen den Umgang mit diesen Funktionen.

1 Es gibt zahlreiche Möglichkeiten zur Formatierung von Text.

Fügen Sie **2** Tabellen ein, und gestalten Sie sie.

Inhaltsverzeichnis **3** und Seitenzahlen dürfen natürlich nicht fehlen.

Text ausrichten: rechts, links oder zentriert

Überschriften zentrieren, einen Absatz linksbündig oder in Blocksatz setzen? Alles kein Problem.

Schritt 1

Standardmäßig sind die Absätze in einem Dokument linksbündig ausgerichtet, d.h., die ersten Zeichen jeder Zeile stehen untereinander. Werfen Sie einen Blick auf die Gruppe **Absatz** auf der Registerkarte **Start**. Das Symbol **Linksbündig ausrichten** ❶ ist aktiviert.

Schritt 2

Um einen Absatz zu zentrieren, setzen Sie den Cursor (irgendwo) in den Absatz und klicken auf **Zentriert**. Jede Zeile rutscht in die Mitte der Seite (deshalb wirken die Ränder »ausgefranst«).

Schritt 3

Wenn Sie einen Absatz rechtsbündig oder in Blocksatz setzen möchten, positionieren Sie den Cursor und klicken auf **Text rechtsbündig ausrichten** ❷ bzw. **Blocksatz**.

Geschickt markieren

Ein Dreifachklick im linken Randbereich markiert den ganzen Text, ein Doppelklick einen Absatz.

Schritt 4

Wenn mehrere Absätze gleichzeitig ausgerichtet werden sollen, müssen Sie die Absätze zunächst markieren. Danach klicken Sie auf das Symbol für die gewünschte Ausrichtung.

Schritt 5

Sie können die Ausrichtung auch in einem Dialog einstellen. Den Dialog **Absatz** öffnen Sie, indem Sie auf den Pfeil unten rechts an der Gruppe **Absatz** ❸ klicken. In der Auswahlliste des Feldes **Ausrichtung** wählen Sie eine Option.

Schritt 6

Gefällt Ihnen ein zentrierter oder rechtsbündiger Absatz nicht, können Sie ganz einfach wieder zur linksbündigen Standardeinstellung zurückkehren. Setzen Sie den Cursor in den Absatz, und klicken Sie auf **Linksbündig ausrichten**.

Absatzformat

Die Ausrichtung gehört zu den Absatzformaten, also zu Formateinstellungen, die sich auf einen oder mehrere Absätze beziehen. Als Absatz versteht Word den Text zwischen zwei Absatzmarken (das Formatierungszeichen, das aussieht wie ein Klavierhammer).

Schriftart und -größe einstellen

Word bietet eine große Anzahl unterschiedlicher Schriftarten. Für jeden Geschmack und jeden Zweck ist etwas dabei. Und auch die Schriftgröße können Sie punktgenau einstellen.

Schritt 1

Markieren Sie den Text. Um seine Schriftart zu verändern, klicken Sie auf der Registerkarte **Start** auf den Pfeil am Feld **Schriftart**. Per Mausklick können Sie eine passende Schrift aus der Liste wählen.

Schritt 2

Um die Schriftgröße zu verändern, markieren Sie zunächst den betreffenden Text. Nicht zusammenhängende Textpassagen können Sie markieren, indem Sie beim Anklicken die Strg-Taste gedrückt halten.

Schritt 3

Dann klicken Sie auf den Pfeil am Feld **Schriftgrad** (ebenfalls auf der Registerkarte **Start**). Suchen Sie sich per Mausklick eine passende Schriftgröße aus der Liste aus.

Schritt 4

Auch mit **Schriftart vergrößern** und **Schriftart verkleinern** ❶ lässt sich die Schriftgröße verändern, nachdem Sie den Text markiert haben. Klicken Sie einfach auf eine der beiden Schaltflächen.

Schritt 5

Sie können Schriftart und Schriftgröße auch zusammen in einem Dialog einstellen. Klicken Sie auf der Registerkarte **Start** auf den Pfeil ❷ an der Gruppe **Schriftart**. Wählen Sie im Dialog **Schriftart** in den entsprechenden Feldern die Schriftart ❸ und -größe aus.

Schritt 6

Der Dialog **Schriftart** bietet auch die Möglichkeit, einen neuen Standard einzustellen. Wählen Sie die gewünschten Einstellungen, und klicken Sie auf die Schaltfläche **Als Standard festlegen** ❹. Im zugehörigen Dialog aktivieren Sie **Alle Dokumente basierend auf der Vorlage Normal.dotm?** und klicken auf **OK**.

Den Standard ändern

Wenn Sie mit Schritt 6 die Standardeinstellung ändern, wird jedes neue Dokument, das Sie öffnen, diese Einstellungen haben.

Schriftformate festlegen: fett, kursiv und unterstrichen

Die Attribute fett, kursiv und unter-
strichen gehören zu den klassischen
Formatierungen, die Word zum Her-
vorheben bestimmter Textpassagen
anbietet. Sie sind im Nu zugewiesen.

Schritt 1

Überschriften oder wichtige Begriffe
werden gern fett formatiert. Das
ist ganz einfach: Markieren Sie das
Wort/die Textpassage, und klicken
Sie auf der Registerkarte **Start** auf
F (**Fett**).

Schritt 2

Genauso fix gestalten Sie Textpassagen kursiv. Markieren Sie den Text,
und klicken Sie auf **K** (**Kursiv**). Das
Schriftformat Kursiv lässt die Zeichen
nach rechts geneigt erscheinen.

Schritt 3

Um ein Wort oder eine Zeile zu
unterstreichen, markieren Sie die
Textpassage und klicken auf **U**
(**Unterstreichen**). Standardmäßig
handelt es sich um eine Unterstreichung mit einer einfachen Linie.

Mehrere Begriffe markieren

Um mehrere nicht zusammenhängende Begriffe/
Textpassagen zu markieren, klicken Sie auf den ersten
Begriff, halten die `Strg`-Taste gedrückt und fahren
mit gedrückter Maustaste über die nächsten Wörter.

Schritt 4

Um einem Text z. B. eine gestrichelte Linie zuzuweisen, klicken Sie auf den Pfeil an der Schaltfläche **U**. Im Menü wählen Sie die Linienart.

Schritt 5

Sie können auch farbig unterstreichen. Klicken Sie auf **Unterstreichungsfarbe** und dann auf eine Kachel in der Farbpalette. Die Farbe können Sie vor oder nach der Unterstreichung einstellen.

Schritt 6

Die Option **Weitere Unterstreichungen** ❶ öffnet den Dialog **Schriftart** (den Sie auch mit dem Pfeil an der Gruppe **Schriftart** aufrufen). Im Feld **Unterstreichung** bestimmen Sie den Unterstreichungstyp. Danach können Sie eine Farbe ❷ für die gewählte Unterstreichung einstellen (ohne diese Auswahl ist das Feld nicht aktiv).

Ohne Markierung formatieren
Wenn die Option **Datei ▸ Optionen ▸ Erweitert ▸ Bearbeitungsoptionen ▸ Automatisch ganze Wörter markieren** aktiviert ist, reicht es, den Cursor in ein Wort zu setzen, bevor Sie es mit einem Zeichenformat versehen.

Schriftzüge mit Farben und Texteffekten gestalten

Es gibt viele Möglichkeiten, einen Text optisch aufzuwerten. Mitunter reicht es, eine andere Schriftfarbe zu wählen. Dann gibt es noch Texteffekte, die Schattierungen, Spiegelungen und einiges mehr bieten.

Schritt 1

Zunächst müssen Sie den Text markieren. Klicken Sie dann auf der Registerkarte **Start** auf den Pfeil an der Schaltfläche **Schriftfarbe**, und wählen Sie per Klick eine Farbe aus der Palette aus.

Schritt 2

Wenn Sie im Menü auf die Option **Weitere Farben** ❶ klicken, sehen Sie eine noch größere Auswahl an Farbtönen. Auf der Registerkarte **Standard** ❷ wählen Sie per Mausklick auf eine der Kacheln des Sechsecks eine Farbe aus.

Schritt 3

Differenziert können Sie eine Farbe auf der Registerkarte **Benutzerdefiniert** ❸ einstellen. Per Klick auf das Farbfeld stellen Sie die Grundfarbe ein. Ziehen Sie dann mit gedrückter Maustaste am Pfeil ❹ neben dem Farbbalken, um die Auswahl zu verfeinern.

Schritt 4

Um Texteffekte anzuwenden, markieren Sie den Text und klicken auf der Registerkarte **Start** auf den Pfeil an der Schaltfläche **Texteffekte**. Das Menü bietet diverse Füllvarianten, die Sie per Mausklick auf den ausgewählten Text übertragen.

Schritt 5

Sie finden hier eine Menge weiterer Effekte. Wenn Sie den Mauszeiger auf **Kontur** führen, erhalten Sie eine Farbpalette, um eine Farbe für die Kontur der Zeichen auszuwählen. Auch für die Art der Kontur werden Optionen angeboten (unter **Striche 5**).

Schritt 6

Besonders interessant wirkt es, wenn der Text noch einmal als Spiegelung auftaucht. Klicken Sie auf **Spiegelung**, und wählen Sie eine Variante aus.

Schriftfarben wieder entfernen
Wählen Sie im Menü der Schaltfläche **Farbe** die Option **Automatisch** (6 in Bild 1), um alle Farbeinstellungen wieder loszuwerden.

Textpassagen einrücken

Einzelne Absätze etwas einzurücken, ist seit Langem ein bewährtes Mittel, Textabschnitte zu betonen und vom restlichen Text abzuheben. Mit Word lassen sich Textpassagen mit wenigen Klicks bzw. Schritten einziehen.

Schritt 1

Absätze lassen sich vom Rand ein wenig nach rechts einrücken (*Einzug*). Setzen Sie den Cursor in den Absatz, und klicken Sie auf der Registerkarte **Start** auf den Pfeil an der Gruppe **Absatz** ❶. Im Dialog geben Sie im Feld **Einzug ▸ Links** ein Maß an, z. B. »1,5 cm«.

Schritt 2

Word bietet aber auch *Sondereinzüge*. Dahinter verbergen sich der *Erstzeileneinzug* (nur die erste Zeile des Absatzes wird eingerückt) und ein *hängender Einzug* (alle Zeilen des Absatzes außer der ersten Zeile werden eingerückt).

Schritt 3

Für den Erstzeileneinzug wählen Sie im Dialog **Absatz** im Feld **Sondereinzug** die Option **Erste Zeile** ❷. Dann geben Sie im Feld **Um** direkt daneben an, um viele Zentimeter die erste Zeile eingerückt werden soll.

Schritt 4

Für einen hängenden Einzug wählen Sie im Feld **Sondereinzug** die Option **Hängend** ❹. Geben Sie im Feld **Um** an, um wie viele Zentimeter die Zeilen des Absatzes (außer der ersten) eingerückt werden sollen.

Schritt 5

Sie können die Einzüge auch im Lineal einstellen (dieses aktivieren Sie auf der Registerkarte **Ansicht**, siehe Seite 70). Links am Lineal finden Sie eine Art Sanduhr ❺, die aus drei Teilen besteht.

Schritt 6

Um einen »normalen« Einzug für den ganzen Absatz festzulegen, ziehen Sie den unteren Teil der Sanduhr mit gedrückter Maustaste bis zur gewünschten Zentimetermarke. Auf die gleiche Weise bewirkt der obere Teil einen Erstzeileneinzug und der mittlere Teil einen hängenden Einzug. Achten Sie darauf, dass der Cursor im Absatz steht.

Einzug vergrößern

Einen linken Einzug von 1,25 cm können Sie auch einfach über die Schaltfläche **Einzug vergrößern** (❸ in Bild 1) einstellen, die Sie in der Gruppe **Absatz** finden.

Eine Tabelle einfügen

Sollen Texteinträge geordnet untereinander und nebeneinander in Zeilen und Spalten stehen, sind Tabellen dafür das geeignete Mittel.

Schritt 1

Klicken Sie auf der Registerkarte **Einfügen** auf **Tabelle**. Fahren Sie mit der Maus über so viele Spalten und Zeilen, wie Sie einfügen möchten, und klicken Sie auf das letzte Kästchen. Die Tabelle wird eingefügt.

Schritt 2

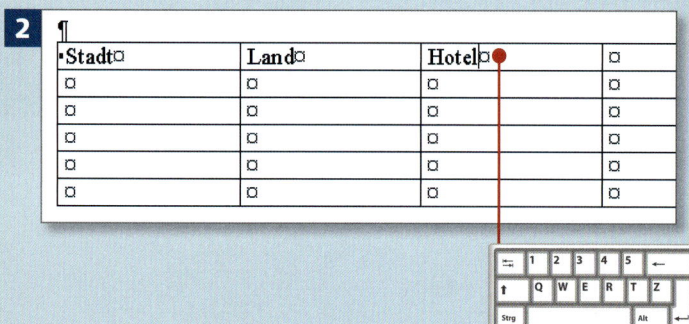

Sie können sofort losschreiben. In die jeweils nächste Zelle gelangen Sie mit ⇥ oder →, aber Sie können auch einfach in eine andere Zelle klicken oder sie antippen.

Schritt 3

Sie verändern die Spaltenbreite, indem Sie die Linie zwischen zwei Spalten mit gedrückter Maustaste verschieben. Genauso verändern Sie die Zeilenhöhe: Verschieben Sie die horizontale Linie.

Tabstopps in Zellen

Haben Sie einen Tabstopp in einer Tabellenzelle gesetzt, drücken Sie Strg + ⇥, um in der Zelle zu diesem Tabstopp zu springen.

Schritt 4

Um die Größe exakt festzulegen, nutzen Sie die Felder **Tabellenzeilenhöhe** und **Tabellenspaltenbreite** ❶ auf der Registerkarte **Tabellentools/Layout**. Die Angaben gelten für die Zeile oder Spalte, in der der Cursor steht. Die Registerkarte erscheint nur, wenn der Cursor in der Tabelle steht.

Schritt 5

Standardmäßig haben die Tabellen eine feste Spaltenbreite. Die Spaltenbreite lässt sich aber auch an den Text anpassen. Dazu klicken Sie auf der Registerkarte **Tabellentools/Layout** auf **AutoAnpassen** und wählen **Inhalt automatisch anpassen**.

Schritt 6

Klicken Sie auf der Registerkarte **Tabellentools/Layout** ganz links auf **Eigenschaften**, um den Dialog **Tabelleneigenschaften** zu öffnen, in dem Sie z. B. die Spaltenbreite ❷, die Zeilenhöhe oder die Ausrichtung des Textes festlegen können. Mit dem Befehl **Tabelleneigenschaften** im Kontextmenü der Tabelle rufen Sie diesen Dialog ebenfalls auf.

Eine Tabelle bearbeiten und attraktiv gestalten

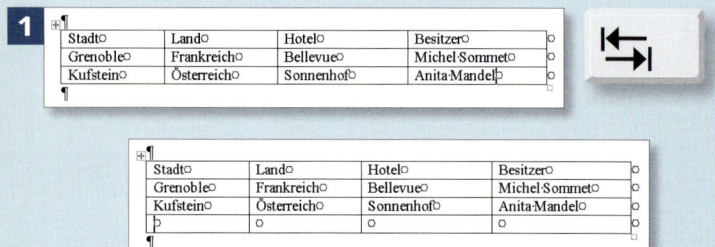

Wenn Sie bei der Arbeit mit Tabellen feststellen, dass Sie mehr Spalten oder Zeilen benötigen, ist das kein Grund, von vorn zu beginnen. Sie können die vorhandene problemlos erweitern. Und mit wenigen Handgriffen zaubern Sie aus einer schlichten Tabelle ein schickes Werk.

Schritt 1

Es ist ganz einfach, die Tabelle um Zeilen zu ergänzen. Setzen Sie den Cursor in die letzte Zelle der Tabelle, und drücken Sie ⇥. Die Tabelle wird um eine Zeile verlängert.

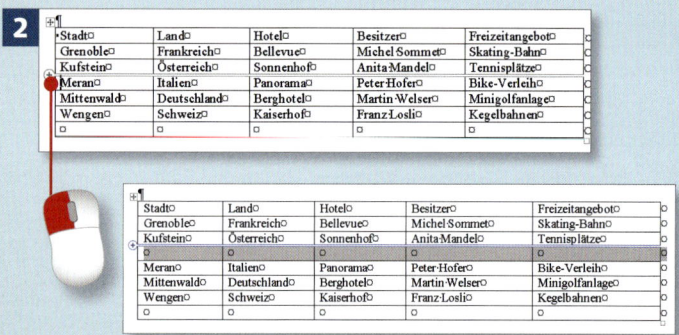

Schritt 2

Um Zeilen innerhalb der Tabelle einzufügen, setzen Sie den Cursor in die Zeile, unter der Sie eine neue Zeile brauchen, und zeigen Sie mit dem Mauszeiger auf den Rand der Tabelle. Es erscheint eine Linie mit einem Pluszeichen. Klicken Sie darauf.

Schritt 3

So fügen Sie auch eine Spalte ein: Setzen Sie den Cursor in die Spalte, neben der Sie eine weitere einfügen möchten, und zeigen Sie mit der Maus auf den oberen Rand der Zelle. Klicken Sie dann auf das Plus.

i

Befehle zum Einfügen

Sie können Zeilen oder Spalten auch über die Befehle in der Gruppe **Zeilen und Spalten** auf der Registerkarte **Tabellentools/Layout** einfügen.

Schritt 4

Um Zeilen/Spalten zu entfernen, setzen Sie den Cursor in die zu löschende Zeile/Spalte, klicken unter **Tabellentools/Layout** auf **Löschen** und wählen eine Option.

Schritt 5

Zellen lassen sich weiter aufteilen. Setzen Sie den Cursor in die Zelle, und klicken Sie auf **Zellen teilen**. Im Fenster geben Sie an, in wie viele Spalten (oder Zeilen) die Zelle unterteilt werden soll ❶.

Schritt 6

Um Zeilen/Spalten zu formatieren, müssen Sie sie markieren. Das geht mit gedrückter Maustaste oder so: Zeigen Sie mit der Maus links neben den Rand der Zeile oder auf den oberen Rand der Spalte; wenn Sie den weißen Mauszeiger ❷ bzw. den schwarzen Pfeil ❸ sehen, klicken Sie.

Markieren in der Tabelle

Zellen, Zeilen oder Spalten einer Tabelle lassen sich auch bequem markieren, wenn Sie auf der Registerkarte **Tabellentools/Layout** ganz links auf den Pfeil an der Schaltfläche **Auswählen** klicken und im Menü Ihre Auswahl treffen.

Eine Tabelle bearbeiten und attraktiv gestalten (Forts.)

Schritt 7

Zum Gestalten können Sie Vorlagen nutzen. Setzen Sie den Cursor in die Tabelle, und aktivieren Sie die Registerkarte **Tabellentools/Entwurf**. Hier werden *Tabellenformatvorlagen* angeboten. Um alle Vorlagen zu sehen, klicken Sie auf den Pfeil. Per Mausklick übertragen Sie eine Vorlage auf Ihre Tabelle.

Schritt 8

Natürlich können Sie die Tabelle auch eigenhändig gestalten. Geben Sie markierten Zellen z. B. einen farbigen Hintergrund, indem Sie das Menü **Schattierung** öffnen und daraus eine Farbe wählen.

Schritt 9

Die eingefügte Tabelle hat innen und außen Rahmenlinien. Sie können sie teilweise oder komplett entfernen. Markieren Sie die betreffenden Zellen, und klicken Sie auf der Registerkarte **Entwurf** auf **Rahmen ▸ Kein Rahmen**. Die gestrichelten Linien, die übrig bleiben, sind Hilfslinien, die nicht ausgedruckt werden. Sie können sie über **Layout ▸ Gitternetzlinien anzeigen** ausblenden.

Schritt 10

Einzelne Linien setzen Sie – wenn Sie vorher **Kein Rahmen** gewählt haben – folgendermaßen: Markieren Sie z. B. die oberste Zeile. Klicken Sie auf der Registerkarte **Tabellentools/ Entwurf** auf **Rahmen ▸ Rahmenlinie unten** (das heißt im Klartext: eine Linie unterhalb der Markierung).

Schritt 11

Für farbige Rahmenlinien oder andere Linienarten öffnen Sie über **Rahmen ▸ Rahmen und Schattie- rung** (❶ in Bild 9) ein Dialogfenster, in dem Sie Art, Farbe ❷ und Breite ❸ der Linie(n) wählen können.

Schritt 12

Wenn Ihre Tabelle eine zentrierte Überschrift erhalten soll, lässt sich das mit verbundenen Zellen lösen. Markieren Sie die oberste Zeile, und klicken Sie auf **Tabellentools/ Layout ▸ Zellen verbinden**. Nun können Sie die Überschrift zent- rieren. Die Befehle ❹ finden Sie auf der Registerkarte **Layout** in der Gruppe **Ausrichtung** (und natürlich auf der Registerkarte **Start**).

Mit Formatvorlagen arbeiten

Formatvorlagen bündeln diverse Formatierungen in Vorlagen, die Sie Absätzen einfach per Mausklick zuweisen können. Eine praktische Sache, die wir Ihnen hier zeigen.

Schritt 1

Um eine Formatvorlage zuzuweisen, setzen Sie den Cursor in den entsprechenden Absatz und klicken auf der Registerkarte **Start** auf den Pfeil am Auswahlfeld **Formatvorlagen**. Im Menü sehen Sie die *Schnellformatvorlagen*.

Schritt 2

Wenn Sie mit der Maus über die Vorlagen fahren, sehen Sie die Auswirkung direkt im Text. Klicken Sie auf eine Vorlage, um sie für den Absatz zu übernehmen.

Schritt 3

Um das gesamte Angebot an Formatvorlagen zu sehen, klicken Sie auf den Pfeil an der Gruppe **Formatvorlagen**. Daraufhin wird im rechten Bereich der Aufgabenbereich **Formatvorlagen** eingeblendet, in dem eine größere Auswahl angezeigt wird.

Schritt 4

Um alle vorhandenen Formatvorlagen zu sehen, klicken Sie ganz unten auf den Link **Optionen** ❶. Im Dialog wählen Sie im Feld **Anzuzeigende Formatvorlagen auswählen** die Option **Alle Formatvorlagen**.

Schritt 5

Sie können eine Formatvorlage, auf die Sie schnell zugreifen möchten, auch in den Formatvorlagenkatalog befördern. Dazu zeigen Sie mit der Maus auf einen Formatvorlagennamen und klicken auf den Pfeil. Im Menü wählen Sie **Zum Formatvorlagenkatalog hinzufügen**.

Schritt 6

Sobald Sie mit der Maus auf eine Formatvorlage im Aufgabenbereich zeigen, werden die zugehörigen Einstellungen eingeblendet.

✚ Formatvorlagen nutzen

Insbesondere bei längeren Dokumenten sind Formatvorlagen nützlich, weil sich wiederkehrende Formatierungen mit einem Mausklick zuweisen lassen. Auch das Ändern z. B. aller Überschriften geht schnell: Sie müssen nur die entsprechende Formatvorlage anpassen.

Formatvorlagen anpassen

Entsprechen die Eigenschaften einer Formatvorlage nicht ganz Ihren Vorstellungen? Das ist kein Problem, Sie können sie an Ihre Wünsche anpassen und dann verwenden.

Schritt 1

Wenn Sie auf den Pfeil ❶ an der Gruppe **Formatvorlagen** klicken, werden rechts die Formatvorlagen angezeigt. In der Liste klicken Sie auf den Pfeil an der Vorlage, die Sie ändern möchten. Im Menü wählen Sie **Ändern**.

Schritt 2

Der Dialog **Formatvorlage ändern** öffnet sich. Einige Formatierungseinstellungen können Sie direkt hier ändern, z. B. die Schriftgröße ❷ und/oder die Farbe ❸.

Schritt 3

Manche Einstellungen finden Sie nicht unmittelbar im Dialog. Um beispielsweise einen Rahmen festzulegen, klicken Sie auf **Format** und wählen im Menü **Rahmen**. Dies öffnet den Dialog **Rahmen und Schattierung**, wo Sie per Klick auf die Schaltfläche **Kontur** ❹ einen Rahmen für den Absatz einstellen.

Schritt 4

Wenn Sie auf den Pfeil am Feld **Formatvorlage für folgenden Absatz** klicken, legen Sie fest, mit welchem Format Sie weiterschreiben, nachdem Sie die ⏎-Taste gedrückt und so einen neuen Absatz erzeugt haben.

Schritt 5

Wenn die Veränderungen an der Formatvorlage lediglich im aktuellen Dokument gelten sollen, setzen Sie das Häkchen vor **Nur in diesem Dokument**. In neuen Dokumenten hat die Formatvorlage dann wieder die Standardeinstellungen (wie in der Dokumentvorlage).

Schritt 6

Ein Klick auf die Schaltfläche **Neue Formatvorlage** im Aufgabenbereich **Formatvorlagen** öffnet den eben beschriebenen Dialog, nur dass er nun **Neue Formatvorlage erstellen** heißt. Anstatt eine Formatvorlage zu ändern, können Sie hier eine neue Formatvorlage mit einem eigenen Namen ❺ anlegen.

Überschriften nummerieren

In wissenschaftlichen Arbeiten und anderen längeren Dokumenten ist es üblich, den Text mit Überschriften und Unterpunkten zu gliedern.

Schritt 1

Als Erstes weisen Sie Ihren Überschriften Formatvorlagen zu, also **Überschrift 1** (für eine Hauptüberschrift), **Überschrift 2** (für eine Unterüberschrift) etc. Setzen Sie dazu den Cursor in die Überschrift, und klicken Sie auf der Registerkarte **Start** im Menü **Formatvorlagen** auf die gewünschte Formatvorlage.

Schritt 2

Danach setzen Sie den Cursor in eine Überschrift (z. B. Ebene 1) und klicken auf den Pfeil an der Schaltfläche **Liste mit mehreren Ebenen**. In der Bibliothek finden Sie mehrere Nummerierungsformate.

Schritt 3

Wenn Sie die Nummerierung automatisch im gesamten Dokument zuweisen möchten, wählen Sie ein Format, in dem die Überschriften in der Vorschau auftauchen. Bei einem Format, das nur einen Strich zeigt ❶, erhält nur die aktuelle Überschrift eine Nummerierung.

Schritt 4

Sofort werden alle Überschriften im Dokument nummeriert. Um dafür zu sorgen, dass die Überschriften niedriger Ebenen (z. B. Ebene 4) nicht nummeriert werden, klicken Sie im Menü der Schaltfläche **Liste mit mehreren Ebenen** auf den Eintrag **Neue Liste mit mehreren Ebenen definieren**. Achten Sie darauf, dass der Cursor in einer der Überschriften steht.

Schritt 5

Im zugehörigen Dialog klicken Sie als Erstes ganz unten auf **Erweitern ❷**, um den kompletten Dialog zu sehen. Dann markieren Sie in der Liste links die Überschriftenebene, die Sie bearbeiten möchten, z. B. **4**.

Schritt 6

Klicken Sie dann rechts auf den Pfeil am Feld **Verbinden mit Formatvorlage**, und wählen Sie **Keine Formatvorlage**. Sie sehen den Erfolg der Aktion unmittelbar in der Vorschau: Die Ebene wird nur noch mit einem Strich dargestellt ❸. Wiederholen Sie dies ggf. für andere Unterüberschriften.

Ein Inhaltsverzeichnis erstellen

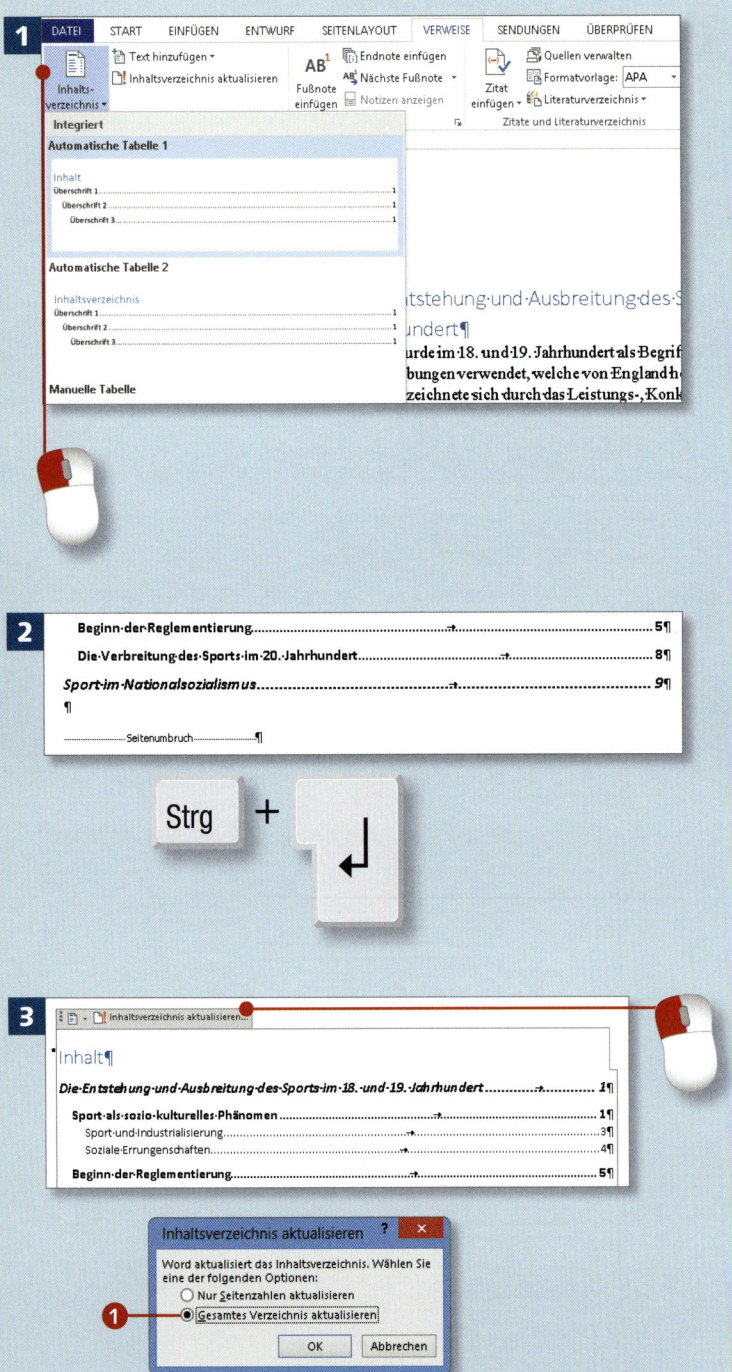

Gerade bei umfangreichen Dokumenten ist ein Inhaltsverzeichnis unerlässlich. Mit Word erstellen Sie es im Nu. Voraussetzung sind Überschriften, die mit Formatvorlagen (»Überschrift 1« etc.) formatiert wurden.

Schritt 1

Setzen Sie den Cursor an den Anfang des Dokuments, und drücken Sie ⏎, um oberhalb der Überschrift einen Absatz zu erzeugen. Auf der Registerkarte **Verweise** klicken Sie auf **Inhaltsverzeichnis**. Wählen Sie **Automatische Tabelle 1** oder **Automatische Tabelle 2**.

Schritt 2

Word erstellt das Inhaltsverzeichnis auf Basis der Überschriften. Damit es auf einer leeren Seite steht, drücken Sie unterhalb des Verzeichnisses ⌃Strg + ⏎, um einen Seitenumbruch einzufügen.

Schritt 3

Um das Verzeichnis zu aktualisieren (also z. B. Änderungen an Überschriften zu übernehmen), setzen Sie den Cursor hinein und klicken auf **Inhaltsverzeichnis aktualisieren**. Im Dialog wählen Sie eine Option ❶. Die Änderung taucht nun auch im Inhaltsverzeichnis auf.

Schritt 4

Statt im Menü ein Verzeichnisformat zu wählen (Schritt 1), können Sie auch einen Dialog öffnen, in dem Sie mehr Einstellungen vornehmen können. Dazu klicken Sie auf **Benutzerdefiniertes Inhaltsverzeichnis**.

Schritt 5

Im Dialog **Inhaltsverzeichnis** können Sie ein Format für das Verzeichnis auswählen, das Füllzeichen ❷ ändern, die Hyperlinks ❸ deaktivieren und die einbezogenen Ebenen verändern ❹. Klicken Sie abschließend auf **OK**.

Schritt 6

Wenn Sie bereits ein Inhaltsverzeichnis im Dokument hatten, fragt Word, ob es ersetzt werden soll. Klicken Sie auf **Ja**. Anschließend sehen Sie die Änderung in Ihrem Dokument.

ℹ Hyperlinks im Inhaltsverzeichnis
Die Überschriften im Inhaltsverzeichnis sind *Hyperlinks*. Das bedeutet, dass Sie per Mausklick auf eine Überschrift direkt zur jeweiligen Stelle im Dokument springen können.

Kopf- und Fußzeilen anlegen

Kopf- und Fußzeilen zu setzen, ist eine äußerst praktische Funktion von Word. Einmal angelegt, taucht der Text automatisch auf jeder Seite des Dokuments auf.

Schritt 1

Um eine Kopf- oder Fußzeile einzu-fügen, klicken Sie auf der Register-karte **Einfügen** auf **Kopfzeile** bzw. **Fußzeile** ❶. Für eine schlichte Kopf-zeile klicken Sie im Menü auf **Leer**. In Ihrem Dokument öffnet sich der Bereich für die Kopfzeile. Geben Sie hier Ihren Text ein.

Schritt 2

Um den Text der Kopfzeile zu for-matieren, können Sie die Befehle auf der Registerkarte **Start** nutzen. Formatieren Sie den Text z. B. fett ❷, und setzen Sie ihn in die Mitte, in-dem Sie auf **Zentriert** klicken.

Schritt 3

Solange die Kopf- oder Fußzeile geöffnet ist, wird die Registerkarte **Kopf- und Fußzeilentools/Entwurf** eingeblendet. Um von der Kopfzeile in die Fußzeile zu springen, klicken Sie auf **Zu Fußzeile wechseln**.

Kopf- und Fußzeile entfernen
Um eine Kopfzeile zu löschen, öffnen Sie das Menü der Schaltfläche **Kopfzeile** und wählen hier **Kopfzeile entfernen**. Mit der Fußzeile funktioniert das genauso.

Schritt 4

Um das Datum in die Kopfzeile einzufügen, klicken Sie auf **Datum und Uhrzeit** ❸. Im gleichnamigen Dialog wählen Sie ein Format und klicken auf **OK**. Das Datum wird in die Kopfzeile eingefügt. Wenn Sie die Option **Automatisch aktualisieren** ❹ anklicken, wird es als Feld eingefügt und aktualisiert sich von selbst.

Schritt 5

Den Abstand der Kopf- oder Fußzeile zum Seitenrand regeln Sie in den Feldern **Kopfzeile von oben** und **Fußzeile von unten**. Der Effekt stellt sich unmittelbar ein.

Schritt 6

Wenn auf der ersten Seite des Dokuments z. B. keine Kopfzeile erscheinen soll, aktivieren Sie die Option **Erste Seite anders**.

Öffnen und schließen

Mit der Schaltfläche **Kopf- und Fußzeile schließen** ❺ oder mit einem Doppelklick auf den Textbereich kehren Sie zum Textbereich zurück. Umgekehrt gelangen Sie per Doppelklick auf die Kopfzeile in diesen Bereich.

Seitenzahlen einfügen

Längere Dokumente sollten seiten-weise durchnummeriert sein. Diese Aufgabe erledigen Sie mit der ent-sprechenden Word-Funktion. So werden die Seitenzahlen bei Verände-rungen stets angepasst.

Schritt 1

Seitenzahlen tauchen in der Regel am Fuß einer Seite auf und wer-den daher am besten auch in die Fußzeile gesetzt. Klicken Sie auf die Schaltfläche **Seitenzahl** auf der Registerkarte **Einfügen**.

Schritt 2

In dem Menü führen Sie den Maus-zeiger auf **Seitenende**. Im Unter-menü wird eine Reihe unterschied-licher Formate für Seitenzahlen angezeigt.

Schritt 3

Klicken Sie beispielsweise auf den Bereich **Einfache Zahl 2** ❶, um in einer Fußzeile Seitenzahlen einzu-fügen, die zentriert in der Mitte der Seite stehen. Auch die Fußzeile wird mithilfe einer gestrichelten Linie angezeigt.

3

• Soziale·Errungenschaften¶
Mit·zunehmender·Freizeit·der·Arbeiter·gegen·Ende·des·19.·Jahrhunderts·wurde·der·Sport·vermehrt·zur·Freizeitbeschäftigung·einer·breiten·Bevölkerungsschicht.·Insbesondere·die·Arbeitgeber·waren·an·einer·Disziplinierung·ihrer·Arbeiter·interessiert,·weshalb·sie·oftmals·Werkssportvereine·gründeten.¶

Fußzeile

2¶

Seitenzahlen gestalten

Markieren Sie die Seitenzahl, und wählen Sie auf der Registerkarte **Start** die gewünschte Formatie-rung. Statt schlichter Seitenzahlen können Sie aber auch gleich Seitenzahlen mit Formatierung und/oder Design einfügen. Scrollen Sie im Menü **Seitenzahl ▸ Seitenende** durch die Auswahl.

Schritt 4

Sie verlassen den Fußzeilenbereich durch einen Doppelklick auf die »normale« Seite oder indem Sie auf die Schaltfläche **Kopf- und Fußzeile schließen** klicken.

Schritt 5

Sollen die Seitenzahlen weiter unten am Rand erscheinen, verringern Sie die Höhe des Fußzeilenbereichs. Klicken Sie dazu auf den nach unten zeigenden Pfeil an der Schaltfläche **Fußzeile von unten**.

Schritt 6

Wenn auf der erste Seite keine Seitenzahl erscheinen soll, setzen Sie ein Häkchen vor **Erste Seite anders** ❷. Damit dann auf der zweiten Seite eine »1« steht, öffnen Sie über **Seitenzahl ▸ Seitenzahlen formatieren** ❸ den Dialog **Seitenzahlenformat**. Hier tragen Sie im Feld **Beginnen bei** »0« ein.

Fußzeilenbereich aktivieren
Durch einen Doppelklick auf die Seitenzahl bzw. den Fußzeilenbereich öffnen Sie den Fußzeilenbereich.

Ein Dokument in der Seitenansicht betrachten

Im Dialog »Drucken« (siehe Seite 106) sehen Sie das Dokument zwar als Vorschau, aber diese bietet keine Bearbeitungsmöglichkeiten. Geeigneter dafür ist die Seitenansicht.

Schritt 1

Am bequemsten rufen Sie die Seitenansicht auf, wenn Sie sich die entsprechende Schaltfläche auf die Symbolleiste für den Schnellzugriff legen. Klicken Sie im Menü der Symbolleiste auf **Weitere Befehle**.

Schritt 2

Im Dialog **Word-Optionen** wählen Sie im Feld **Befehle auswählen** die Option **Alle Befehle** ❶. Dann scrollen Sie in der ziemlich langen Liste bis zu dem Eintrag **Seitenansicht-Bearbeitungsmodus**, markieren ihn ❷ und klicken auf die Schaltfläche **Hinzufügen**. Der Eintrag wandert in die rechte Liste. Klicken Sie abschließend auf **OK** ❸.

Schritt 3

Per Klick auf die neue Schaltfläche mit der Lupe (optisch leider nicht zu unterscheiden von der Minischaltfläche **Seitenansicht und Drucken**) können Sie die Seitenansicht nun aufrufen.

Schritt 4

In der Seitenansicht sehen Sie das Dokument so, wie es im Ausdruck erscheinen wird. Die Darstellungsgröße können Sie über die Schaltfläche **Zoom** auf der Registerkarte **Seitenansicht** oder über den Regler ❹ unten rechts am Bildschirm verändern.

Schritt 5

Die Ansicht heißt nicht umsonst **Seitenansicht-Bearbeitungsmodus**, denn Sie können den Text hier bearbeiten. Entfernen Sie das Häkchen vor **Lupe**. Der Mauszeiger fungiert dann nicht mehr als Lupe zum Vergrößern oder Verkleinern der Anzeige.

Schritt 6

Um die Seitenansicht zu verlassen und zum Dokument zurückzukehren, klicken Sie auf **Seitenansicht schließen** oder drücken [Esc].

Aus der Seitenansicht drucken

Sie können ein Dokument auch direkt aus der Seitenansicht heraus drucken. Klicken Sie auf die Schaltfläche **Seitenansicht und Drucken** (❺ in Bild 5).

Ein Dokument ausdrucken

Der Dialog »Drucken« bietet eine Menge praktischer Möglichkeiten. Die wichtigsten Einstellungen stellen wir Ihnen in diesem Abschnitt vor.

Schritt 1

Rufen Sie das Fenster zum Drucken auf, indem Sie **Datei ▸ Drucken** ❶ wählen. Prüfen Sie zunächst, ob der richtige Drucker eingestellt ist. Im Feld **Drucker** können Sie ggf. einen anderen Drucker auswählen.

Schritt 2

Im rechten Bereich sehen Sie eine Vorschau auf den Ausdruck. Mit den Pfeilen können Sie durch das Dokument blättern. Beachten Sie auch den Zoom ❷, mit dem Sie die Ansicht verändern können.

Schritt 3

Standardmäßig werden alle Seiten des geöffneten Dokuments gedruckt. Klicken Sie nun auf den Pfeil am Feld **Alle Seiten drucken** im Bereich **Einstellungen**. Mit den Optionen der Auswahl können Sie festlegen, was gedruckt werden soll.

Schritt 4

Um einen zuvor markierten Bereich zu drucken, wählen Sie die Option **Auswahl drucken ❸**. Mit **Aktuelle Seite drucken** wird nur die Seite gedruckt, auf der der Cursor steht.

Schritt 5

Sie können auch einzelne Seiten ausdrucken. Geben Sie im Feld **Seiten** die Seitenzahlen durch Komma oder Semikolon getrennt ein, z. B. »1; 3; 5«. Auch die Eingabe »1-3« (die Seiten 1 bis 3) funktioniert.

Schritt 6

Sie können auch mehrere Seiten auf einem Blatt ausdrucken. Klicken Sie dazu auf den Pfeil am Feld **1 Seite pro Blatt**. Wählen Sie eine Einstellung aus. Abschließend klicken Sie ganz oben auf **Drucken ❹**, um den Druckauftrag an Ihren Drucker zu schicken.

Anzahl der Exemplare

Wie oft ein Dokument oder eine Seite ausgedruckt werden soll, legen Sie im Feld **Exemplare ❺** fest.

PDF-Dateien in Word öffnen und bearbeiten

Diese Möglichkeit haben Sie vielleicht schon mal vermisst: PDF-Dateien einfach in Word öffnen und bearbeiten zu können. Mit Word 2013 steht diese Funktion nun bereit.

Schritt 1

Um eine PDF-Datei in Word zu öffnen, rufen Sie über **Datei ▸ Öffnen ❶** das Fenster **Öffnen** auf, klicken hier auf **Computer ❷** und dann auf die Schaltfläche **Durchsuchen**.

Schritt 2

Wandern Sie zu dem Ordner ❸, in dem die gesuchte PDF-Datei liegt. Markieren Sie die Datei ❹, und klicken Sie auf **Öffnen**.

Schritt 3

Eine Meldung erscheint, die besagt, dass das Dokument konvertiert wird und vermutlich nicht genauso aussehen wird wie das PDF-Dokument. Bestätigen Sie die Meldung mit **OK**.

Schritt 4

Das Dokument wird in Word angezeigt. Sie können es »normal« bearbeiten, alle Befehle von Word stehen zur Verfügung.

Schritt 5

In der Titelleiste wird das Dokument weiterhin als PDF-Datei ausgewiesen ❺. Wenn Sie Veränderungen über den Dialog **Speichern unter** sichern, sehen Sie aber, dass automatisch das Word-Format *.docx* ❻ eingestellt ist.

Schritt 6

Um ein PDF-Dokument als PDF zu öffnen, klicken Sie die Datei im Explorer doppelt an. Daraufhin wird das Dokument im Adobe Reader oder mit der Windows-8-App *Reader* angezeigt.

Programm zum Öffnen

Um zu bestimmen, wie ein PDF-Dokument geöffnet wird, klicken Sie es im Explorer mit der rechten Maustaste an. Wählen Sie im Kontextmenü über **Öffnen mit** ein passendes Programm.

Kapitel 4
Schicke Layouts mit Word

Word ist zwar ein Textverarbeitungsprogramm, bietet aber auch viele Möglichkeiten für eine grafische Gestaltung. In diesem Kapitel zeigen wir Ihnen den Umgang mit Bildern und wie Sie mithilfe von Aufzählungszeichen, Rahmenlinien und Designs schicke Layouts erzeugen.

Aufzählungszeichen und Nummerierungen
Zunächst geht es darum, einen Text mit Aufzählungszeichen zu versehen und Absätze auf diese Weise durchzunummerieren. Sie erfahren u. a., wie Sie über den Dialog **Symbol** ❶ auch eher ungewöhnliche Aufzählungszeichen nutzen können.

Dokumente verschönern
Die meisten Dokumente wirken mit Fotos einfach lebendiger. Sobald Sie ein Foto eingefügt haben ❷, lässt es sich mit den Befehlen der Registerkarte **Bildtools** bearbeiten und korrigieren. Auch die Funktion **WordArt** ist nicht neu, aber immer wieder verblüffend. Wir zeigen Ihnen, wie aus einfachen Textzeilen dekorative Schriftzüge werden.

Dokumentvorlagen anlegen und nutzen
Auf Basis von Dokumentvorlagen können Sie neue Dokumente erstellen, die wichtige Elemente bereits enthalten ❸. Die Vorlagen können ganze Textpassagen, Bilder oder Formateinstellungen umfassen.

1 Wählen Sie aus einem großen Fundus an Aufzählungszeichen aus.

Heutige Situation

In Gibraltar leben derzeit etwa 28.750 Einwohner. Seit langem kommt es zu Spannungen zwischen England und Spanien, weil Spanien die Hoheit über Gibraltar wiedererlangen möchte. Die Grenze nach Spanien war von 1969 bis 1985 geschlossen. Bei einem Referendum am 7. November 2002 stimmten 99 % der Abstimmenden für einen Verbleib unter britischer Herrschaft. Nur 187 Bewohner waren für eine geteilte Souveränität. Die *Straße von Gibraltar*, die das Mittelmeer mit dem Atlantik verbindet, ist für das Militär von großer Bedeutung. Das Vereinigte Königreich unterhält in Gibraltar einen **Flottenstützpunkt**.

Mit Bildern und Word-Art lässt sich Text ansprechend gestalten. **2**

Legen Sie sich Dokumentvorlagen an. **3**

Aufzählungszeichen oder Nummerierung

Wenn Text untereinandergeschrieben werden soll, sind Aufzählungszeichen eine gute Methode, um die Aufmerksamkeit des Lesers auf diese Zeilen zu lenken.

Schritt 1

Auf der Registerkarte **Start** gibt es die Schaltfläche **Aufzählungszeichen**. Wenn Sie darauf klicken, wird Ihrem Text das zuletzt verwendete Aufzählungszeichen zugewiesen. Der nächste Aufzählungspunkt erscheint, sobald Sie die ⏎-Taste drücken.

Schritt 2

Um ein neues Zeichen einzufügen, klicken Sie auf den Pfeil an der Schaltfläche **Aufzählungszeichen**. Wählen Sie ein Zeichen aus dem Menübereich **Aufzählungszeichenbibliothek**, wo die zuletzt genutzten Zeichen aufgeführt sind.

Schritt 3

Um aus einem noch größeren Fundus zu wählen, klicken Sie im Menü auf **Neues Aufzählungszeichen definieren** ❶ und im nächsten Fenster auf **Symbol**. Der gleichnamige Dialog bietet je nach Schriftart ❷ eine Fülle unterschiedlichster Zeichen.

Schritt 4

Wenn Sie eine Liste nachträglich mit Aufzählungszeichen versehen möchten, muss sie zunächst markiert werden; dann wählen Sie wie beschrieben das Aufzählungszeichen.

4
❋ → Bonn:·26·Grad¶
❋ → Frankfurt/Main:·27·Grad¶
❋ → Leipzig:·25·Grad¶
❋ → Nürnberg:·24·Grad¶
❋ → Würzburg:·26·Grad¶

Schritt 5

Für eine einfache Nummerierung klicken Sie auf der Registerkarte **Start** auf **Nummerierung**. Wo der Cursor steht, erscheint eine eingerückte »1«. Schreiben Sie Ihren Text. Sobald Sie ⏎ gedrückt haben, wird die Nummerierung fortgesetzt.

5 Verhalten·bei·Gewitter:¶

1. → Ziehen·Sie·die·Stecker¶

Schritt 6

Sowohl Zahl als auch Text werden etwas eingerückt (0,63 cm). Sie können die Einzüge mithilfe der Markierungen im Lineal verändern. Verschieben Sie einfach die Symbole für den Einzug. Denken Sie daran, die Liste zuvor zu markieren.

6
¶ Verhalten·bei·Gewitter:·¶
¶
1. → Ziehen·Sie·die·Stecker·von·elektrischen·Geräten·heraus.·¶
2. → Suchen·Sie·nicht·unter·Bäumen·Schutz,·auch·nicht·unter·Buchen!·¶
3. → Stellen·Sie·sich·nicht·unter·einen·Baum,·sondern·kauern·Sie·sich·in·eine·Erdmulde.·¶
4. → Halten·Sie·sich·von·großen·Metallkonstruktionen·fern.·¶
5. → Halten·Sie·die·Beine·zusammen,·da·sich·sonst·dazwischen·eine·große·Schrittspannung·aufbauen·kann.·¶
6. → Legen·Sie·sich·nicht·lang·gestreckt·hin.·¶
7. → Halten·Sie·Schirme·oder·andere·Metallgegenstände·nicht·hoch.·¶

ℹ Andere Zahlenformate

Sie können auch andere Zahlenformate einstellen. Klicken Sie dazu im Menü der Schaltfläche **Nummerierung** auf die Option **Neues Zahlenformat definieren**. Im gleichnamigen Dialog wählen Sie im Feld **Zahlenformatvorlage** z. B. römische Ziffern.

Aufzählungszeichen oder Nummerierung (Forts.)

Schritt 7

Die Einzüge lassen sich auch in einem Dialog ändern. Markieren Sie die Liste, und klicken Sie sie mit rechts an. Wählen Sie im Kontextmenü **Listeneinzug anpassen**.

Schritt 8

Im Dialog können Sie die Position der Ziffer ❶ und den Einzug des Textes ❷ in den entsprechenden Feldern anpassen.

Schritt 9

Andere Nummerierungszeichen erhalten Sie, wenn Sie auf den Pfeil an der Schaltfläche **Nummerierung** klicken. In der Rubrik **Nummerierungsbibliothek** klicken Sie auf die gewünschte Nummerierung, z. B. eine Ziffer mit Klammer.

Farbige Ziffern

Die Farbe der Ziffern der Nummerierung ändern Sie, indem Sie im Dialog **Neues Zahlenformat definieren** auf die Schaltfläche **Schriftart** klicken. Im Dialog **Schriftart** wählen Sie im Feld **Schriftfarbe** eine Farbe aus.

Schritt 10

Word nummeriert fortlaufend. Für einen anderen Wert klicken Sie auf den Pfeil an der Schaltfläche **Nummerierung** und wählen **Nummerierungswert festlegen** (❸ in Bild 9). Im Dialog geben Sie im Feld **Wert festlegen auf** die Anfangszahl ein.

Schritt 11

Word formatiert Text automatisch als Nummerierung, sobald Sie »1.« schreiben und die Leertaste drücken. Dieses Verhalten ist mitunter störend. Sie können die automatische Nummerierung ausschalten. Dazu öffnen Sie über **Datei ▸ Optionen** das Fenster **Word-Optionen** und wählen hier die Kategorie **Dokumentprüfung** ❹. Dann klicken Sie auf die Schaltfläche **AutoKorrektur-Optionen**.

Schritt 12

Im Dialog **AutoKorrektur** aktivieren Sie die Registerkarte **AutoFormat während der Eingabe** ❺. Hier deaktivieren Sie per Mausklick die Option **Automatische Nummerierung** und klicken dann auf **OK**.

Rahmen und Rahmenlinien einfügen

Text zu umranden oder einzelne Linien zu setzen, sind effektive Mittel, bestimmte Passagen vom Rest des Textes abzuheben.

Schritt 1

Um einen Rahmen um einen Absatz zu ziehen, setzen Sie den Cursor in den betreffenden Absatz. Dann klicken Sie auf der Registerkarte **Start** auf den Pfeil an der Schaltfläche **Rahmen**. Im Menü wählen Sie **Rahmenlinien außen**.

Schritt 2

Mit der Schaltfläche **Rahmen** können Sie nicht nur einen geschlossenen Rahmen um eine Textpassage setzen, sondern auch einzelne Linien ziehen. Um beispielsweise eine Linie unterhalb eines Absatzes zu erzeugen, klicken Sie auf **Rahmenlinie unten**.

Schritt 3

Sie rahmen eine linksbündige Überschrift ein und stellen fest, dass der Rahmen zu lang ist? Dieses Problem lösen Sie mit einem Einzug. Klicken Sie auf der Registerkarte **Start** auf den Pfeil ❶ der Gruppe **Absatz**, und geben Sie im Feld **Einzug ▸ Rechts** einen Wert ein, z. B. »3 cm«.

Schritt 4

Um einen Rahmen exakt um ein Stück Text zu legen, markieren Sie diesen Text und klicken auf **Rahmenlinien außen**. Markieren Sie auch die Absatzmarke, wenn ein ganzer Absatz umrandet werden soll.

Schritt 5

Wenn Sie im Menü ganz unten auf **Rahmen und Schattierung** klicken, können Sie im zugehörigen Dialog u.a. die Linienart, die Farbe des Rahmens ❷ und/oder die Position einer Linie einstellen (mit den Symbolen im Vorschaubereich ❸ oder den Linien selbst ❹).

Schritt 6

Im Dialog **Rahmen und Schattierung** finden Sie auch die Registerkarte **Schattierung** ❺. Wenn Sie auf den Pfeil am Feld **Füllung** klicken, wird eine Palette eingeblendet. Per Mausklick auf ein Kästchen weisen Sie dem Rahmen bzw. dem markierten Bereich oder dem Absatz, in dem der Cursor steht, eine Hintergrundfarbe zu.

! Absatz oder Text?

Im Feld **Übernehmen für** ❻ legen Sie fest, auf welchen Bereich sich die Einstellungen beziehen sollen.

Dokumente mit Design

Mit den fertigen Designs von Word 2013 können Dokumente »aus einem Guss« gestaltet werden.

Schritt 1

Sie können einem Word-Dokument ein neues Design geben. Aktivieren Sie die Registerkarte **Entwurf**, und öffnen Sie das Menü **Designs**. Wenn Sie mit der Maus auf ein Design zeigen, sehen Sie den Effekt direkt im Dokument. Per Mausklick weisen Sie das Design zu.

Schritt 2

Das Design legt z. B. die Standard-farbe für Formen fest. Wenn Sie diese Farbe ändern möchten, klicken Sie auf **Farben** und wählen im Menü eine andere Farbe. Die jeweils dritte Kachel in einer Zeile bestimmt die Objektfarbe.

Schritt 3

Die differenzierte Anpassung kön-nen Sie in einem Dialog steuern. Klicken Sie im Menü ganz unten auf **Farben anpassen**. Im Dialog **Neue Designfarben erstellen** legen Sie z. B. über den Pfeil am Feld **Akzent 1** (für Formen) eine neue Farbe fest. Die Einstellung bestätigen Sie mit **Speichern**.

Schritt 4

Die Schriftart des Designs ändern Sie, indem Sie auf der Registerkarte **Entwurf** auf **Schriftarten** klicken. Im Menü wählen Sie die gewünschte Kombination von Schriftarten für Überschriften und normalen Text.

Schritt 5

Klicken Sie im Menü auf **Schriftarten anpassen** ❶. Im Dialog **Neue Designschriftarten erstellen** legen Sie in den entsprechenden Feldern die Schriftart für Überschriften ❷ und Textkörper ❸ fest und klicken dann auf **Speichern**.

Schritt 6

Um ein Design wieder zu entfernen und zum ursprünglichen Design der verwendeten Dokumentvorlage zurückzukehren, klicken Sie im Menü der Schaltfläche **Designs** auf den Eintrag **Auf das Design aus der Vorlage zurücksetzen**.

✚ Das gleiche Design

Mit Designs können Sie auch Office-übergreifend Dokumente ähnlich gestalten, da auch die anderen Office-Programme diese Designs anbieten.

Fotos einfügen und anordnen

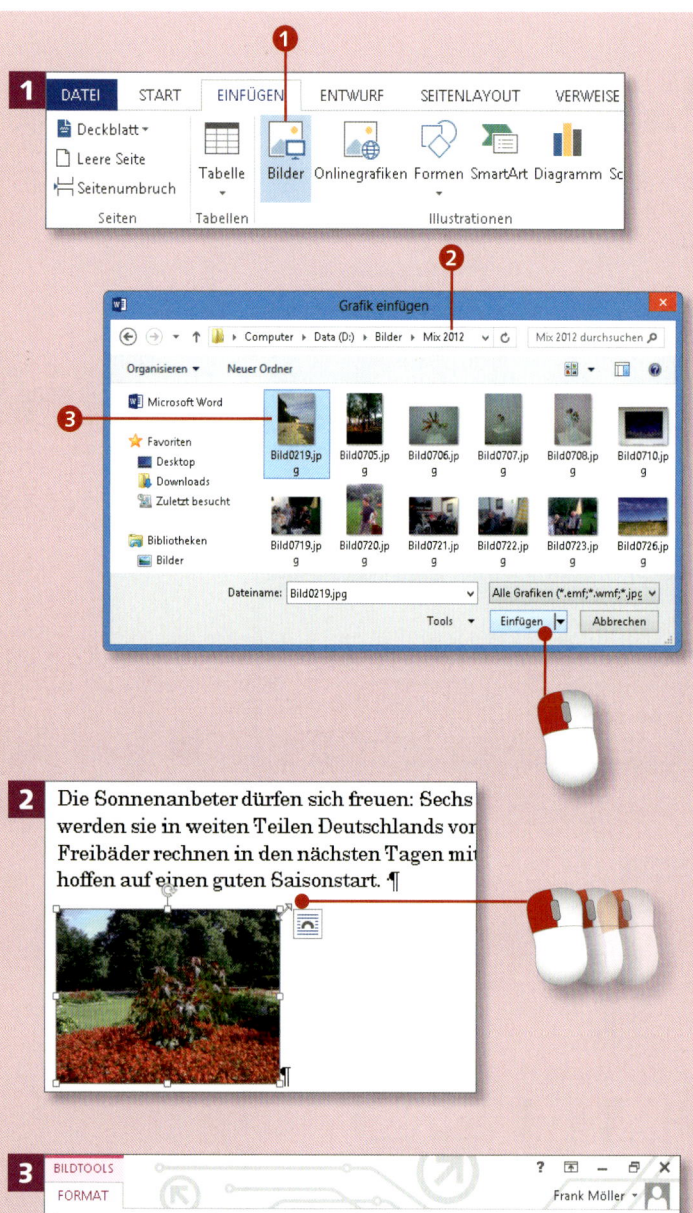

Sie sind in Word nicht darauf beschränkt, mit Texten zu arbeiten. Das Programm kann auch bestens mit Bildern umgehen.

Schritt 1

Um ein Foto einzufügen, klicken Sie auf der Registerkarte **Einfügen** auf **Bilder ❶**. Im Dialog **Grafik einfügen** öffnen Sie den Ordner ❷, in dem das Bild liegt, markieren es ❸ und klicken auf **Einfügen**.

Schritt 2

Um die Größe des Bildes zu ändern, klicken Sie es an. Sie sehen acht Ziehpunkte. Um die Proportionen beizubehalten, ziehen Sie einen Eckpunkt mit gedrückter Maustaste nach innen oder außen.

Schritt 3

Sie können die Bildgröße auch exakt angeben. Klicken Sie das Bild an, und legen Sie auf der Registerkarte **Bildtools/Format** in den Feldern **Formenhöhe** und **Formenbreite ❹** die Größe fest. Sie können dazu auf die Pfeile klicken oder einen Wert eingeben.

Schritt 4

Mit der Textumbruchart legen Sie fest, wie sich das Bild zum Text verhält. Klicken Sie auf die Schaltfläche **Layoutoptionen**. Der Standard ist **Mit Text in Zeile** ❺. Damit lässt sich ein Bild behandeln wie ein Textzeichen. Sie können es also zentrieren, rechtsbündig ausrichten und innerhalb von Text bewegen.

Schritt 5

Um das Bild mit gedrückter Maustaste an die gewünschte Stelle ziehen zu können, muss die Textumbruchart z. B. auf **Quadrat** ❻ oder **Passend** ❼ geändert werden.

Schritt 6

Ausrichtungslinien helfen beim Positionieren. Wenn Sie ein Bild z. B. genau an den Rand eines Absatzes schieben möchten, »sitzt« es richtig, wenn diese grünen Linien erscheinen.

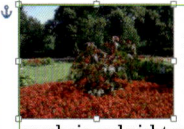

---

i

Textumbruchart

Die Textumbruchart (manchmal heißt diese Funktion auch **Zeilenumbruch**) entscheidet über das Zusammenspiel zwischen Text und Grafik. Ein Text kann z. B. genau um das Bild fließen (**Passend**) oder darauf erscheinen (**Hinter den Text**).

Fotos einfügen und anordnen (Forts.)

Schritt 7

Die Registerkarte **Bildtools/Format** bietet einige Bearbeitungsmöglichkeiten. Unterschiedliche Formen mit oder ohne Rahmen etc. können Sie über die Gruppe **Bildformatvorlagen** zuweisen.

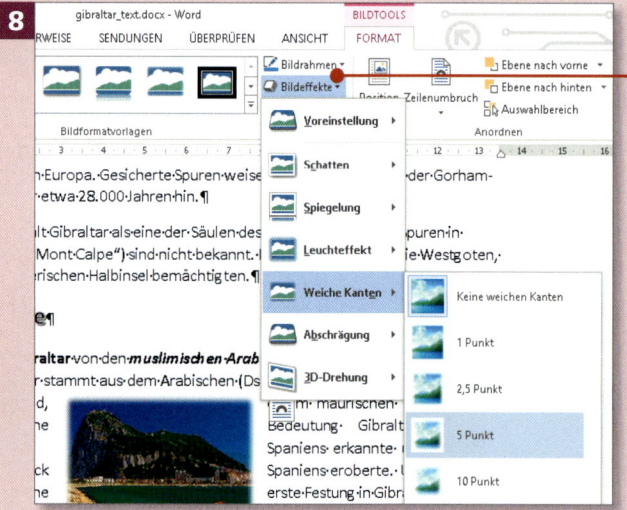

Schritt 8

Auch im Menü **Bildeffekte** gibt es ausgesprochen interessante Effekte, z. B. diverse Spiegelungsvarianten, **Weiche Kanten** und Schatteneinstellungen.

Schritt 9

Wenn dem Bild, das Sie eingefügt haben, Schärfe, Kontrast oder Helligkeit fehlen, können Sie es über **Korrekturen** nachbessern. Fahren Sie mit dem Mauszeiger einfach über die Vorschaubildchen, um den jeweiligen Effekt zu sehen.

Bilder verankern

Wenn ein Bild nicht mit dem Absatz verschoben werden soll, müssen Sie es verankern. Wählen Sie dazu **Bildtools/Format ▸ Position ▸ Weitere Layoutoptionen ▸ Position**. Aktivieren Sie hier im Bereich **Optionen** den Punkt **Verankern**.

Schritt 10

Um dem Bild eine andere Farbe zuzuweisen, nutzen Sie die Schaltfläche **Farbe**. Hier finden Sie u.a. die Option **Ausgeblichen** ❶, die sich besonders eignet, wenn ein Bild hinter den Text gelegt werden soll.

Schritt 11

Mit der Option **Künstlerische Effekte** wird ein Bild regelrecht zu einem »Kunstwerk«. Im Menü stehen Ihnen **Weichzeichnen**, **Bleistiftskizze**, **Mosaik**, **Glas-Effekt** und einige Effekte mehr zur Verfügung.

Schritt 12

Wenn Sie auf der Registerkarte **Zeichentools/Format** auf **Zuschneiden** ❷ klicken, können Sie ein Bild passend beschneiden. Ziehen Sie eine der Zuschneidemarken am Bild mit gedrückter Maustaste nach innen. Zur Bestätigung klicken Sie außerhalb des Bildes.

Zuschnitt rückgängig machen

Um ein Bild nach dem Zuschneiden wieder auf die Originalgröße zu bringen, klicken Sie erneut auf **Zuschneiden**. Sie sehen wieder den abgeschnittenen grauen Bereich und können das Bild wieder zurechtziehen.

Videos aus dem Internet einbinden

Sie können nicht nur einen Link zu einem Video, sondern sogar das Video selbst mit einer Vorschau in ein Word-Dokument einbetten.

Schritt 1

Auf der Registerkarte **Einfügen** klicken Sie auf **Online-Video**. Im nächsten Fenster geben Sie einen Suchbegriff in das Suchfeld ein ❶ und klicken auf die Lupe ❷.

Schritt 2

Anschließend erhalten Sie eine – je nach Suchbegriff – unterschiedlich lange Auswahl gefundener Videos. Wenn Sie mit der Maus auf ein Bild zeigen, wird eine Lupe eingeblendet.

Schritt 3

Klicken Sie darauf, um eine Vorschau des Videos zu erhalten. Möglicherweise müssen Sie noch auf **Play** klicken, um das Filmchen zu starten.

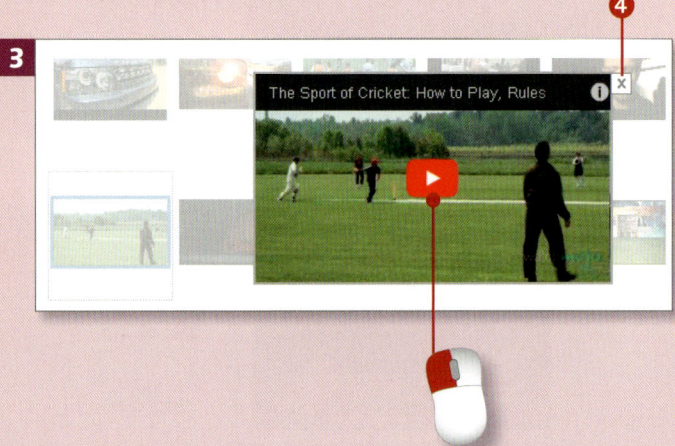

YouTube-Videos

Um ein YouTube-Video einzubetten, klicken Sie es mit rechts an und wählen **Einbettungscode kopieren**. In Word klicken Sie auf **Einfügen ▸ Online-Video**. Fügen Sie den Code in das Feld **Aus einem Videoeinbettungscode** (❸ in Bild 1) ein.

Schritt 4

Fügen Sie das Video direkt aus der Vorschau ein, oder kehren Sie mit dem Schließkreuz (❹ in Bild 3) zur Trefferliste zurück. Markieren Sie hier das gewünschte Video, und klicken Sie dann auf **Einfügen**. Ein Doppelklick funktioniert auch.

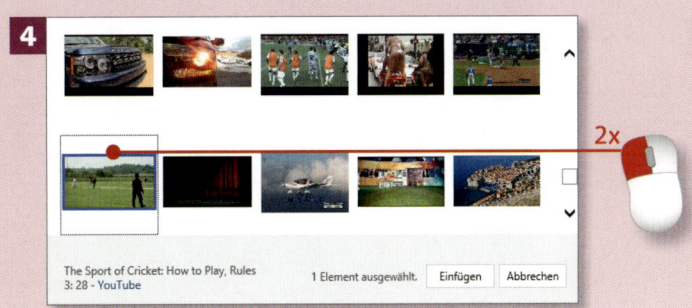

Schritt 5

Sofort wird das Video in Ihr Word-Dokument eingesetzt. Mit der **Play**-Taste in der Mitte des Vorschau-bildes starten Sie das Video.

Schritt 6

Wenn Sie auf das Video klicken, öff-net sich das Abspielprogramm (meist der Flash Player, weil viele Internet-videos in diesem Format vorliegen). Mit einem Klick auf das **Play**-Symbol starten Sie das Video. Drücken Sie die Esc -Taste, um den Film zu be-enden und den Player zu schließen.

Die URL des Videos einblenden

Wenn Sie mit der Maus auf dem Video verharren, wird seine URL (die Internetadresse) eingeblen-det. Das Video wird lediglich als Verweis im Dokument gespeichert. Ohne Internetverbindung kann es also nicht abgespielt werden.

Mehr Pep mit WordArt und SmartArt

Mit WordArt wird aus einer Textzeile ein dekorativer Schriftzug, der sich z. B. gut für Werbezettel, Slogans oder Plakattexte eignet. SmartArts stellen auf einen Blick Strukturen und/oder Hierarchien dar.

Schritt 1

Klicken Sie auf der Registerkarte **Einfügen** in der Gruppe **Text** auf **WordArt**, und entscheiden Sie sich im Menü für ein Design. Nun wird eine Grafik in Ihr Dokument eingefügt, in der »Hier steht Ihr Text« zu lesen ist. Überschreiben Sie diesen Text mit Ihrem eigenen.

Schritt 2

Die WordArt können Sie mit den Befehlen der Registerkarte **Zeichentools/Format** bearbeiten und verändern. Um den Text z. B. mit einer anderen Farbe zu füllen, klicken Sie auf den Pfeil neben **Textfüllung**. Im Menü wählen Sie eine Farbe oder eine Variante unter **Farbverlauf** ❶.

Schritt 3

Um dem Schriftzug selbst eine andere Form zu geben, klicken Sie auf **Texteffekte ▸ Transformieren**. Das Untermenü bietet viele Formen (**Kreis**, **Bogen**, **Wellen** etc.).

Schritt 4

Um eine SmartArt-Grafik einzufügen, klicken Sie auf **SmartArt**. Wählen Sie eine Kategorie aus, z. B. **Hierarchie** ❷. Klicken Sie auf eine passende Vorlage ❸.

Schritt 5

Nachdem Sie die Vorlage mit **OK** eingefügt haben, füllen Sie die Felder des Organigramms mit Ihrem Text. Überschreiben Sie den Platzhaltertext. Die Größe der Schrift wird automatisch angepasst. Mit einem Klick auf den kleinen Pfeil ❹ öffnen Sie den Textbereich, in dem Sie auch arbeiten können.

Schritt 6

Auf der Registerkarte **SmartArt-Tools/Entwurf** verändern Sie die Struktur des Organigramms. Um eine neue Form einzufügen, markieren Sie die (letzte) Form und klicken auf den Pfeil neben **Form hinzufügen**. Wählen Sie, was Sie brauchen.

Die Hierarchie ändern

Um die Position einer SmartArt-Form zu verändern, markieren Sie sie und wählen entweder **Höher stufen**, **Tiefer stufen** ❺, **Von rechts nach links** ❻, **Nach oben** oder **Nach unten** ❼.

Eine eigene Dokumentvorlage erstellen

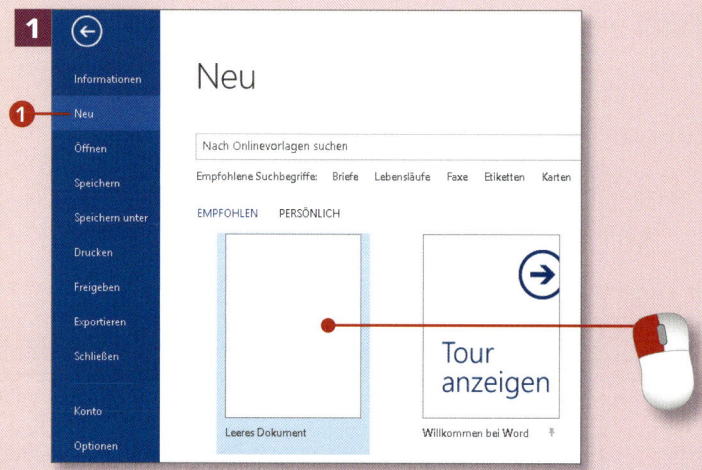

Eine Dokumentvorlage enthält alle Einstellungen, die Sie für die Erstellung eines Dokuments benötigen: Seitenlayout, Formatierungen, Formatvorlagen etc. So nimmt ein neues Dokument im Nu Form an.

Schritt 1

Für Dokumente, die Sie häufig schreiben und die immer das gleiche Layout haben, sparen Sie sich mit einer Dokumentvorlage als Grundgerüst viel Arbeit. Um eine neue Vorlage anzulegen, beginnen Sie mit einem neuen, leeren Dokument (**Datei ▸ Neu ❶ ▸ Leeres Dokument**).

Schritt 2

In dem Dokument nehmen Sie nun alle Einstellungen vor. Sie können z. B. Texte einfügen und Formatierungen vorgeben. All diese Elemente sind später in den Dokumenten vorhanden, die auf dieser Vorlage basieren.

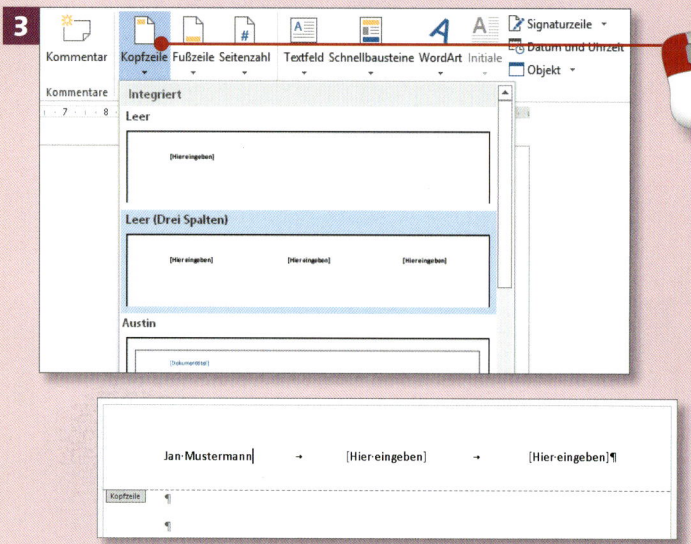

Schritt 3

Sie können die Vorlage auch mit einer Kopfzeile versehen. Klicken Sie dazu auf der Registerkarte **Einfügen** auf **Kopfzeile**, und wählen Sie ein Layout, z. B. **Leer (Drei Spalten)**.

Schritt 4

Um ein Datum in die Kopfzeile einzufügen, klicken Sie auf der Registerkarte **Kopf- und Fußzeilentools/Entwurf** auf **Datum und Uhrzeit**. Im Dialog wählen Sie ein Format ❷ und aktivieren die Option **Automatisch aktualisieren** ❸. So wird das Datum immer angepasst, wenn Sie die Vorlage verwenden.

Schritt 5

Klicken Sie auf **Datei ▸ Speichern unter** ❹ ▸ **Computer** ❺ ▸ **Durchsuchen**.

Schritt 6

Klicken Sie auf den Pfeil am Feld **Dateityp**, und wählen Sie **Word-Vorlage (*.dotx)**. Der Ordner **Benutzerdefinierte Office-Vorlagen** ❻ ist bereits geöffnet. Geben Sie der Vorlage einen Namen ❼, und klicken Sie auf **Speichern**.

Speicherort

Dokumentvorlagen werden im Ordner **Benutzerdefinierte Office-Vorlagen** abgelegt. Den kompletten Pfad schauen Sie unter **Datei ▸ Optionen ▸ Speichern ▸ Standardspeicherort für persönliche Vorlagen** nach. Im Dialog **Neu** stehen die Vorlagen unter dem Link **Persönlich** zur Verfügung.

Kapitel 5
Mit Excel rechnen

Bei der Arbeit mit Excel stehen natürlich Tabellen und Berechnungen mithilfe dieser Tabellen im Vordergrund. In diesem Kapitel erfahren Sie, wie Sie Text und Zahlen in Excel eingeben und wie Sie mit dem Programm einfache Rechnungen anstellen können.

Text und Zahlen eingeben und bearbeiten

In den ersten Abschnitten führen wir Sie in die Grundlagen des Umgangs mit Excel ein. Wir zeigen, wie man Text und Zahlen eingibt ❶, sich in einer Tabelle bewegt, Zellinhalte löscht, korrigiert und formatiert und Spalten oder Zeilen einfügt.

Berechnungen durchführen

Bei der Arbeit mit Excel geht es in erster Linie um Berechnungen. Daher erklären wir Ihnen, wie Sie Summen ❷ bilden und andere Grundrechenarten mithilfe von Excel-Funktionen durchführen.

Werte und Formeln ausfüllen

Mit der Funktion des AutoAusfüllens ❸ bietet Excel eine tolle Möglichkeit, Text oder Zahlen in andere Zellen zu übertragen, ohne alles von Hand eingeben zu müssen. Sie werden sehen, dass sich auf diese Weise auch Formeln vervielfältigen lassen.

❶ Geben Sie Ihren Text auf dem Tabellenblatt ein.

❷ Auch Berechnungen fallen Ihnen mit Excel ganz leicht.

❸ Mit der AutoAusfüllen-Funktion sparen Sie sich viel Tipparbeit.

Der Excel-Bildschirm

Schauen Sie sich zunächst auf dem Excel-Bildschirm um. Einige Registerkarten sind fast identisch mit denen in Word, aber es gibt auch viele Excel-Funktionen zu entdecken.

Schritt 1

Das Excel-Fenster ist in Zeilen und Spalten eingeteilt. Die Kästchen sind sogenannte *Zellen*, in die Sie Text oder Zahlen eintragen. Ihre »Adressen« ergeben sich aus den Buchstaben am oberen und den Zahlen am linken Rand. Die Zelle ganz links oben ❶ ist also die Zelle »A1«.

Schritt 2

Wie in Word sind die Funktionen auf Registerkarten gesammelt. Viele sind fast identisch mit denen in Word, aber es gibt auch Registerkarten, auf denen Sie nur Excel-spezifische Befehle finden, z. B. **Formeln**.

Schritt 3

Unterhalb der Registerkarten liegt die *Bearbeitungsleiste*. Hier wird der Inhalt der aktiven Zelle angezeigt ❷. Er kann auf dem üblichen Wege bearbeitet werden. Besteht der Inhalt aus einer Formel, ist in der Bearbeitungsleiste die Formel zu sehen ❸ und nicht der Wert.

Schritt 4

Am unteren Rand des Bildschirms befinden sich die Reiter für die Tabellenblätter, in der Standardeinstellung nur **Tabelle1** ❹. Weitere Tabellenblätter fügen Sie über das Pluszeichen hinzu.

Schritt 5

In der Statusleiste finden Sie – wie in Word – rechts den Schieberegler ❺, um den Zoom einzustellen. Links daneben gibt es die Symbole für die verschiedenen Ansichten des Excel-Bildschirms: **Normal**, **Seitenlayout** und **Umbruchvorschau** ❻.

Schritt 6

Auf der linken Seite des Bildschirms befindet sich am oberen Rand (der Titelleiste) die *Symbolleiste für den Schnellzugriff* ❼. Rechts finden Sie die Schaltflächen zum Umgang mit dem Office-Fenster: **Minimieren**, **Verkleinern**, **Schließen** ❽.

Text und Zahlen in Zellen eingeben

Der Excel-Bildschirm ist automatisch in Spalten und Zeilen eingeteilt. Aus den Schnittpunkten ergeben sich die sogenannten Zellen. In diese Zellen tragen Sie Zahlen oder auch Text ein.

Schritt 1

Klicken Sie in die Zelle, in die Sie Text oder Zahlen eingeben möchten. Dann können Sie drauflosschreiben. Bei Zahlen mit Dezimalstellen nutzen Sie als Trennzeichen ein Komma. Drücken Sie nach der Eingabe ⏎.

Schritt 2

Einen Wert wie *10,00* schreiben Sie einfach *10*. Die Nullen nach dem Komma werden über ein Zahlenformat eingestellt (siehe den Abschnitt »Markieren und gestalten« auf Seite 140).

Schritt 3

Die eingegebenen Zahlen werden nach dem Drücken der ⏎-Taste automatisch rechtsbündig gesetzt. Text bleibt in der Standardeinstellung linksbündig stehen.

Das Eingabehäkchen nutzen

Anstatt nach der Eingabe von Text oder Zahlen die ⏎-Taste zu drücken, können Sie auch auf das Symbol **Eingeben** ❶ in der Bearbeitungsleiste klicken.

Schritt 4

Zum Korrigieren setzen Sie den Cursor in die Bearbeitungsleiste und ändern den Text so, wie Sie es auch in einem Textdokument tun würden (siehe Seite 54 f.).

Schritt 5

Sie können Zahlen oder Text auch direkt in die Zelle eingeben (»öffnen« Sie sie per Doppelklick). Der Eintrag kann über die Spaltenbreite hinausgehen. Falls die Zelle rechts daneben leer ist, wird der Überhang angezeigt, ansonsten wird die Anzeige abgeschnitten. Der Text ist aber dennoch komplett.

Schritt 6

Sie können die Spalte verbreitern. Dazu setzen Sie den Mauszeiger genau an die Trennlinie zwischen den Buchstaben in der Kopfleiste. Der Mauszeiger verwandelt sich in ein Kreuz. Nun ziehen Sie mit gedrückter Maustaste nach rechts.

Spaltenbreite anpassen

Wenn Sie doppelt auf die Trennlinie klicken, wird die Breite der Spalte automatisch an den längsten Eintrag in der Spalte angepasst.

Tabellenblätter nutzen

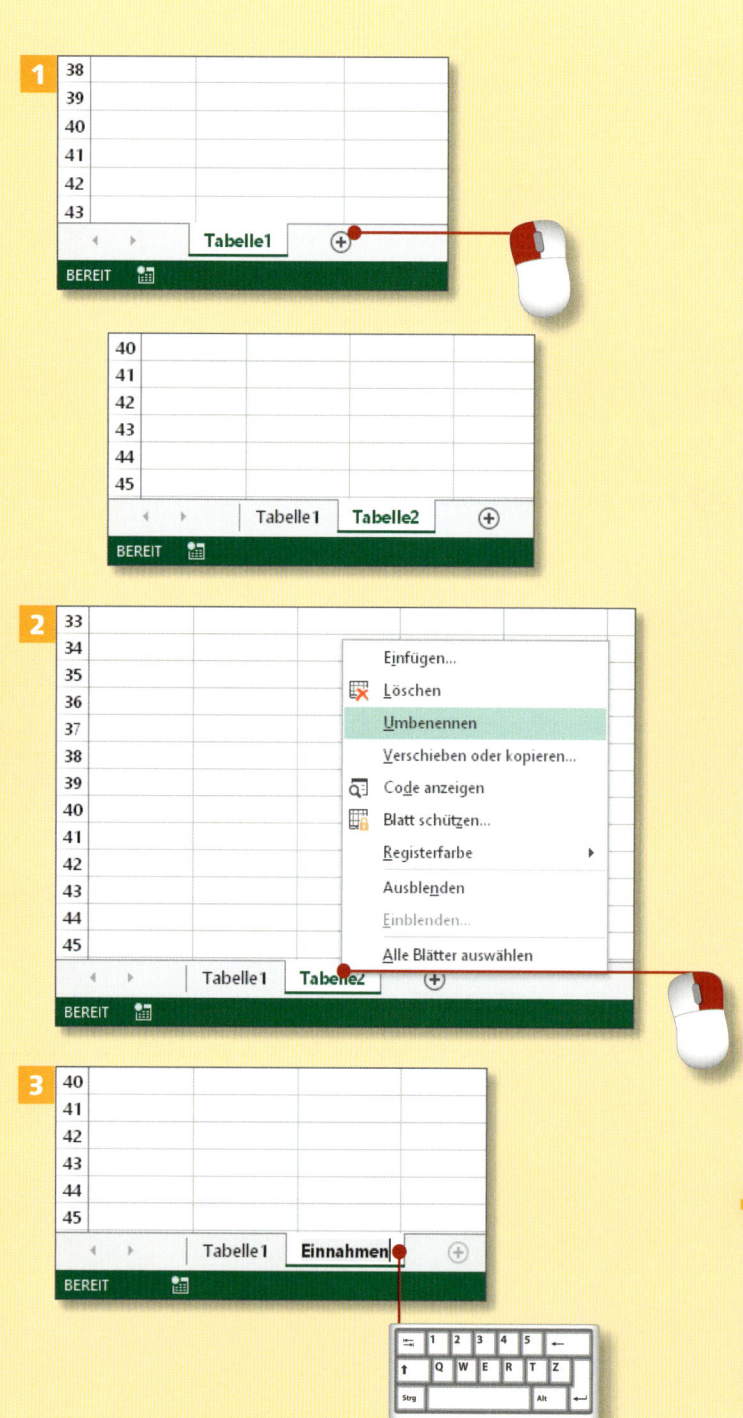

Excel-Dokumente können aus mehreren Tabellenblättern bestehen. Auf diese Weise können Sie Daten eingeben, die inhaltlich zusammengehören, aber auf getrennten Blättern stehen.

Schritt 1

Excel 2013 bietet zunächst nur ein Tabellenblatt an. Um ein weiteres einzufügen, klicken Sie einfach auf das Plus neben dem Reiter **Tabelle 1**.

Schritt 2

Per Mausklick wechseln Sie zwischen den Tabellenblättern. Damit Sie gezielt zum richtigen Tabellenblatt springen, ist es sinnvoll, den Blättern einen passenden Namen zu geben. Dazu klicken Sie den Reiter mit rechts an und wählen **Umbenennen**.

Schritt 3

Nun können Sie einfach den neuen Namen eingeben; drücken Sie nach der Eingabe die ⏎-Taste.

Mehrere Tabellenblätter
Sie können über **Datei ▸ Optionen ▸ Allgemein** im Feld **So viele Arbeitsblätter einfügen** festlegen, wie viele Tabellenblätter eine neue Arbeitsmappe zu Anfang enthält.

Schritt 4

Die Reiter der Tabellenblätter lassen sich auch einfärben. Klicken Sie mit rechts auf den Reiter, zeigen Sie auf **Registerfarbe**, und wählen Sie im Untermenü eine Farbe.

Schritt 5

Die Reihenfolge der Tabellenblätter lässt sich ebenfalls ändern. Klicken Sie im Kontextmenü des zu verschiebenden Tabellenblattes auf **Verschieben oder kopieren ❶**. Im Dialog markieren Sie das Tabellenblatt, vor dem Sie das aktuelle Blatt einfügen möchten, und klicken auf **OK**.

Schritt 6

Wenn Sie ein Excel-Dokument speichern ❷, werden alle Tabellenblätter gespeichert. Beim Ausdrucken (**Datei ▸ Drucken ❸**) können Sie bestimmen, ob Sie nur die aktiven Blätter drucken möchten oder die gesamte Arbeitsmappe.

ℹ Tabellenblatt löschen

Um ein Tabellenblatt wieder loszuwerden, klicken Sie es mit rechts an und wählen im Kontextmenü **Löschen** (❹ in Bild 4).

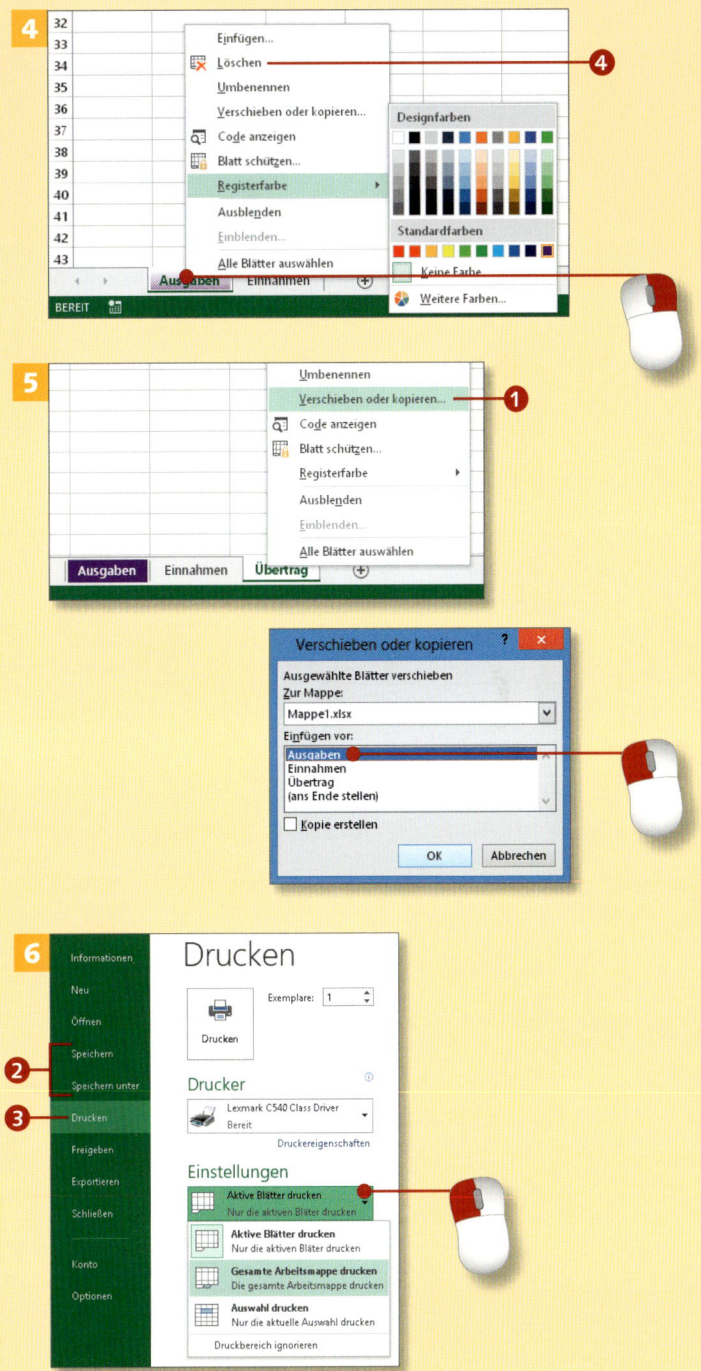

137

Datenreihen für die rationelle Dateneingabe

Mit den Methoden, die wir in diesem Abschnitt beschreiben, lässt sich in Excel viel Tipparbeit sparen.

Schritt 1

Wenn sich ein Eintrag über mehrere Spalten/Zeilen wiederholt, können Sie ihn leicht kopieren. Aktivieren Sie die erste Zelle, und führen Sie den Mauszeiger genau an die rechte untere Ecke (er wird zu einem Kreuz ❶). Halten Sie die Maustaste gedrückt, und ziehen Sie den Rahmen über die nächsten Spalten/Zeilen.

Schritt 2

Ebenso einfach erzeugen Sie eine aufsteigende Reihe. Schreiben Sie z. B. »1.« in die erste Zelle. Dann füllen Sie wie eben beschrieben die Spalte oder Zeile aus. Der Anfangswert der Reihe ist übrigens beliebig, sie muss nicht mit »1.« beginnen.

Schritt 3

Wenn Sie nicht »1.« sondern nur »1« eingeben und daraus eine Reihe erzeugen möchten, müssen Sie Excel die ersten beiden Werte mitteilen. Sie tragen also »1« und in die nächste Zelle »2« ein, markieren die beiden Zellen und füllen dann die nächsten Zellen durch Ziehen aus.

Schritt 4

Auch bei dieser Methode ermittelt Excel aufgrund der ersten beiden Werte die nächsten Schritte. Sie können beispielsweise auch »3« und »6« eingeben, Excel zählt dann weiter mit »9« etc.

Schritt 5

Das Ausfüllen klappt nicht nur mit Zahlen. Um z. B. die Wochentage ausfüllen zu lassen, schreiben Sie einfach »Montag« in die erste Zelle, setzen den Cursor an die rechte untere Ecke und ziehen den Rahmen über die nächsten Zellen. Sobald Sie die Maustaste loslassen, sind die Zellen mit den Wochentagen gefüllt.

Schritt 6

Sie können überprüfen, welche Listen Excel anbietet. Klicken Sie auf **Datei ▸ Optionen ▸ Erweitert ❷**, und scrollen Sie in diesem Fenster bis zur Kategorie **Allgemein**. Hier klicken Sie auf **Benutzerdefinierte Listen bearbeiten**. Links sehen Sie die vorhandenen Listen.

Eigene Listen

Mit **Neue Liste ❸** legen Sie eine eigene Liste an. Geben Sie die Werte unter **Listeneinträge** ein, und wählen Sie **Hinzufügen ❹**.

Markieren und gestalten

1

Altersgruppe	ohne Abschluss	Hauptschule	Fachoberschule	Fachhochschule	Hochschulreife
Männer	4,7	36,8	21,5	11,6	25,4
20 – 35	4,7	24,8	24,2	13,3	33,
35 – 50	4,8	34,5	23,8	11,8	25,2
50 – 65	4,7	49	16,6	10,1	19,6

Es gibt viele Möglichkeiten, Zellen bzw. Spalten und Zeilen zu markieren. Wir zeigen Ihnen in diesem Abschnitt diverse Kniffe.

Schritt 1

Zum Markieren von Spalten/Zeilen können Sie einfach mit gedrückter Maustaste über den zu markierenden Bereich fahren. Auch wenn die erste Zelle des Bereichs nicht dunkler unterlegt wird, ist sie dennoch markiert.

2

Schritt 2

Sie können auch sehr bequem mit den Pfeiltasten ❶ markieren. Halten Sie die ⇧-Taste gedrückt, und wandern Sie mit einer der Pfeiltasten entweder nach rechts, links, oben oder unten. Der Bereich wird jeweils spalten- bzw. zeilenweise markiert.

3

	A	B	C	D
1				
2				
3		Altersgruppe	ohne Abschluss	Hauptschule
4		Männer	4,7	36,8
5		20 – 35	4,7	24,8
6		35 – 50	4,8	34,5
7		50 – 65	4,7	49
8				
9				

Schritt 3

Eine ganze Spalte markieren Sie, indem Sie den Mauszeiger auf die Spaltenbezeichnung in der Kopfleiste führen (der Mauszeiger wird zu einem nach unten weisenden Pfeil) und klicken. Analog funktioniert dies beim Markieren einer Zeile ❷.

	A	B	C	D
1				
2				
3		Altersgruppe	ohne Abschluss	Hauptschule
4		Männer	4,7	36,8
5		20 – 35	4,7	24,8
6		35 – 50	4,8	34,5
7		50 – 65	4,7	49

Schritt 4

Zum Formatieren markierter Zellbereiche (oder einer Zelle) nutzen Sie die Befehle auf der Registerkarte **Start**. In der Gruppe **Schriftart** ❸ finden Sie die Einstellungen für die Schrift, in der Gruppe **Ausrichtung** ❹ können Sie den (markierten) Zellinhalt zentriert oder rechtsbündig setzen.

Schritt 5

Um die Standardeinstellung **Unten ausrichten** zu verändern, klicken Sie auf **Oben ausrichten** (der Inhalt der Zelle rutscht an den oberen Rand der Zelle) oder **Zentriert ausrichten** ❺.

Schritt 6

In der Gruppe **Ausrichtung** finden Sie auch die Schaltfläche **Ausrichtung**. Ein Klick auf den Pfeil bietet die Möglichkeit, Text oder Zahlen im gewünschten Winkel zu drehen, z. B. mit **Gegen den Uhrzeigersinn drehen**.

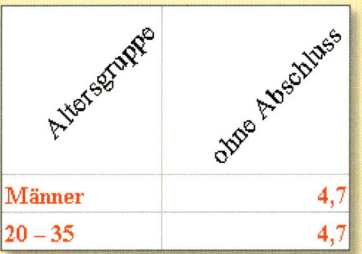

Markieren und gestalten (Forts.)

Schritt 7

Um die Drehung selbst zu bestimmen, klicken Sie auf **Zellenausrichtung formatieren ❶**. Dadurch öffnet sich der Dialog **Zellen formatieren** mit der Registerkarte **Ausrichtung**. Ziehen Sie hier mit gedrückter Maustaste an dem Zeiger im Bereich **Ausrichtung**.

Schritt 8

Sie haben diverse Möglichkeiten, Zahlen zu formatieren. Ein Klick auf **Buchhaltungszahlenformat** weist einer Zahl zwei Nachkommastellen und das Euro-Zeichen zu.

Schritt 9

Weitere Zahlenformate finden Sie im Dialog **Zellen formatieren**. Um ihn aufzurufen, klicken Sie z. B. auf den Pfeil ❷ an der Gruppe **Zahl** oder auf **Weitere Buchhaltungsformate** im Menü der Schaltfläche **Buchhaltungszahlenformat**.

Den Grad eingeben

Anstatt in Schritt 7 an dem Zeiger zu ziehen, um den Zellinhalt diagonal auszurichten, können Sie im Feld darunter auch eine genaue Gradzahl eingeben.

Schritt 10

Im Dialog **Zellen formatieren** wählen Sie auf der Registerkarte **Zahlen** ❸ zunächst die Kategorie, z. B. **Zahl** ❹. Fügen Sie dann das 1.000er-Trennzeichen ❺ hinzu – eine entsprechende Schaltfläche gibt es auch in der Gruppe **Zahl** (❻ in Bild 9) –, und bestimmen Sie die Formatierung für negative Werte.

Schritt 11

Im Dialog **Zellen formatieren** sehen Sie die Registerkarte **Rahmen** ❼. Klicken Sie links auf eine Linie ❽ und dann z. B. auf **Außen** und/oder **Innen**, um einen markierten Bereich mit einem Rahmen zu versehen.

Schritt 12

Beachten Sie zum Formatieren von Tabellen auch die *Zellenformatvorlagen* auf der Registerkarte **Start**. Im Menü können Sie eine Vorlage für die markierte Tabelle auswählen.

Währung und Farben

Wenn Sie in Schritt 10 links die Kategorie **Währung** wählen, können Sie rechts eine passende Währung wählen. Über die Farbpalette auf der Registerkarte **Ausfüllen** (❾ in Bild 11) erhalten Zellen einen farbigen Hintergrund.

Zellinhalte löschen und korrigieren

Es gibt diverse Möglichkeiten, Zellinhalte zu löschen oder zu korrigieren. Dafür ist die Bearbeitungsleiste von besonderer Bedeutung.

Schritt 1

Um den gesamten Inhalt einer oder mehrerer Zellen zu löschen, markieren Sie den Bereich und drücken `Entf`. Alternativ rufen Sie mit der rechten Maustaste das Kontextmenü auf und wählen **Inhalte löschen**. Rahmen und Linien bleiben allerdings erhalten.

Schritt 2

Sie können auch die Schaltfläche **Löschen** in der Gruppe **Bearbeiten** der Registerkarte **Start** nutzen. Klicken Sie auf den Pfeil, und wählen Sie **Alle löschen**. Um nur die Formatierung des Zellinhalts zu entfernen, klicken Sie auf **Formate löschen** ❶.

Schritt 3

Wenn Sie eine Zeile oder eine Spalte (inklusive Inhalt) entfernen möchten, klicken Sie hinein. Um mehrere Zeilen oder Spalten auf einmal zu löschen, müssen Sie sie vorher markieren. Dann klicken Sie in der Gruppe **Zellen** auf den Pfeil unter **Löschen** und wählen eine Option.

> **!**
> **Zeilen/Spalten löschen**
> Mit den Befehlen **Blattzeilen löschen** bzw. **Blattspalten löschen** im Menü **Löschen** werden die Zeilen/Spalten ohne weitere Nachfrage entfernt.

Schritt 4

Wenn Sie auf **Löschen ▸ Zellen löschen** klicken, öffnet sich ein kleiner
Dialog, in dem Sie wählen können,
was gelöscht werden soll ❷.

Schritt 5

Zum Korrigieren nutzen Sie die Bearbeitungsleiste, in der der Inhalt der
aktiven Zelle steht. Setzen Sie den
Cursor in die Leiste, und löschen Sie
die Zeichen je nach Cursorposition
mit ⌐Entf⌐ oder ⌐←⌐. Fehlende
Zeichen fügen Sie einfach ein.

Schritt 6

Texteingaben können Sie leicht
korrigieren. Aktivieren Sie die erste
Zelle der Tabelle, und klicken Sie auf
der Registerkarte **Überprüfen** auf
Rechtschreibung ❸. Im zugehörigen Dialog werden falsch geschriebene Wörter angezeigt. Markieren
Sie den richtigen Vorschlag ❹, und
klicken Sie auf **Ändern**.

Korrektur in der Zelle

Anstatt Korrekturen in der Bearbeitungsleiste vorzunehmen,
können Sie den Cursor auch per
Doppelklick in die Zelle setzen
oder ⌐F2⌐ drücken und die Eingaben dann wie üblich korrigieren.

Zeilen und Spalten einfügen

Es kommt vor, dass Sie innerhalb einer bereits geschriebenen Tabelle eine weitere Spalte oder Zeile benötigen. Das ist kein Problem, Sie können beides nachträglich einfügen.

Altersgruppe	ohne Abschluss	Hauptschule
Männer	4,7	36,8
20 – 35	4,7	24,8
35 – 50	4,8	34,5
50 – 65	4,7	49

Schritt 1

Um eine zusätzliche Zeile einzufügen, aktivieren Sie die Zeile, *über der* die neue Zeile eingefügt werden soll. Klicken Sie dann auf den Pfeil an der Schaltfläche **Einfügen** auf der Registerkarte **Start**.

Schritt 2

Wählen Sie die Option **Blattzeilen einfügen**. Die neue Zeile wird ergänzt. Um mehrere Zeilen gleichzeitig einzufügen, markieren Sie so viele Zeilen, wie Sie benötigen, bevor Sie auf **Blattzeilen einfügen** klicken.

Altersgruppe		ohne Abschluss	Hauptschule
Männer		4,7	36,8
20 – 35		4,7	24,8
35 – 50		4,8	34,5
50 – 65		4,7	49

Schritt 3

Spalten einzufügen ist genauso einfach. Aktivieren Sie die Spalte, *links neben der* eine neue Spalte eingefügt werden soll. Klicken Sie dann auf **Blattspalten einfügen**.

Schritt 4

Anstatt Spalten bzw. Zeilen direkt einzufügen, können Sie auch einen Dialog aufrufen und dann festlegen, ob Sie eine Spalte oder Zeile einfügen möchten. Klicken Sie dazu auf die Option **Zellen einfügen** im Menü der Schaltfläche **Einfügen**.

Schritt 5

Im Dialog **Zellen einfügen** aktivieren Sie die Option **Ganze Zeile** ❶ oder **Ganze Spalte** und klicken auf **OK**. Eine Zeile wird oberhalb der aktuellen Zeile eingefügt, eine Spalte links von der aktuellen Spalte.

Schritt 6

Den Dialog **Zellen einfügen** können Sie auch über das Kontextmenü einer Zelle aufrufen. Klicken Sie die Zelle mit der rechten Maustaste an, und wählen Sie im Menü **Zellen einfügen**.

Kopf- und Fußzeilen einfügen
Um Kopf- bzw. Fußzeilen einzufügen (Informationen, die auf jeder gedruckten Seite angezeigt werden), klicken Sie auf **Kopf- und Fußzeile** auf der Registerkarte **Einfügen**.

Tabellen mit Flash Fill vervollständigen lassen

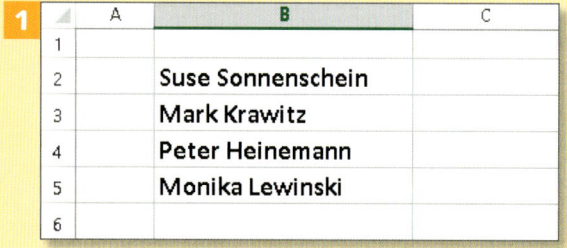

Excel 2013 hat eine praktische neue Funktion an Bord: Flash Fill oder auch »Blitzvorschau«. Mit dieser Funktion können Sie Spalten nach einem bestimmten Muster ausfüllen lassen.

Schritt 1

Sie haben in einer Namensliste Vornamen und Nachnamen in eine Spalte geschrieben, für die Auswertung brauchen Sie die Daten aber getrennt. Mit der Funktion *Flash Fill* geht das ganz schnell.

Schritt 2

Schreiben Sie in den Spalten rechts neben der Liste die Daten der ersten Zeile so, wie Sie sie brauchen, also den Vornamen und den Nachnamen in getrennten Spalten.

Schritt 3

Um nun die erste dieser Spalten mit den Vornamen ausfüllen zu lassen, markieren Sie die Zelle unter dem ersten Vornamen mit einem Klick.

Flash Fill oder Blitzvorschau

Im Englischen nennt sich diese Funktion *Flash Fill*; warum man für die deutsche Übersetzung »Blitzvorschau« gewählt hat, bleibt etwas unklar.

Schritt 4

Dann wechseln Sie zur Registerkarte **Daten** und klicken hier in der Gruppe **Datentools** auf **Blitzvorschau**. Die Spalte wird »blitzartig« ausgefüllt.

Schritt 5

Um die Spalte mit den Nachnamen ausfüllen zu lassen, verfahren Sie genauso. Markieren Sie die leere Zelle unter dem ersten Nachnamen, und klicken Sie auf **Blitzvorschau**.

Schritt 6

Nach dem Ausfüllen erscheint ein kleines Symbol mit Optionen für die Blitzvorschau. Klicken Sie darauf. Im zugehörigen Menü können Sie die Blitzvorschau rückgängig machen ❶ oder die ausgefüllten Zellen zur weiteren Bearbeitung markieren ❷.

Viele Spalten ausfüllen lassen
Sie sind bei der Verwendung der Blitzvorschau nicht (wie im Beispiel) auf zwei Werte beschränkt. Sie können beliebig viele Spalten ausfüllen lassen, z. B. Vorname, Nachname, Ort usw.

Summen erzeugen

Zum Addieren von Zahlen bietet Excel ein besonderes Symbol, mit dem Sie eine Summe blitzschnell errechnen können.

Schritt 1

Es ist sehr einfach, eine Zahlenreihe in einer Spalte zu addieren. Markieren Sie die leere Zelle unterhalb der Zahlenkolonne ❶, und klicken Sie auf die Schaltfläche **AutoSumme** in der Gruppe **Bearbeiten** der Registerkarte **Start**.

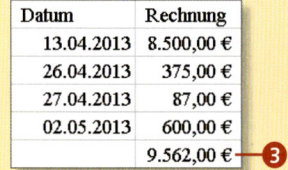

Schritt 2

Sie sehen dann einen Laufrahmen, der die Zahlen umschließt. In der Ergebniszelle erscheint die Summenformel ❷. Drücken Sie jetzt einfach die ↵-Taste. Das Ergebnis der Addition, die Summe, erscheint in der Zelle ❸.

Schritt 3

Falls der Laufrahmen nicht die Zellen umfasst, die addiert werden sollen, können Sie den Bereich verändern. Klicken Sie doppelt in die Zelle mit der Summenformel, und korrigieren Sie die Zelladressen. Dann drücken Sie die ↵-Taste.

Schritt 4

Sofern es sich um einen zusammenhängenden Bereich handelt, können Sie die zu addierenden Zahlen auch zuerst markieren und dann auf **AutoSumme** ❹ klicken; das Ergebnis erscheint unterhalb oder – bei einer Zeile – rechts neben den markierten Zahlen.

Schritt 5

Achten Sie nach der Summenbildung auf die Bearbeitungsleiste. Wenn Sie die Zelle mit dem Ergebnis markieren, erscheint in der Bearbeitungsleiste die Formel für die Summe ❺ und nicht das Ergebnis. So können Sie auch zukünftig nachvollziehen, in welchen Bereichen Sie gerechnet haben.

Schritt 6

Wenn Sie Zahlen addieren möchten, die verstreut in einer Tabelle liegen, geben Sie zunächst das Gleichheitszeichen in die Ergebniszelle ein. Dann klicken Sie die erste Zahl/Zelle an, drücken die ⊞-Taste, klicken die nächste Zahl/Zelle an, drücken die ⊞-Taste etc. Um das Ergebnis zu erhalten, drücken Sie ↵.

Formeln für die Grundrechenarten

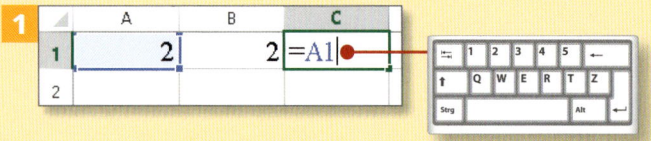

Excel ist ein toller Rechenkünstler, aber entscheidend sind die Formeln/ Funktionen, die Sie eingeben. Ist die Formel falsch, werden Sie auch ein falsches Ergebnis erhalten.

Schritt 1

Wenn Sie die Formel in die Ergebniszelle schreiben, nutzen Sie die *Zelladressen* (z. B. A1) und nicht die konkreten Zahlen.

Schritt 2

Um Zahlen zu addieren, müssen Sie nicht die Schaltfläche **AutoSumme** auf der Registerkarte **Start** nutzen. Aktivieren Sie die Ergebniszelle, und tippen Sie das Gleichheitszeichen (⇧ + 0) ein, um die Formel zu beginnen.

Schritt 3

Sie müssen die Zelladressen nicht von Hand eintragen. Klicken Sie die erste Zahl/Zelle an, und drücken Sie die +-Taste. Dann klicken Sie die nächste Zahl/Zelle an. Sollen nur diese beiden Zellen addiert werden, drücken Sie ↵. Ansonsten wiederholen Sie den Vorgang mit weiteren Zellen.

Mit Zelladressen rechnen

Durch die Verwendung von Zelladressen bleiben Formeln flexibel. Verändern Sie in der Tabelle einen Wert, wird das Ergebnis aktualisiert (weil Excel mit dem Inhalt der Zelle rechnet).

Schritt 4

Ähnlich bilden Sie auch die Formeln für andere Grundrechenarten. Für eine Subtraktion nutzen Sie anstelle der ⊞-Taste den normalen Bindestrich auf der Tastatur oder das Minuszeichen auf dem Nummernblock.

Schritt 5

Sie wollen Zahlen multiplizieren? Schreiben Sie das Gleichheitszeichen in die Ergebniszelle, klicken Sie die erste Zelle an, und drücken Sie entweder das Sternchen auf der Tastatur (⇧ + ⊞) oder das Malzeichen auf dem Nummernblock. Dann klicken Sie die zweite Zelle an und drücken ↵.

Schritt 6

Um eine Zahl durch eine andere zu teilen, verwenden Sie entweder den Schrägstrich (⇧ + 7) oder das Teilungszeichen auf dem Nummernblock; ansonsten gehen Sie genauso vor wie bei den anderen Grundrechenarten. Entfernen Sie wenn nötig einige Dezimalstellen des Ergebnisses (**Start ▸ Zahl ▸ Dezimalstelle löschen ❶**).

Formeln für die Grundrechenarten (Forts.)

Schritt 7

Sie wenden beim Rechnen »normale« mathematische Regeln an. Vor allem gilt »Punkt- geht vor Strichrechnung«. Wenn Sie z.B. 8000+4*12 (bzw. die passenden Zelladressen) eingeben ❶, wird erst 4 mal 12 gerechnet und dann 8000 addiert.

Schritt 8

Sie müssen also unter Umständen Klammern in der Formel verwenden ❷. Sie bewirken dann, dass zuerst die ersten beiden Zahlen addiert werden und dann die Multiplikation folgt.

Schritt 9

Auch Prozentrechnung ist in Excel einfach. Wenn Sie 3 % von 145 errechnen möchten, schreiben Sie »3%« in eine Zelle, »145« in eine andere. In der Ergebniszelle multiplizieren Sie die beiden Zellen einfach ❸. Das Prozentzeichen sorgt für die Teilung durch 100 ❹.

> **! Zellinhalte ohne Text**
>
> Achten Sie beim Rechnen mit Zellinhalten darauf, dass in diesen Zellen kein Text steht. Schreiben Sie z.B. nicht *19 % MwSt.* in eine Zelle, sondern den Wert in eine Zelle und *MwSt.* in die Zelle daneben. Sie können auch ein spezielles Zahlenformat einstellen. Wählen Sie auf der Registerkarte **Zahlen** des Dialogs **Zellen formatieren** die Option **Benutzerdefiniert**, und schreiben Sie »MwSt.« als **Typ** neben **0%**.

Schritt 10

Zum Errechnen eines Prozentsatzes ist es am einfachsten, für die Ergebniszelle ein Prozentformat einzustellen. Klicken Sie auf der Registerkarte **Start** in der Gruppe **Zahl** auf die Schaltfläche **Prozentformat**. Dieses Format sorgt dafür, dass der Zellinhalt mit Hundert multipliziert wird.

Schritt 11

Wenn z. B. die Ausgaben für Ihre Miete in der Zelle B6 stehen und Ihre Gesamtausgaben in der Zelle C6, lautet die Formel zur Berechnung des Mietanteils in Prozent dann einfach: =B6/C6 (vorausgesetzt, dass die Ergebniszelle das Zahlenformat **Prozent** hat). Drücken Sie ⏎, um das Ergebnis zu erhalten.

Schritt 12

Ist die Ergebniszelle bei einer solchen Berechnung nicht mit dem Zahlenformat **Prozent** versehen, müssten Sie die Formel um »*100« ergänzen ❺. Das Ergebnis erscheint dann allerdings ohne Prozentzeichen.

Mittelwert und Minimal-/Maximalwerte

Wenn Sie den Notendurchschnitt Ihres Kindes errechnen möchten, greifen Sie einfach zur Funktion »Mittelwert«. Mit »Min« und »Max« sehen Sie im Nu die kleinsten oder größten Werte einer Liste.

Schritt 1

Erstellen Sie eine Tabelle, in der Sie die entsprechenden Noten auflisten. Schreiben Sie die Noten einfach untereinander in die Spalte. Eine Zelle nennen Sie »Durchschnitt«.

Schritt 2

Markieren Sie die Zelle, in der das Ergebnis stehen soll, und öffnen Sie das Menü der Schaltfläche **Auto-Summe** auf der Registerkarte **Start**. Klicken Sie darin auf **Mittelwert**.

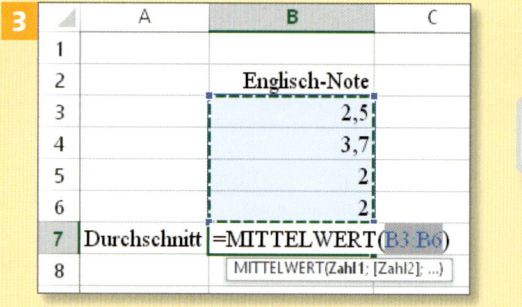

Schritt 3

Daraufhin wird ein Rahmen um den zu errechnenden Bereich gelegt und die Funktion in der Ergebniszelle angezeigt. Drücken Sie nun einfach die ⏎-Taste. Das Ergebnis ist ein Mittelwert, der Sie hoffentlich zufrieden stimmt!

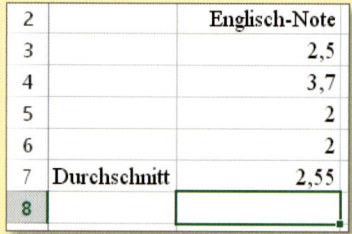

Schritt 4

Genauso einfach ist es, den größten Wert anzeigen zu lassen. Bei einer kleinen Liste erkennen Sie ihn sofort, aber nicht bei Listen, die sich über mehrere Seiten erstrecken, z. B. Artikellisten. Markieren Sie die Ergebniszelle ❶, und klicken Sie im Menü der Schaltfläche **AutoSumme** auf **Max**.

Schritt 5

Um sich den kleinsten Wert einer Liste anzeigen zu lassen, verfahren Sie ebenso, nur dass Sie im Menü der Schaltfläche **Auto-Summe** auf **Min** klicken.

Schritt 6

Theoretisch können Sie Funktionen wie **Mittelwert**, **Max** und **Min** auch per Hand eingeben. Sie schreiben =*Mittelwert(Zelladresse1: Zelladresse2)* und drücken dann die ⏎-Taste.

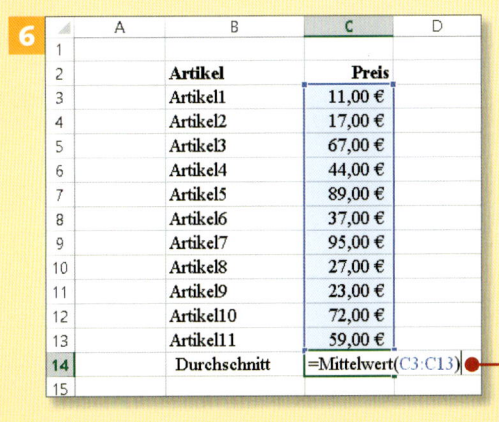

---

i

Schreibweise von Funktionen

Der zu berechnende Zellbereich wird in Klammern gesetzt. Der Doppelpunkt zwischen zwei Zelladressen bedeutet im Klartext »bis«.

Die WENN-Funktion nutzen

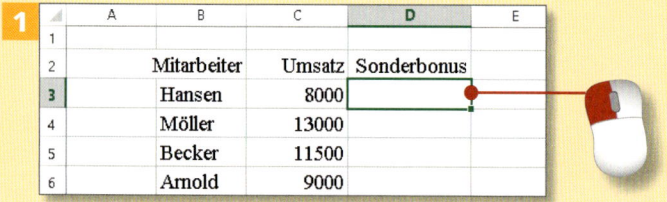

Zu den »klassischen« Funktionen gehört die vielfältig einsetzbare Wenn-Dann-Sonst-Funktion.

Schritt 1

Zunächst ein einfaches Beispiel: Alle Mitarbeiter, die einen Umsatz über 10.000 € erreicht haben, erhalten einen Sonderbonus von 200 €. Aktivieren Sie die erste Zelle der Spalte *Sonderbonus*.

Schritt 2

Schreiben Sie nun *=WENN(C3>10000;200;0)*. Die Funktion beginnt mit »Wenn««; in der Klammer steht die Referenzzelle, hier also die erste Zelle in der Spalte *Umsatz*, dann das Zeichen für »größer als«, dann ein Semikolon gefolgt von der Dann-Bedingung, also 200, dann ein zweites Semikolon gefolgt von der Sonst-Bedingung. Schließen Sie die Klammer, und drücken Sie ⏎.

Schritt 3

In der ersten Ergebniszelle steht nun »0«, da die Bedingung nicht erfüllt wird. Füllen Sie die übrigen Zellen aus, indem Sie das kleine Quadrat an der rechten Ecke der Zelle mit gedrückter Maustaste nach unten ziehen.

Schritt 4

Wenn je nach Bedingung ein Text erscheinen soll, müssen Sie diesen Text in Anführungszeichen setzen. Sie schreiben dann z. B. =WENN(C3>10000;200;„kein Bonus"). Sobald Sie ⏎ drücken, erscheint der Text in der Zelle.

Schritt 5

Die Wenn-Dann-Sonst-Bedingung kann auch geschachtelt werden: Mitarbeiter, deren Umsatz höher als 12.000 € ist, erhalten einen Bonus von 300 €. Beginnen Sie mit dieser Bedingung. Nach der ersten Dann-Definition setzen Sie ein Semikolon, schreiben erneut WENN(und formulieren die zweite Bedingung.

Schritt 6

Sie schreiben also =WENN(C3>1200 0;300;WENN(C3>10000;200;„kein Bonus")). Da Sie zwei Klammern geöffnet haben, müssen Sie am Ende auch zwei Klammern schließen.

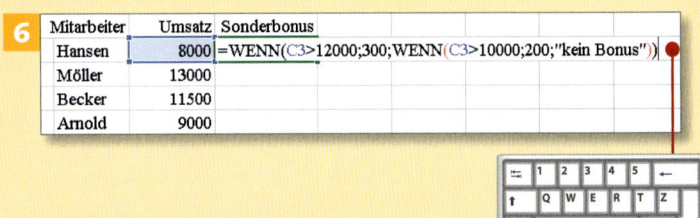

Präzise Eingabe

Wenn Sie die Funktion nicht präzise eingeben, erhalten Sie ein falsches Ergebnis und/oder einen Hinweis, der mitunter auch einen Korrekturvorschlag enthält, den Sie übernehmen können.

Die WENN-Funktion nutzen (Forts.)

Schritt 7

Dann verfahren Sie wie gehabt: Nach der Eingabe der Funktion drücken Sie die ⏎-Taste und füllen die übrigen Zellen durch Ziehen mit gedrückter Maustaste mit der Funktion.

Schritt 8

Solche Schachtelungen sind theoretisch endlos möglich. Jede neue Bedingung beginnt wieder mit *WENN(*. Noch ein Beispiel: Je nach erreichter Punktzahl in einem Test werden die Noten errechnet. Sie beginnen die Definition mit dem höchsten Wert, am Ende schließen Sie hintereinander so viele Klammern, wie Sie vorher geöffnet haben.

Schritt 9

Sie können in der Dann-Bedingung auch eine Berechnung formulieren, beispielsweise einen prozentualen Bonus. Statt eines absoluten Wertes geben Sie dann die Berechnung ein, z. B. den Umsatz mal 10 %: *=WENN(C3>10000;C3*10%;"kein Bonus")*.

Schritt 10

Verschachtelte Bedingungen müssen Sie manuell eingeben. Ansonsten können Sie die WENN-Funktion auch per Befehl einfügen. Markieren Sie die Zelle, in der die Funktion stehen soll, und wählen Sie im Menü der Schaltfläche **AutoSumme** (Registerkarte **Start**) den Eintrag **Weitere Funktionen**.

Schritt 11

Dies öffnet den Dialog **Funktion einfügen**. Wählen Sie im Feld **Kategorie auswählen** die Option **Alle** ❶, und scrollen Sie in der Liste **Funktion auswählen** bis zum Eintrag **WENN**. Klicken Sie dann auf **OK**.

Schritt 12

Im Dialog **Funktionsargumente** tragen Sie die einzelnen Bedingungen für die Funktion in die drei Felder ein: oben ❷ die Wenn-Bedingung, im zweiten Feld, was passieren soll, wenn die Bedingung erfüllt wird ❸, und im dritten Feld die Sonst-Bedingung. Text muss hier nicht in Anführungszeichen gesetzt werden. Dann klicken Sie auf **OK**.

Funktionen für Datum und Uhrzeit

Sie können in Excel-Tabellen Datumsangaben und Uhrzeiten eingeben und mit diesen Angaben auch rechnen.

Schritt 1

Normalerweise erkennt Excel, wenn Sie ein Datum eingeben, und formatiert die Zelle automatisch nach dem Muster *tt.mm.jjjj*. Aus der Eingabe *1.3.13* wird *01.03.2013*, sobald Sie die ⏎-Taste gedrückt haben.

Schritt 2

Um ein anderes Format einzustellen, klicken Sie auf den kleinen Pfeil ❶ an der Gruppe **Zahl** der Registerkarte **Start**. Im Dialog **Zellen formatieren** wählen Sie **Datum** ❷ und unter **Typ** ein Format für die Datumsanzeige. Mit **OK** fügen Sie es ein.

Schritt 3

Sie können das Datum auch mit einer Funktion eingeben. Damit bewirken Sie, dass es bei jedem Öffnen des Dokuments aktualisiert wird. Schreiben Sie *=heute()* in die Zelle, und drücken Sie ⏎ (oder klicken Sie in einen anderen Bereich).

Schritt 4

Uhrzeiten geben Sie mit einem Doppelpunkt ein, z. B. *8:15*. Excel ändert diese Eingabe automatisch in *08:15*. Überprüfen Sie das Format (**hh:mm** ❸) im Dialog **Zellen formatieren** auf der Registerkarte **Zahlen**.

Schritt 5

Um eine Anzahl von Stunden zu berechnen, erstellen Sie eine Tabelle mit der Anfangszeit (*Von*) und der Endzeit (*Bis*). In der Zelle, in der Sie die Stundenanzahl errechnen möchten, geben Sie die Formel ein: *=(Zelladresse1-Zelladresse2)*24*. Drücken Sie nach der Eingabe der Formel die ⏎-Taste.

Schritt 6

Achten Sie darauf, dass die Ergebniszelle das richtige Format hat. Dazu klicken Sie im Dialog **Zellen formatieren** auf der Registerkarte **Zahlen** auf **Zahl** und dann auf **OK**.

i

Das Ergebnis als Dezimalzahl

Wenn Sie in der Formel für die Berechnung der Stundenzahl den Teil *24* weglassen, erhalten Sie das Ergebnis nicht in Dezimaleinheiten, sondern im Format *hh:mm*.

Absolute und relative Zellbezüge

In diesem Abschnitt geht es um Berechnungen mit absoluten Bezügen. Wir zeigen Ihnen auch, wie Sie bei solchen Rechenoperationen Formeln für andere Zellen übernehmen.

Schritt 1

In vielen Berechnungen können Sie eine Formel problemlos durch Ziehen mit der Maus auf andere Zellen übertragen, weil mit Zelladressen gerechnet wird, die durch das Ausfüllen einfach »weitergezählt« werden, z. B. von *B2*C2* zu *B3*C3* usw. (*relativer Bezug*).

Schritt 2

Es gibt aber Rechenoperationen, bei denen ein Wert »fest« ist; dann handelt es sich um einen *absoluten Bezug*. Ein Beispiel: Der Mehrwertsteuersatz für eine Liste mit Nettobeträgen steht in einer Extrazelle.

Schritt 3

Um die Bruttobeträge zu errechnen, benötigen Sie eine einfache Formel: Nettobetrag mal 19 % plus Nettobetrag. Im Beispiel geben wir also die Formel =B4*D2+B4 in die erste Ergebniszelle ein.

Schritt 4

Auch für die übrigen Formeln benötigen Sie jedes Mal die Zelladresse, in der *19 %* steht (*absoluter Bezug*). Damit die Formel korrekt bleibt, müssen Sie die Zeile festlegen, indem Sie ein Dollarzeichen davorsetzen: *D$2*. Die Spaltennummer bleibt in diesem Beispiel unverändert.

Schritt 5

Durch das Dollarzeichen erkennt Excel, dass es sich bei dieser Zelladresse um einen festen (absoluten) Wert handelt. Bestätigen Sie die geänderte Formel mit der ⏎-Taste. Die Berechnung wird jetzt funktionieren wie gewünscht.

Schritt 6

Klicken Sie auf das kleine Quadrat, und übertragen Sie die Formel durch Ziehen auf die nächsten Zellen. Die Berechnung wird in jeder Zeile korrekt durchgeführt, da der MwSt.-Satz für jede Zeile aus der Zelle D2 genommen wird ❶.

Absolute/relative Bezüge

Wenn Sie den Cursor in der Bearbeitungsleiste vor die Zelladresse setzen und F4 drücken, wird eine relative Zelladresse zu einer absoluten und umgekehrt.

Zellinhalte verknüpfen

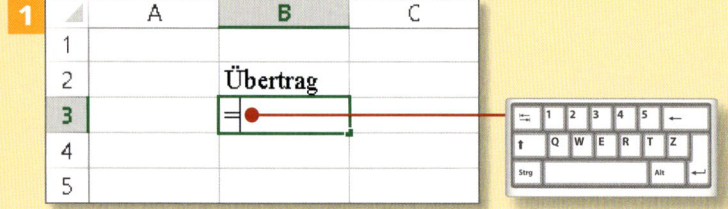

In Excel können Sie auch Werte miteinander verknüpfen, die auf verschiedenen Tabellenblättern liegen. Dies bewirkt, dass Änderungen automatisch übernommen werden.

Schritt 1

Um eine Zelle mit dem Wert einer Zelle auf einem anderen Tabellenblatt zu verknüpfen, tippen Sie zunächst ein Gleichheitszeichen in die Zelle für die Verknüpfung.

Schritt 2

Dann wechseln Sie zu dem Tabellenblatt, auf dem der Wert steht, den Sie verknüpfen möchten. Markieren Sie hier die entsprechende Zelle, und drücken Sie ↵.

Schritt 3

Daraufhin wird automatisch wieder das erste Tabellenblatt aktiviert. Der Wert des zweiten Tabellenblatts steht nun in der Zelle ❶. In der Bearbeitungsleiste wird seine Herkunft angezeigt: der Name des Tabellenblatts, gefolgt von einem Ausrufezeichen und der Zelladresse ❷.

Verknüpfungen zwischen Excel-Mappen

Verknüpfungen funktionieren nicht nur zwischen den Tabellenblättern einer Arbeitsmappe, sondern auch zwischen verschiedenen Arbeitsmappen.

Schritt 4

Die beiden Zellen sind nun miteinander verknüpft, Änderungen in der Ursprungszelle werden also an die Zelle mit der Verknüpfung weitergegeben. Verändern Sie einmal einen der Werte, über den die Summe berechnet wurde. Auch in der Verknüpfung erscheint dann die neue Summe ❸.

Schritt 5

Sie können den verknüpften Wert auch um eine Berechnung ergänzen. Dazu setzen Sie den Cursor in die Bearbeitungsleiste und geben die Formel ein.

Schritt 6

Wenn Sie eine Arbeitsmappe öffnen möchten, die eine Verknüpfung enthält, deren Quelle verschoben wurde (z. B. in einen anderen Ordner), erhalten Sie einen Hinweis. Klicken Sie darin auf **Aktualisieren**. Im nächsten Dialog klicken Sie auf **Weiter** ❹ (wenn die Werte nicht aktualisiert werden müssen) oder auf **Verknüpfungen bearbeiten** ❺. Im gleichnamigen Dialog markieren Sie die Quelle, die nicht gefunden wurde ❻, und klicken auf **Quelle ändern**, um ihren neuen Speicherort anzugeben.

Kapitel 6
Diagramme mit Excel erstellen

Diagramme sind eine gute Methode, um Zahlenmaterial interessant und anschaulich darzustellen. Sehen Sie in diesem Kapitel selbst, wie einfach das geht und wie Sie Diagramme weiterbearbeiten können.

Ein Diagramm erstellen

Die klassischen Diagrammformen stehen Ihnen in Excel mit einem Klick zur Verfügung. Auf der Basis einer Tabelle erstellen Sie beispielsweise im Nu ein Säulendiagramm **❶**.

Die Diagrammtools

Mit den Mitteln der Registerkarte **Diagrammtools ❷** lässt sich jedes Diagramm ganz leicht bearbeiten und formatieren. Weisen Sie ihm zum Beispiel einen anderen Aufbau (ein anderes Layout) oder eine neue Farbgebung zu.

Excel bietet eine Fülle ➊
von Diagrammtypen an.

Sie können das Aussehen Ihrer ➋
Diagramme leicht verändern.

Ein Säulendiagramm erzeugen

Diagramme sind ein probates Mittel, um Zahlenmaterial anschaulich darzustellen. Mit Excel können Sie in wenigen Schritten beeindruckende Diagramme erstellen.

Schritt 1

Ein Diagramm basiert zunächst immer auf einer Tabelle. In dieser Tabelle markieren Sie die Spalten und/oder Zeilen, die (bzw. deren Zellinhalt) Sie für das Diagramm nutzen wollen.

Schritt 2

Wenn nur einzelne, nicht zusammenhängende Spalten bzw. Zeilen der Tabelle für das Diagramm wichtig sind, nutzen Sie die Möglichkeit der Mehrfachmarkierung: Halten Sie die Strg-Taste gedrückt, und klicken Sie auf die benötigten Spalten oder Zeilen.

Schritt 3

In unserem Beispiel erstellen wir ein Säulendiagramm. Nachdem Sie die Tabelle markiert haben, aktivieren Sie die Registerkarte **Einfügen**. Hier klicken Sie auf den Pfeil an der Schaltfläche **Säule**.

Schritt 4

Das Menü bietet eine Reihe unterschiedlicher Varianten des Typs **Säule**. Um ein eher schlichtes Diagramm einzufügen, klicken Sie im Bereich **3D-Säule** auf die Variante **3D-Säulen (Gruppiert)**.

Schritt 5

Das Ergebnis lässt nicht lange auf sich warten. Sofort erscheint das entsprechende Diagramm als Grafik auf Ihrem Tabellenblatt.

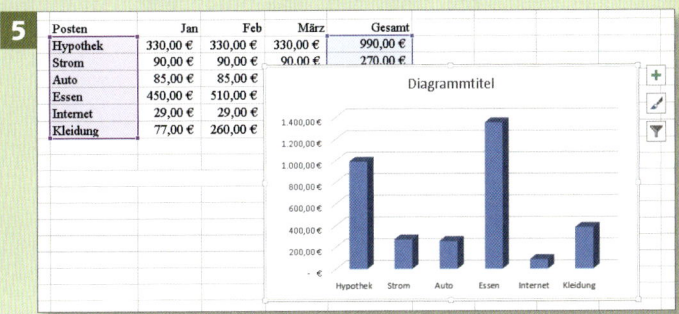

Schritt 6

Um das Diagramm zu verschieben, führen Sie den Mauszeiger darauf. Sobald Sie den Vierfachpfeil sehen, können Sie das Diagramm mit gedrückter Maustaste bewegen – bei einem Touchscreen verschieben Sie das Diagramm einfach mit dem Finger.

ℹ Welcher Diagrammtyp passt?
Die Wahl des Diagrammtyps hängt davon ab, was Sie ausdrücken wollen. Während Säulendiagramme z. B. für den Vergleich von Werten geeignet sind, zeigen Kreisdiagramme anteilige Werte an einem Ganzen.

Ein Säulendiagramm nachbearbeiten

Wie Sie gesehen haben, ist ein Diagramm im Nu erstellt. Vielleicht genügt es aber Ihren optischen Ansprüchen noch nicht. Dann können Sie es auf verschiedene Arten bearbeiten und formatieren.

Schritt 1

Klicken Sie das Diagramm an, um die Registerkarte **Diagrammtools** ❶ einzublenden. Auf dessen Registerkarten **Entwurf** und **Format** finden Sie alle Funktionen zur weiteren Bearbeitung. Weitere Möglichkeiten bieten die drei Schaltflächen ❷ neben dem Diagramm.

Schritt 2

Als Erstes soll der Diagrammtitel geändert werden, damit man sofort erkennt, worum es geht. Klicken Sie das Textfeld an, setzen Sie den Cursor an den Anfang des Textes, und geben Sie den Titel ein. Löschen Sie den Platzhaltertext.

Schritt 3

Falls gar kein Diagrammtitel angezeigt wird, klicken Sie auf die Schaltfläche **Diagrammelemente** und setzen im Untermenü ein Häkchen vor der Option **Diagrammtitel** ❸.

Schritt 4

Auch die Achsen sollen eine Beschriftung erhalten. Dazu klicken Sie auf **Diagrammelemente** und aktivieren die Option **Achsentitel** ❹.

Schritt 5

Sowohl an der vertikalen als auch an der horizontalen Achse erscheinen Textfelder mit dem Platzhaltertext »Achsentitel«. Setzen Sie den Cursor in ein solches Textfeld, und geben Sie einen passenden Achsentitel ein.

Schritt 6

Sie können auch bestimmen, wie die *Gitternetzlinien* auf dem Diagramm verlaufen. Dazu öffnen Sie das Menü **Diagrammelemente** und klicken hier auf den Pfeil neben der Option **Gitternetzlinien**. Im Untermenü setzen Sie z. B. ein Häkchen vor **Primäres Hauptgitter vertikal**.

Textfelder formatieren

Um die Textfelder für die Beschriftungen zu bearbeiten, können Sie die Schaltflächen auf der Registerkarte **Diagrammtools/Format** nutzen, z. B. **Fülleffekte** (siehe dazu auch den Rest dieser Anleitung).

Ein Säulendiagramm nachbearbeiten (Forts.)

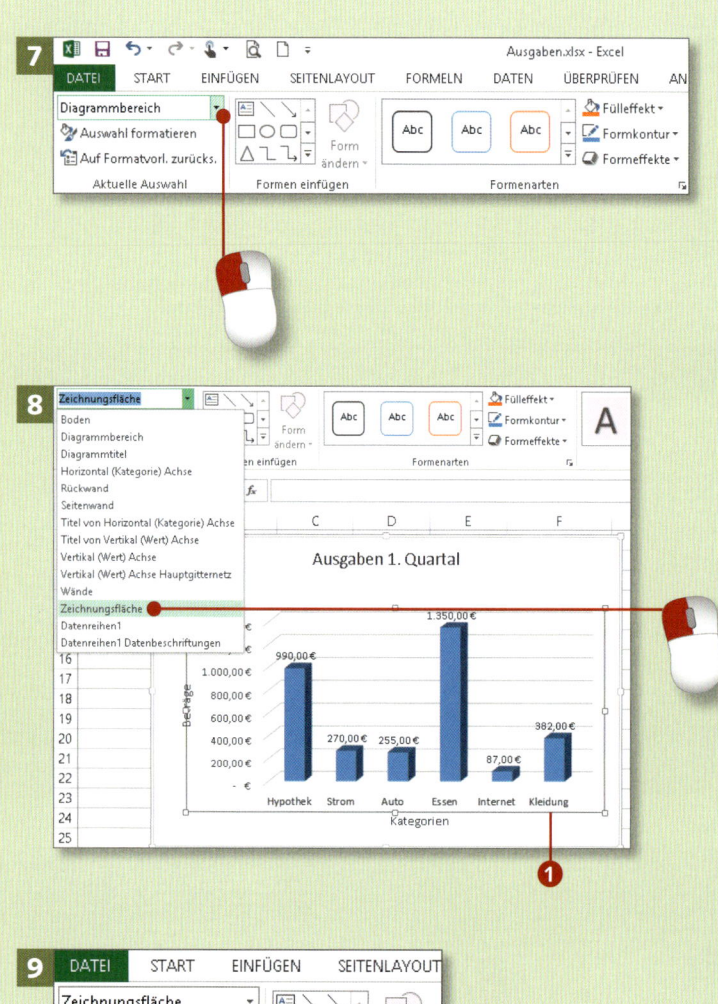

Schritt 7

Ein Diagramm besteht aus diversen Elementen, z. B. dem Diagrammbereich, der Zeichnungsfläche und Datenreihen. All diese Elemente können gesondert formatiert werden. Markieren Sie dazu das Element. Es lässt sich auch bequem über das Menü der Schaltfläche **Diagrammelemente** (auf der Registerkarte **Diagrammtools/Format**) auswählen.

Schritt 8

Klicken Sie auf den Pfeil, und markieren Sie im Menü das Element, das Sie bearbeiten möchten, z. B. **Zeichnungsfläche**. Ein Markierungsrahmen legt sich um diese Fläche im Diagramm ❶.

Schritt 9

Zum Formatieren klicken Sie auf **Auswahl formatieren**. Das ruft rechts den Aufgabenbereich für die Formatierung des jeweiligen Diagrammelements auf; für die Bearbeitung der Zeichnungsfläche finden Sie hier die Optionen **Füllung** und **Rahmen** ❷.

Schritt 10

Um die Zeichnungsfläche mit einer Hintergrundfarbe zu versehen, klicken Sie auf die Schaltfläche **Füllung ❸** und aktivieren die Option **Einfarbige Füllung ❹**. Wählen Sie dann per Klick auf das Feld **Farbe** eine Farbe aus.

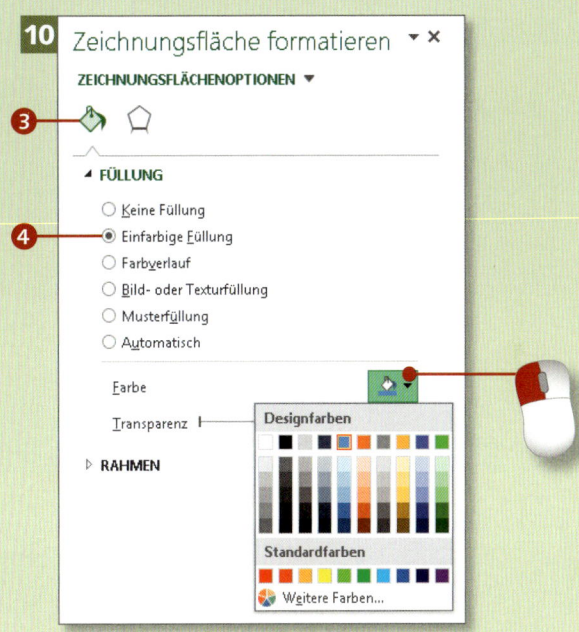

Schritt 11

Sie können auch Vorlagen zur Formatierung nutzen. Aktivieren Sie die Registerkarte **Diagrammtools/Entwurf**. Fahren Sie hier mit der Maus über die Auswahl **Diagrammformatvorlagen**. Sobald Sie eine Vorlage anklicken, wird das Format auf Ihr Diagramm übertragen.

Schritt 12

Eine Vorlage lässt sich mit einfachen Handgriffen variieren. Um z. B. die Farbe der Säulen zu ändern, markieren Sie die Säulen, klicken auf die Schaltfläche **Farben ändern** und wählen im Menü eine Farbe aus.

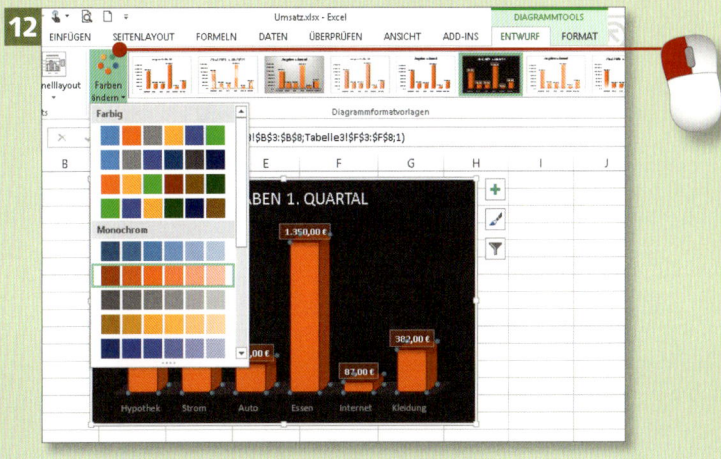

> **ℹ Diagrammformatvorlagen**
> Mit der Zuweisung einer Diagrammformatvorlage werden alle vorherigen Einstellungen überlagert.

Anteile in Kreisdiagrammen darstellen

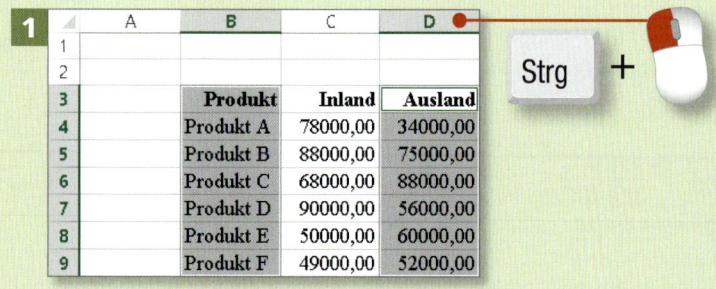

Kreisdiagramme – auch als »Torten-diagramme« bekannt – lassen auf einen Blick bestimmte Anteile an einem Ganzen erkennen. Selbst Prozentzahlen können hinzugefügt werden, ohne dass Sie Ihre Rechenkünste bemühen müssen.

Schritt 1

In einem Kreisdiagramm soll angezeigt werden, welchen Anteil die einzelnen Produkte am Umsatz im Ausland haben. Folglich müssen die Spalten *Produkt* und *Ausland* markiert werden (mit gedrückter Strg-Taste).

Schritt 2

Wenn beide Spalten markiert sind, klicken Sie auf der Registerkarte **Einfügen** auf den Pfeil an der Schaltfläche **Kreis**. Im Menü klicken Sie auf **3D-Kreis**.

Schritt 3

Wieder hat Excel blitzschnell ein Diagramm erstellt. Die einzelnen Produkte bilden die Legende. Die »Tortenstücke« symbolisieren in unterschiedlichen Farben den jeweiligen Anteil am Umsatz.

Schritt 4

Die Überschrift »Ausland« soll geändert werden. Markieren Sie das Textfeld, und setzen Sie den Cursor vor den Text. Dann schreiben Sie die Überschrift »Anteil am Auslandsumsatz« und löschen den ursprünglichen Text.

Schritt 5

Die Prozentanteile können Sie ebenfalls leicht anzeigen lassen. Klicken Sie auf das Plus neben dem Diagramm und im Menü auf den kleinen Pfeil am Eintrag **Datenbeschriftungen**.

Schritt 6

Im Untermenü klicken Sie auf **Weitere Optionen**. Im Aufgabenbereich **Datenbeschriftungen formatieren** setzen Sie schließlich ein Häkchen vor die Option **Prozentsatz ❶**.

Textfelder formatieren

In den Menüs **Füllung und Linie**, **Effekte** und **Größe und Eigenschaften ❷** finden Sie eine Fülle von Gestaltungs- und Einstellungsmöglichkeiten für Textfelder.

Anteile in Kreisdiagrammen darstellen (Forts.)

Schritt 7

Deaktivieren Sie ggf. die Option **Wert** (❶ in Bild 8), damit die Anzeige übersichtlich bleibt. Sie sehen nun die Tortenstücke mit entsprechenden Prozentsätzen. Auf diese Weise können Sie auf den ersten Blick erkennen, welches Produkt am erfolgreichsten war.

Schritt 8

Auch die Produktbezeichnungen können direkt auf den Segmenten auftauchen. Dazu aktivieren Sie im Aufgabenbereich **Datenbeschriftungen formatieren** die Option **Rubrikenname**.

Schritt 9

Die Tortenstücke haben jeweils eine Farbe. Sie können einzelnen Segmenten eine andere Farbe geben. Markieren Sie das Segment per Mausklick, indem Sie es zweimal hintereinander – aber nicht doppelt – anklicken.

i

Das Diagramm ist verknüpft
Das Diagramm ist direkt mit der zugrunde liegenden Tabelle verbunden. Wenn Sie einen Wert in der Tabelle ändern, ändert sich auch die Größe des Tortenstücks (der Prozentsatz).

Schritt 10

Klicken Sie dann auf **Auswahl formatieren** ganz links auf der Registerkarte **Diagrammtools/Format**. Daraufhin wird der Aufgabenbereich **Datenpunkt formatieren** rechts am Bildschirm eingeblendet.

Schritt 11

Klicken Sie hier auf **Füllung und Linie** ❷, und aktivieren Sie die Option **Einfarbige Füllung** ❸. Klicken Sie dann auf den Auswahlpfeil am Feld **Füllfarbe**, und entscheiden Sie sich für eine kräftige Kontrastfarbe.

Schritt 12

Sie können das Diagramm auf ein anderes Tabellenblatt verschieben. Dazu klicken Sie auf der Registerkarte **Diagrammtools/Entwurf** auf **Diagramm verschieben**. Im Dialog markieren Sie **Neues Blatt** ❹ oder wählen im Menü des Feldes **Objekt in** ❺ das gewünschte Tabellenblatt.

Neues Tabellenblatt

Wenn Sie das Diagramm verschieben und im Dialog **Neues Blatt** wählen, wird automatisch ein neues Tabellenblatt mit dem Namen **Diagramm1** erzeugt, das lediglich das Diagramm enthält.

Ein »Tortenstück« herausrücken

Um den Blick auf wichtige Informationen zu lenken, können Sie ein »Tortenstück« aus dem Diagramm herausziehen und das betreffende Segment auf diese Weise besonders hervorheben.

Schritt 1

Markieren Sie das Segment, das Sie herausziehen möchten. Dazu klicken Sie es zweimal hintereinander an, machen aber keinen klassischen Doppelklick. An den Ziehpunkten erkennen Sie, ob die Markierung geglückt ist.

Schritt 2

Führen Sie den Mauszeiger auf das »Tortenstück«. Sie sehen dann den Vierfachpfeil. Ziehen Sie nun das Segment mit gedrückter Maustaste ein wenig aus der »Torte« heraus.

Schritt 3

Auf diese Weise, also mit gedrückter linker Maustaste, können Sie das Segment auch wieder in die »Torte« hineinschieben, wenn Sie die Hervorhebung nicht mehr benötigen.

Schritt 4

Um das herausgezogene »Tortenstück« weiter zu formatieren, klicken Sie es mit rechts an (achten
Sie darauf, dass es markiert ist) und
wählen **Datenpunkt formatieren** im
Kontextmenü.

Schritt 5

Der Aufgabenbereich **Datenpunkt
formatieren** bietet diverse Einstellungsmöglichkeiten. Klicken Sie z.B.
auf die Schaltfläche **Effekte** ❶ und
dann auf den Eintrag **3D-Format**
(sofern Sie ein 3D-Kreisdiagramm
eingefügt haben).

Schritt 6

Mit den Optionen dieser Kategorie lässt sich das Aussehen des
Segments in vielerlei Hinsicht verändern. Stellen Sie z.B. eine andere
Abschrägung ein ❷ und über das
Menü des Feldes **Material** einen
anderen Effekt für die Oberfläche.

3D-Drehung

Sie können die Einstellungen für
die 3D-Drehung auch direkt aufrufen, indem Sie im Kontextmenü
eines Segments auf **3D-Drehung**
(❸ in Bild 4) klicken.

Kleine Diagramme mit Sparklines

Noch recht neu sind Sparklines. Dahinter verbergen sich kleine Diagramme, die Sie direkt in eine Zelle einfügen.

Schritt 1

Markieren Sie die Zelle, in der das Minidiagramm erscheinen soll, und klicken Sie auf der Registerkarte **Einfügen** in der Gruppe **Sparklines** z. B. auf **Linie**.

Schritt 2

Ein kleiner Dialog öffnet sich. Markieren Sie in der Tabelle den Bereich mit den Daten, die im Sparkline-Diagramm dargestellt werden sollen ➊ (hier den Produktabsatz für drei Jahre). Die Zelladressen werden in den Dialog übernommen ➋. Klicken Sie auf **OK**, um das Sparkline einzufügen.

Schritt 3

Für die nächsten Produkte können Sie die Zellen bequem ausfüllen. Setzen Sie den Cursor an die untere rechte Ecke der ersten Zelle mit dem Sparkline, und ziehen Sie den Rahmen nach unten. Im Nu tauchen in allen Zellen kleine Sparklines auf.

! Sparklines – schmückendes Beiwerk!
Erwarten Sie nicht zu viel von Sparklines, sie sind nicht sehr aussagekräftig und zeigen lediglich grob eine Entwicklung oder Werte.

Schritt 4

Sie können die kleinen Sparklines weiter bearbeiten. Markieren Sie die Zellen, und aktivieren Sie auf der Registerkarte **Sparklinetools/Ent-wurf** z. B. die Option **Höchstpunkt**. Dadurch erscheinen kleine Markie-rungspunkte in den Sparklines.

	2010	2011	2012	
Produkt A	98000	78000	110000	
Produkt B	47000	88000	70000	
Produkt C	95000	68000	20000	
Produkt D	100000	90000	90000	

Schritt 5

Die Farbe der Höchstpunkte lässt sich auch ändern. Klicken Sie auf **Datenpunktfarbe**, und zeigen Sie hier auf **Höchstpunkt**. In der Farbpalette wählen Sie eine Farbe für diesen Punkt aus.

Schritt 6

Die Farbe der Linien selbst ändern Sie über das Menü der Schaltfläche **Sparklinefarbe**, die Sie ebenfalls auf der Registerkarte **Sparklinetools/ Entwurf** finden.

i

Sparklines löschen

Auf der Registerkarte **Sparkline-tools/Entwurf** finden Sie auch die Schaltfläche **Löschen** (❸ in Bild 5) zum Entfernen ausgewählter Sparklines.

Kapitel 7
Listen und Datenbanken in Excel

Excel kann auch als Datenbankprogramm genutzt werden. Wie Sie Listen erstellen oder Daten sortieren und filtern, erfahren Sie in diesem Kapitel.

Listen und Datenbanken anlegen

Wir beschreiben zunächst, wie Sie eine einfache Liste anlegen ❶, wie Sie diese Liste formatieren und ihre Einträge alphabetisch sortieren können. Darüber hinaus lernen Sie die Filterfunktion von Excel kennen und erfahren, wie Sie Ihre Datenbanken am besten planen.

Formate für den Export

Außerdem gehen wir auf gängige Formate ein, in denen Sie Excel-Dateien für den Datenaustausch speichern können. Im Dialog **Speichern unter** können Sie als Dateityp beispielsweise das Format XLS einstellen ❷, damit sich die Datei auch mit älteren Excel-Versionen als 2013 öffnen lässt.

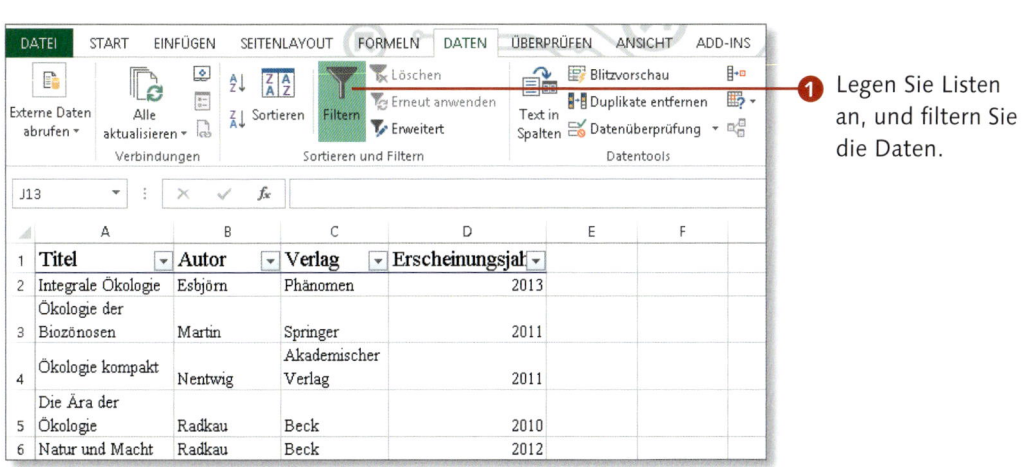

① Legen Sie Listen an, und filtern Sie die Daten.

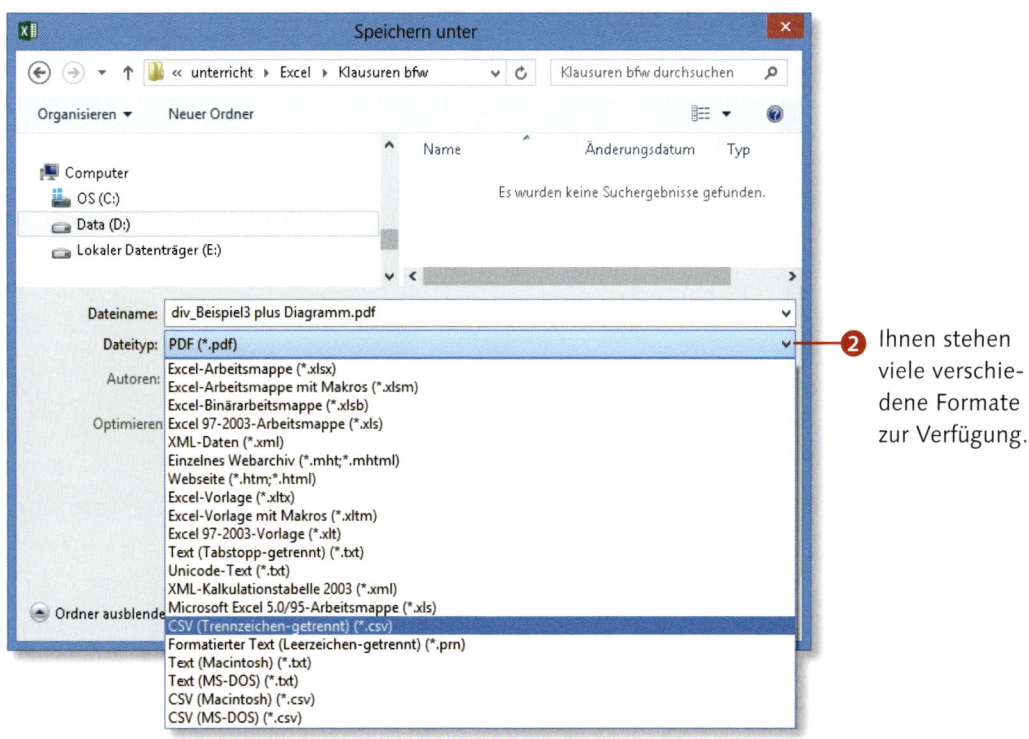

② Ihnen stehen viele verschiedene Formate zur Verfügung.

Daten in eine Liste eintragen

Excel ist zwar kein Datenbankprogramm, aber es bietet gewisse Funktionen, mit denen man Listen verwalten und ähnlich nutzen kann.

Schritt 1

Da der Bildschirm in Spalten und Zeilen eingeteilt ist, ist es einfach, eine tabellarische Liste zu erstellen. Schreiben Sie die Überschriften der Liste Spalte für Spalte in eine Zeile. Im Beispiel erstellen wir eine Bücherliste. Passen Sie die Spaltenbreiten an.

Schritt 2

Die Überschriften lauten: *Titel*, *Autor*, *Verlag*, *Erscheinungsjahr*. Markieren Sie die Zeile, und öffnen Sie den Dialog **Zellen formatieren**, indem Sie auf der Registerkarte **Start** auf den Pfeil an der Gruppe **Schriftart** (oder **Ausrichtung** oder **Zahl**) klicken.

Schritt 3

Im Dialog **Zellen formatieren** aktivieren Sie die Registerkarte **Rahmen** ❶. Wählen Sie eine Linienfarbe ❷, und klicken Sie dann auf die Schaltfläche, die eine Linie unterhalb der Zelle symbolisiert.

Schritt 4

Für die Eingabe der Daten ist es sinnvoll, dafür zu sorgen, dass der Text in den Zellen umbrochen wird. Markieren Sie mehrere Zeilen, und klicken Sie auf der Registerkarte **Start** auf die Schaltfläche **Zeilenumbruch**.

Schritt 5

Füllen Sie nun die Tabelle mit Daten. Sie werden sehen, dass längere Eingaben am Ende der Zelle dank des Zeilenumbruchs in die nächste Zeile rutschen. Passen Sie ggf. die Spaltenbreite erneut an.

Schritt 6

Ändern Sie ggf. auch die Ausrichtung des Textes in den Zellen. Standardmäßig steht der Text am unteren Rand; markieren Sie die Zellen, für die Sie die Ausrichtung ändern möchten, und klicken Sie z. B. auf **Zentriert ausrichten**, um den Text mittig zwischen dem oberen und unteren Rand zu positionieren.

Zeilenumbrüche einfügen

Einen Zeilenumbruch können Sie auch im Dialog **Zellen formatieren** auf der Registerkarte **Ausrichtung** (❸ in Bild 3) festlegen.

Daten in Listen sortieren

Ignorieren Sie bei der Eingabe von Daten ruhig die alphabetische (oder auch eine numerische) Reihenfolge. Excel kann die Sortierung im Nu für Sie erledigen.

Schritt 1

Um alphabetisch zu sortieren, setzen Sie den Cursor in die Spalte, deren Eingaben geordnet werden sollen, z. B. in die Spalte *Titel*. Klicken Sie dann auf der Registerkarte **Start** auf die Schaltfläche **Sortieren und Filtern**.

	A	B	C
1	Titel	Autor	Verlag
2	Die Ära der Ökologie	Radkau	Beck
3	Integrale Ökologie	Esbjörn	Phänomen
4	Ökologie der Biozönosen	Martin	Springer
5	Ökologie kompakt	Nentwig	Akademischer Verlag
6	Wörterbuch der Ökologie	Schaefer	Spektrum

Schritt 2

Im zugehörigen Menü wählen Sie die Option **Von A bis Z sortieren**. Der Erfolg zeigt sich unmittelbar. Die Eingaben wurden in eine alphabetische Reihenfolge gebracht (natürlich nicht nur die Titel, sondern die kompletten Datensätze).

Schritt 3

Wenn Sie z. B. nach dem Autor sortieren möchten und ein Name taucht mehrfach auf, nimmt Excel automatisch das erste Feld zum Sortieren hinzu. *Radkau – Die Ära der Ökologie* steht nach der Sortierung also vor *Radkau – Natur und Macht* ❶.

Schritt 4

Sie können auch eine bestimmte Sortierreihenfolge vorgeben. Sie möchten beispielsweise nach Autor und nach Erscheinungsjahr sortieren? Setzen Sie den Cursor in das Feld *Autor*, klicken Sie auf **Sortieren und Filtern** und im Menü auf **Benutzerdefiniertes Sortieren**.

Schritt 5

Im Dialog **Sortieren** wählen Sie im Feld **Sortieren nach** ❷ den Eintrag **Autor**. In den anderen beiden Feldern belassen Sie es bei **Werte** ❸ und **A bis Z** ❹. Für das zweite Sortierkriterium klicken Sie auf **Ebene hinzufügen** ❺ und wählen im Feld **Dann nach** den Eintrag **Erscheinungsjahr**. Nach einem Klick auf **OK** erhalten Sie das Ergebnis.

Schritt 6

Um nur nach dem Erscheinungsjahr zu sortieren, setzen Sie den Cursor in die entsprechende Spalte und klicken im Menü der Schaltfläche **Sortieren und Filtern** auf **Nach Größe sortieren (aufsteigend)**. Auf diese Weise steht das älteste Buch am Anfang der Liste.

Auswählen und filtern

Excel bietet ein paar einfache Wege der Filterung von Datensätzen; außerdem können Sie Bedingungen definieren und Ihre Auswahl mit UND oder ODER einschränken.

Schritt 1

Markieren Sie irgendeine Zelle in der Liste, und aktivieren Sie die Registerkarte **Daten**. Hier klicken Sie auf die Schaltfläche **Filtern**.

Schritt 2

Die Überschriften der Spalten erhalten daraufhin Auswahlpfeile. Wenn Sie auf einen dieser Pfeile klicken, öffnet sich ein Menü, in dem die Einträge der entsprechenden Spalte jeweils mit einem Auswahlkästchen angezeigt werden.

Schritt 3

Um den Filter anzuwenden, deaktivieren Sie die Einträge, die nicht angezeigt werden sollen. Um nur Bücher von Beck anzeigen zu lassen, deaktivieren Sie alle anderen Häkchen und bestätigen Ihre Auswahl mit **OK**. Das Symbol ❶ am Feld verändert sich.

Schritt 4

Um den Filter bzw. alle Filter aufzu-
heben und wieder alle Datensätze
anzeigen zu lassen, klicken Sie auf
das kleine Filtersymbol ❷ an der
jeweiligen Überschrift, aktivieren im
Menü den Eintrag **(Alles auswählen)**
und klicken auf **OK**.

Schritt 5

Excel bietet die Möglichkeit, Filter-
kriterien selbst zu definieren. Klicken
Sie auf den Auswahlpfeil der zu
durchsuchenden Spalte, und wählen
Sie **Textfilter** (bzw. **Zahlenfilter**) ▶
Benutzerdefinierter Filter im Menü.

Schritt 6

Im Dialog **Benutzerdefinierter
AutoFilter** können Sie Bedingungen für die Auswahl der Datensätze
festlegen. Möchten Sie sich beispielsweise alle Autoren mit dem
Anfangsbuchstaben »R« anzeigen
lassen? In diesem Fall wählen Sie
entspricht ❸ und geben im Feld
daneben »R*« ein.

Auswählen und filtern (Forts.)

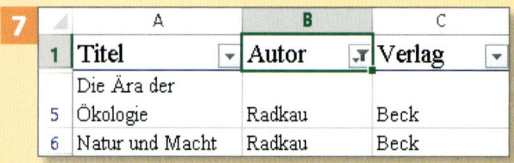

Schritt 7

Das Sternchen steht für eine beliebige Zeichenfolge. Nachdem Sie auf **OK** geklickt haben, erhalten Sie eine Liste, in der nur die Datensätze auftauchen, deren Autorennamen mit »R« beginnen.

Schritt 8

Kriterien lassen sich auch kombinieren. Sollen z. B. nicht nur alle Autoren mit »R« angezeigt werden, sondern gleichzeitig auch alle Namen mit »M«, erstellen Sie eine *Oder-Abfrage*. Rufen Sie den Dialog **Benutzerdefinierter AutoFilter** auf, und aktivieren Sie die Option **Oder**.

Schritt 9

In den beiden ersten Feldern definieren Sie die Auswahl wie in Schritt 6. In der zweiten Zeile wählen Sie im ersten Feld wieder **entspricht** ❶, und im Feld daneben geben Sie »M*« ein.

Nach Anfangsbuchstaben filtern
Nach Anfangsbuchstaben können Sie auch so filtern: Klicken Sie auf den Auswahlpfeil am Feld, im Menü auf **Textfilter** und im Untermenü auf **Beginnt mit**. Im Dialog geben Sie neben dem Feld **beginnt mit** ein »R« ein.

Schritt 10

Anders funktioniert die *Und-Abfrage*. Wenn Sie die Option **Und** wählen, werden nur die Datensätze angezeigt, die beide Kriterien erfüllen. Ein Beispiel: Geben Sie unter **Autor** das Kriterium **beginnt mit ❷** und den Anfangsbuchstaben »R« ❸ ein. Dann klicken Sie auf **Und**.

Schritt 11

Um alle Autoren mit »R« anzuzeigen, aber nicht die, deren Name mit »Ra« beginnt, stellen Sie in der **Und**-Zeile **beginnt nicht mit ❹** ein und schreiben ins Feld daneben »Ra«.

Schritt 12

Wenn Sie nach dem Erscheinungsjahr filtern möchten, deaktivieren Sie im Filtermenü die entsprechenden Jahreszahlen ❺, oder Sie klicken auf **Zahlenfilter ▸ Größer als**. Im Dialog geben Sie im rechten Feld z. B. »2011« ein ❻.

ℹ **Filter löschen**

Um alle Filter wieder loszuwerden, klicken Sie im Menü des Filters auf **Filter löschen aus "[Überschrift]"** ❼.

Eine Datenbanktabelle planen

Der Umgang mit Datenbanktabellen ist einfacher, wenn Sie sich vorher ein paar Gedanken machen. Am Beispiel einer einfachen Adressliste zeigen wir Ihnen die wichtigsten Schritte.

Schritt 1

Sammeln Sie die Informationen, die Sie erfassen möchten, z. B. Anrede, Titel, Vorname, Nachname, Straße, Hausnummer etc. Schreiben Sie sie jeweils in eine Spalte.

Schritt 2

Fassen Sie Informationen zusammen, die Sie bei der zukünftigen Verwendung der Daten nicht einzeln einsetzen werden; Sie können demnach *Straße* und *Hausnummer* in einer Spalte zusammenfassen.

Schritt 3

Je nachdem, welcher Datentyp in den Spalten erwartet wird, passen Sie die Formatierung an ❶. Damit auch Postleitzahlen, die mit einer Null beginnen, richtig erscheinen, müssen Sie dieser Spalte explizit das Format **Text** zuweisen (den Dialog öffnen Sie über den Pfeil an der Gruppe **Zahl** ❷).

Schritt 4

Überlegen Sie sich, welche Werte in welcher Spalte auftauchen können/ werden und ob Einschränkungen sinnvoll sind. Im Beispiel kann man die Spalte *Anrede* auf *Herr* und *Frau* und die Spalte *Titel* auf *Dr.* und *Prof.* beschränken.

Schritt 5

Um diese Beschränkung für die Felder einzugeben, markieren Sie die Zellen in der Spalte **A** unter *Anrede* und klicken auf der Registerkarte **Daten** auf **Datenüberprüfung**.

Schritt 6

Im Dialog **Datenüberprüfung** wählen Sie auf der Registerkarte **Einstellungen** im Feld **Zulassen** den Eintrag **Liste** ❸. In das Feld **Quelle** tippen Sie die zulässigen Werte durch Semikolon getrennt ein.

Datenüberprüfung

Mit der Datenüberprüfung sorgen Sie dafür, dass nur bestimmte Werte in eine Zelle eingegeben werden dürfen. Sie haben die Möglichkeit, eine Eingabemeldung zu formulieren, die erscheint, wenn die Zelle aktiviert wird. Bei nicht gültigen Werten erscheint ein kleiner Dialog mit einer Fehlermeldung.

Eine Datenbanktabelle planen (Forts.)

Schritt 7

Wechseln Sie jetzt zur Registerkarte **Eingabemeldung**. Geben Sie einen Titel für die Meldung ❶ und einen Text im Feld **Eingabemeldung** ein. Wenn Sie auf die Eingabemeldung verzichten möchten, deaktivieren Sie die oberste Option ❷.

Schritt 8

Aktivieren Sie die Registerkarte **Fehlermeldung**. Hier entscheiden Sie sich für ein Symbol ❸ und geben einen Text für die Fehlermeldung ein, die erscheinen soll, wenn ungültige Werte eingegeben werden.

Schritt 9

An der Zelle ist nun ein Auswahlpfeil, über den Sie die zulässigen Werte auswählen können.

i **Gültigkeitskriterien**
Statt einer Liste können Sie im Dialog **Datenüberprüfung** auch andere Gültigkeitskriterien festlegen, z. B. einen Zahlen- oder Datumsbereich.

Schritt 10

Sie können einen ungültigen Wert eingeben. Aber sobald Sie die Zelle verlassen, indem Sie mit der Maus in eine andere Zelle klicken, erscheint eine Fehlermeldung.

Schritt 11

Wenn Sie darin auf **Wiederholen** ❹ klicken, ist die fragliche Zelle mit dem ungültigen Wert wieder aktiviert. Mit **Abbrechen** ❺ wird wieder die leere Zelle angezeigt, und Sie können eine Eingabe aus der Liste auswählen.

Schritt 12

Auf die gleiche Weise (also so, wie ab Schritt 5 beschrieben) können Sie die Eingabemöglichkeiten in der Spalte *Titel* beschränken und eine Auswahlliste zur Verfügung stellen.

Hinweismeldungen

Auf der Registerkarte **Fehlermeldung** des Dialogs **Datenüberprüfung** (siehe Schritt 8) können Sie zwischen drei Typen wählen. Die Typen **Warnung** und **Information** lassen ungültige Werte zu, weisen aber unterschiedlich »streng« auf den Fehler hin; der Typ **Stopp** verhindert jegliche fehlerhafte Eingabe.

Daten in ein Universalformat exportieren

Wenn Sie Ihre Daten in Excel gesammelt haben, können Sie sie problemlos in gängige Formate für den Datenaustausch speichern. Wir zeigen Ihnen hier die Schritte.

Schritt 1

Aktivieren Sie das Tabellenblatt, auf dem sich Ihre Datenliste befindet. Dies ist notwendig, weil einige Exportformate nur mit einem Arbeitsblatt umgehen können.

Schritt 2

Klicken Sie auf **Datei ▸ Speichern unter ❶**. Klicken Sie auf **Computer ❷** und dann auf **Durchsuchen**. Im Dialog **Speichern unter** klicken Sie auf den Pfeil am Feld **Dateityp**. In der Liste sehen Sie alle Dateitypen, die Excel beim Speichern unterstützt.

Schritt 3

Wählen Sie ein Format. Sehr gängig ist **CSV (Trennzeichen-getrennt) (*.csv) ❸**. Es speichert jeden Datensatz in einer Zeile, wobei alle Felder durch ein Semikolon getrennt werden. Vergeben Sie ggf. einen anderen Dateinamen ❹, und klicken Sie auf **Speichern**.

Schritt 4

Anschließend weist Excel Sie darauf hin, dass der ausgewählte Dateityp nur ein Arbeitsblatt speichern kann. Klicken Sie in diesem Dialog auf **OK**.

Schritt 5

Excel weist Sie darauf hin, dass das CSV-Format keine Formatierungen unterstützt. Sofern Sie die Arbeitsmappe noch nicht gespeichert hatten, klicken Sie auf **Nein** und holen es nach. Beginnen Sie dann erneut bei Schritt 1. Mit **Ja** wird der Export durchgeführt.

Schritt 6

Sie erkennen den Export daran, dass in der Titelleiste **[Dateiname].csv – Excel ❺** steht. Ansonsten sieht alles so aus wie zuvor. Den Unterschied sehen Sie erst, wenn Sie die Datei schließen und anschließend wieder öffnen.

i

Das CSV-Format

CSV ist ein gängiges Format, um Daten zwischen Programmen auszutauschen. Es lässt sich problemlos in die meisten Datenbankprogramme importieren. Auch Excel unterstützt den Import von CSV-Dateien.

4 Microsoft Excel

Der ausgewählte Dateityp unterstützt keine Arbeitsmappen, die mehrere Blätter enthalten.

- Klicken Sie auf 'OK', wenn nur das aktuelle Blatt gespeichert werden soll.
- Wenn alle Blätter in dieser Arbeitsmappe in dem ausgewählten Dateityp gespeichert werden sollen, wählen Sie jedes Blatt aus, und speichern Sie es als eigene Datei unter unterschiedlichen Namen, oder wählen Sie einen Dateityp, der mehrere Blätter unterstützt.

War diese Information hilfreich?

OK   Abbrechen

5 Microsoft Excel

Einige Features in der Arbeitsmappe gehen möglicherweise verloren, wenn Sie sie als CSV (MS-DOS) speichern.

Möchten Sie das Format trotzdem verwenden?

Ja   Nein   Hilfe

Daten in ein Universalformat exportieren (Forts.)

Schritt 7

Schließen Sie die Datei. Die Nachfrage, ob Sie die Änderungen speichern möchten, können Sie mit **Nicht speichern** beantworten, da Sie ja die aktuelle Fassung der Datei exportiert haben.

Schritt 8

Klicken Sie auf **Datei ▸ Öffnen** ❶. Womöglich finden Sie die CSV-Datei gleich in der Kategorie **Zuletzt verwendete Arbeitsmappen**, von wo aus Sie sie einfach per Mausklick öffnen können.

Schritt 9

Ansonsten klicken Sie auf **Computer** ❷ **▸ Durchsuchen**. Im Dialog **Öffnen** wählen Sie in der Auswahlliste des Feldes **Dateiformate** – hier steht vermutlich **Alle Dateien (*.*)** – den Eintrag **Textdateien**.

CSV ist nicht gleich CSV
Neben dem Format **CSV (Trennzeichen-getrennt)** gibt es auch **CSV (MS-DOS)**. Dieses Format kann weniger Zeichen darstellen, u. a. keine Umlaute oder Währungszeichen wie €. Diese Zeichen werden dann durch andere Zeichen ersetzt, das Eurozeichen z. B. durch ein Fragezeichen.

Schritt 10

Wechseln Sie in den Ordner, in dem Sie die CSV-Datei gespeichert haben ❸. Markieren Sie die Datei, und klicken Sie auf **Öffnen** ❹, oder klicken Sie doppelt auf die Datei.

Schritt 11

Jetzt sehen Sie die Änderung gegenüber einer »normalen« Excel-Datei deutlich: Es gibt nur noch ein Arbeitsblatt mit den Daten ❺, und alle Formatierungen und Umlaute sind verschwunden.

Schritt 12

Wenn Sie die Datei im Editor öffnen, sehen Sie, dass die Daten jeweils in einer Zeile stehen und die einzelnen Felder durch Semikola getrennt sind. (Sie rufen den Editor in Windows 8 auf, indem Sie auf dem Startbildschirm **Alle Apps** einblenden. In der Kategorie **Windows-System** finden Sie das Symbol für den Editor.)

Welches Dateiformat?

Welches Dateiformat Sie für den Export und Austausch Ihrer Daten verwenden, ist abhängig davon, welches Format das Programm unterstützt, in das die Daten importiert werden sollen.

Kapitel 8
E-Mails schreiben mit Outlook

Outlook ist in erster Linie ein E-Mail-Programm. Sobald Sie ein Konto eingerichtet haben, können Sie E-Mails versenden und empfangen, sie bearbeiten, beantworten und weiterleiten.

Mails schreiben und versenden

Im Nachrichtenfenster ❶ geben Sie die E-Mail-Adresse des Empfängers ein und schreiben den Text Ihrer Nachricht. Bevor Sie die E-Mail mit einem Klick auf **Senden** auf den Weg schicken, können Sie einen Anhang einfügen oder die E-Mail z. B. als besonders wichtig kennzeichnen.

Mails lesen, beantworten und löschen

E-Mails, die an Sie geschickt werden, landen im Posteingang ❷. Per Doppelklick öffnen Sie die E-Mail. Klicken Sie auf das Symbol **Antworten**, um direkt auf die E-Mail zu reagieren. Mit einem Rechtsklick auf den Ordner **Posteingang** öffnen Sie dessen Kontextmenü und können neue Unterordner anlegen, um Ihre E-Mails zu sortieren. Spam-Mails im Ordner **Junk-E-Mail** löschen Sie im Kontextmenü mit einem Klick auf den Befehl **Ordner leeren** auf einen Schlag.

1 Schreiben Sie Ihre Nachricht, und ergänzen Sie sie um weitere Informationen.

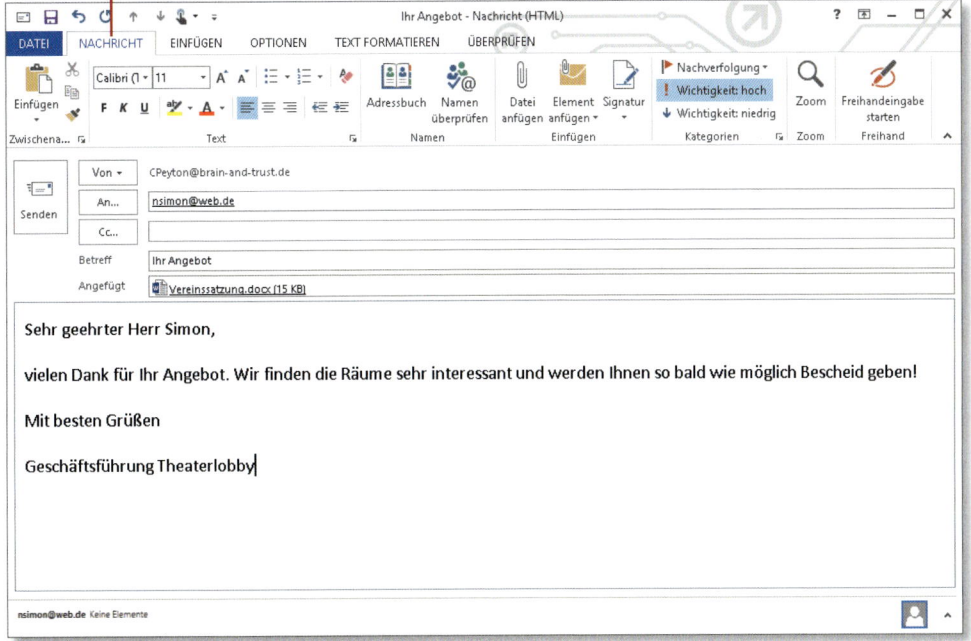

2 Ihre E-Mails werden im Posteingang zum Bearbeiten gesammelt.

Den Outlook-Bildschirm kennenlernen

Schauen Sie sich zuerst ein wenig in Outlook um. Über den Ordnerbereich links am Bildschirm gelangen Sie zu allen Ordnern und Modulen.

Schritt 1

Wenn Sie Outlook 2013 aufrufen (über die Kachel des Windows-8-Startbildschirms), wird vermutlich **Outlook Heute** angezeigt, mit einem Überblick über Termine, Aufgaben und Nachrichten. Sie können die Elemente öffnen, indem Sie sie anklicken.

Schritt 2

Sofern der Ordnerbereich eingeblendet ist, klicken Sie einfach auf **Posteingang ❶**, um zur Auflistung Ihrer E-Mails zu gelangen. Sehen Sie den Ordnerbereich nicht, klicken Sie auf der Registerkarte **Ansicht** auf **Ordnerbereich ▸ Normal**.

Schritt 3

Unten gibt es Schaltflächen, um zu anderen Modulen von Outlook zu wechseln: **Kalender ❷** und **Kontakte ❸**. Über das Symbol mit den drei Punkten öffnen Sie ein Menü, über das Sie **Notizen** aufrufen – kleine gelbe Zettel, auf denen Sie etwas notieren können.

Schritt 4

Sie können Outlook auch so einrichten, dass es nicht mit **Outlook Heute** geöffnet wird, sondern in dem Modul, das Sie regelmäßig verwenden möchten (meistens **Posteingang**). Dazu wählen Sie **Datei ▸ Optionen ❹ ▸ Erweitert**.

Schritt 5

Klicken Sie neben dem Feld **Outlook in diesem Ordner starten** auf die Schaltfläche **Suche ❺**. Im Dialog **Ordner auswählen** markieren Sie **Posteingang** und klicken auf **OK**.

Schritt 6

Auch in Outlook gibt es Registerkarten, allerdings weniger als in den anderen Office-Programmen: **Datei** für den Backstage-Bereich, **Start**, **Senden/Empfangen**, **Ordner** und **Ansicht**. Je nach aktivem Modul enthalten sie unterschiedliche Befehle.

✚ Kalender dauerhaft einblenden
Um dauerhaft einen kleinen Monatskalender eingeblendet zu bekommen, klicken Sie auf der Registerkarte **Ansicht** auf **Aufgabenleiste ▸ Kalender**.

Die Ordner und Ansichten von Outlook

Für die Verwaltung Ihrer E-Mail-Korrespondenz sieht Outlook von Haus aus einige Ordner vor: Posteingang, Gesendet, Entwürfe, Gelöscht und Junk-E-Mail.

Schritt 1

Klicken Sie im Ordnerbereich auf **Posteingang**. Daraufhin werden alle Mail-Ordner angezeigt. In der Mitte sehen Sie die erhaltenen E-Mails (mit der Betreffzeile). Die ungelesenen Mails sind fett und mit blauer Schrift hervorgehoben.

Schritt 2

Um eine E-Mail als Vorschau zu sehen, aktivieren Sie den Lesebereich auf der Registerkarte **Ansicht** über **Lesebereich ▸ Rechts** oder **Unten**. Dann klicken Sie die Mail einfach an ❶. Eine gelesene E-Mail wird nicht mehr fett hervorgehoben.

Schritt 3

Ein Doppelklick auf eine E-Mail in dieser Liste öffnet ein neues Fenster, das nur diese E-Mail anzeigt (das *Nachrichtenfenster*). Dieses Fenster enthält auf der Registerkarte **Nachricht** ❷ Befehle zur schnellen und bequemen Bearbeitung der E-Mail.

Schritt 4

Im Navigationsbereich gibt es auch den Ordner **Entwürfe**. Darin speichert Outlook E-Mails, die Sie begonnen, aber noch nicht abgeschickt haben. Per Klick öffnen Sie den Ordner. Die Zahl hinter dem Eintrag zeigt an, wie viele E-Mails sich in einem Ordner befinden.

Schritt 5

Klicken Sie auf **Gesendete Objekte**, um – wie der Name sagt – eine Liste aller von Ihnen gesendeten E-Mails zu erhalten. Nach dem Versand werden Mails automatisch in diesem Ordner gespeichert.

Schritt 6

In den Ordner **Junk-E-Mail** verschiebt Outlook automatisch alle E-Mails, die gewissen Kriterien entsprechen, aufgrund derer Outlook davon ausgeht, dass es sich hier um Spam-Mails handelt. Vermissen Sie also eine Mail, kann es sein, dass Outlook sie als Spam kategorisiert hat.

Die Ordner und Ansichten von Outlook (Forts.)

Schritt 7

Es gibt von Haus aus auch noch den Ordner **Gelöschte Objekte**. Hier landen zunächst alle Mails, die Sie gelöscht haben. Um E-Mails tatsächlich zu löschen, müssen Sie sie auch noch aus diesem Ordner entfernen.

Schritt 8

Sie müssen nicht mit den vorhandenen Ordnern auskommen, sondern können auch eigene anlegen. Dazu klicken Sie den Posteingang mit rechts an und wählen **Neuer Ordner**. In das leere Kästchen schreiben Sie den Namen des neuen Ordners ❶ und drücken ↵ .

Schritt 9

Standardmäßig gruppiert Outlook die Mails im Posteingang nach Tagen. Wenn Ihnen dies nicht gefällt, können Sie es ausschalten. Öffnen Sie dazu auf der Registerkarte **Ansicht** das Feld **Anordnen nach**, und entfernen Sie das Häkchen vor **In Gruppen anzeigen**.

Outlook auf die Taskleiste legen
Legen Sie sich Outlook am besten auf die Taskleiste. Dazu klicken Sie die Kachel auf dem Startbildschirm mit der rechten Maustaste an und wählen **An Taskleiste anheften**.

Schritt 10

Wenn Sie schon im Posteingang ein bisschen mehr als nur den »Betreff« sehen möchten, klicken Sie auf der Registerkarte **Ansicht** auf **Nachrichtenvorschau**. Im Menü wählen Sie die Anzahl der Zeilen, die angezeigt werden sollen.

Schritt 11

Ungelesene Mails werden im Posteingang fett dargestellt. Um eine Mail, die Sie bereits geöffnet haben, wieder fett anzuzeigen, klicken Sie auf der Registerkarte **Start** auf die Schaltfläche **Ungelesen/Gelesen**. Im Kontextmenü einer Mail finden Sie diesen Befehl auch.

Schritt 12

Sehr übersichtlich wird Ihr Posteingang mit Kategorien. Dazu markieren Sie eine Mail und klicken auf der Registerkarte **Start** auf **Kategorisieren**. Im Untermenü wählen eine Farbe für diese Mail aus.

! E-Mails mit Kategorien

Die Farben für eine Kategorie müssen Sie jeder Mail einzeln zuweisen, sie gelten nicht generell für den Absender (die Domäne).

Ein E-Mail-Konto einrichten und testen

Bevor Sie mit Outlook E-Mails empfangen und versenden können, müssen Sie Ihr E-Mail-Konto konfigurieren. Das klingt komplizierter, als es ist. Wir zeigen Ihnen, wie einfach es geht.

Schritt 1

Klicken Sie auf **Datei ▸ Informationen** ❶. Wählen Sie im Menü der Schaltfläche **Kontoeinstellungen** den Eintrag **Kontoeinstellungen**.

Schritt 2

Im Dialog **Kontoeinstellungen** rufen Sie die Registerkarte **E-Mail** ❷ auf. Auf dieser Registerkarte finden Sie alle konfigurierten E-Mail-Konten aufgelistet – bis jetzt also keins! Klicken Sie auf die Schaltfläche **Neu**.

Schritt 3

Im Dialog **Konto hinzufügen** wählen Sie die Option **Manuelle Konfiguration oder zusätzliche Servertypen**, weil die automatische Konfiguration erfahrungsgemäß oft nicht richtig funktioniert. Dann klicken Sie auf **Weiter** ❸.

Schritt 4

Wählen Sie **POP oder IMAP**, um ein entsprechendes Konto zu konfigurieren.

Schritt 5

Im zugehörigen Dialog füllen Sie alle Felder aus. Bei **Ihr Name** ❹ geben Sie Ihren richtigen Namen ein (er wird beim Empfänger angezeigt). Im Feld **E-Mail-Adresse** ❺ tragen Sie die Adresse ein, die Sie von Ihrem Provider bekommen haben. Auch die Informationen für die Felder **Posteingangsserver** und **Postausgangsserver (SMTP)** sollte Ihr Provider Ihnen mitgeteilt haben.

Schritt 6

Es fehlen noch die Anmeldeinformationen. Benutzername (häufig identisch mit Ihrer E-Mail-Adresse) und Kennwort ❻ haben Sie von Ihrem Provider. Aktivieren Sie die Option **Kennwort speichern**, damit Sie es nicht bei jeder Verbindung mit dem Mailserver eingeben müssen.

Ein E-Mail-Konto einrichten und testen (Forts.)

Schritt 7

Legen Sie fest, wo empfangene E-Mails gespeichert werden. Normalerweise verwenden Sie die vorhandene Datendatei. Aktivieren Sie diese Option ❶, und wählen Sie die entsprechende Datei über die Schaltfläche **Durchsuchen** ❷ aus. Die meisten Provider verlangen eine Authentifizierung für den Mailversand. Klicken Sie also auf **Weitere Einstellungen**.

Schritt 8

Wechseln Sie zur Registerkarte **Postausgangsserver** ❸. Aktivieren Sie hier die oberste Option. In den meisten Fällen verwenden die Postausgangsserver die gleichen Zugangsdaten wie der Eingangsserver, sodass Sie es bei der Standardoption belassen können ❹. Hat Ihr Provider Ihnen spezielle Daten für den Postausgangsserver gegeben, geben Sie diese im Bereich **Anmelden mit** ❺ ein.

Schritt 9

Der Dialog **Internet-E-Mail-Einstellungen** ist nun so weit ausgefüllt. Testen Sie die Kontoeinstellungen.

Schritt 10

Zunächst wird versucht, eine Verbindung zu Posteingangs- und Postausgangsserver herzustellen. Sie sollten also mit dem Internet verbunden sein. Wenn alles glattgeht, erhalten Sie auf der Registerkarte **Aufgaben** die Statusanzeige **Erledigt** ❻. Etwaige Probleme werden auf der Registerkarte **Fehler** ❼ aufgelistet.

Schritt 11

Wenn die Kontoeinstellungen korrekt sind, können Sie den Testdialog schließen und die weiteren Dialoge mit **Weiter** bestätigen. Abschließend erhalten Sie eine Erfolgsmeldung. Klicken Sie hier auf **Fertig stellen**.

Schritt 12

Das neue Konto wird im Dialog **Kontoeinstellungen** angezeigt ❽. Wenn Sie die Kontoeinstellungen bearbeiten möchten, markieren Sie das entsprechende Konto und klicken auf die Schaltfläche **Ändern**. Dann öffnet sich der bereits gezeigte Dialog mit Ihren Eingaben.

Die Datendatei

Weitere Informationen über die PST-Datei bietet der Abschnitt »E-Mails archivieren« auf Seite 232.

E-Mails lesen – der Posteingang

Im Posteingang werden alle Ihre Mails gesammelt. Zum Lesen der Mails gibt es einen praktischen Lesebereich.

Schritt 1

Um eine Mail zu lesen, müssen Sie sie nicht per Doppelklick öffnen, sondern können eine Vorschau ansehen. Wenn der Lesebereich nicht eingeschaltet ist, klicken Sie auf der Registerkarte **Ansicht** auf **Lesebereich** und entscheiden im Menü, wo der Bereich auftauchen soll (rechts oder unten).

Schritt 2

Wenn die Brille nicht zur Hand ist und Sie den Text der Mail nicht recht lesen können, verändern Sie einfach den Zoom. Unterhalb des Lesebereichs gibt es einen Zoomregler, mit dem Sie die Größe der Anzeige verstellen können. Verschieben Sie ihn mit gedrückter Maustaste.

Schritt 3

In einer geöffneten Mail finden Sie auf der Registerkarte **Nachricht** ganz rechts die Schaltfläche **Zoom**. Mit einem Klick darauf öffnen Sie den Dialog, in dem Sie den Zoom einstellen können.

Schritt 4

Wenn Sie die Mails im Posteingang nach Datum gruppieren lassen (siehe Schritt 9 auf Seite 208), können Sie einzelne Tage für einen besseren Überblick ausblenden. Klicken Sie einfach auf den Pfeil an dem Tag, den Sie ausblenden möchten.

Schritt 5

Beim Lesen einer Mail öffnet sich manchmal ein kleiner Dialog, der Sie auffordert, eine Lesebestätigung zu schicken. Wenn Sie hier auf **Ja** klicken, bekommt der Absender eine kleine Nachricht, die bestätigt, dass die Mail gelesen wurde.

Schritt 6

Wenn Sie eine Mail geöffnet haben und vorangegangene Mails vom selben Absender finden möchten, klicken Sie in einer geöffneten Mail auf **Verwandt ▸ Nachrichten vom gleichen Absender**. Alle Mails dieses Absenders werden aufgelistet.

Lesebestätigung anfordern

Um selbst eine Lesebestätigung anzufordern, klicken Sie im Nachrichtenfenster auf die Registerkarte **Optionen** und setzen hier ein Häkchen bei **Lesebestät. anfordern**.

E-Mails schreiben und versenden

Die wichtigste Funktion eines E-Mail-Programms wie Outlook ist es, E-Mails zu schreiben und zu senden.

Schritt 1

Um eine neue E-Mail zu schreiben, klicken Sie auf der Registerkarte **Start** auf die Schaltfläche **Neue E-Mail**.

Schritt 2

Ein neues Fenster wird geöffnet. Schreiben Sie die Adresse des Empfängers in die Zeile **An**. Wenn eine E-Mail-Adresse bekannt ist (z. B. aus den Outlook-Kontakten), wird ein Vorschlag eingeblendet; drücken Sie die ⏎-Taste, um ihn zu übernehmen.

Schritt 3

Sie können auch auf **An** ❶ klicken. Daraufhin wird ein Dialog geöffnet, in dem Sie Kontakte per Klick in die Empfängerliste aufnehmen können. Markieren Sie den Kontakt ❷, und klicken Sie auf die Schaltfläche **An**, **Cc** oder **Bcc**, je nachdem, wie die Adresse verwendet werden soll.

Schritt 4

Wenn Sie Ihre E-Mail an weitere Personen verschicken möchten (ohne das Adressbuch zu bemühen), schreiben Sie die Adressen in die Zeile **Cc**, jeweils getrennt durch ein Semikolon. Die Empfänger erhalten dann eine Kopie der Mail, ihre Adressen sind für alle Empfänger sichtbar.

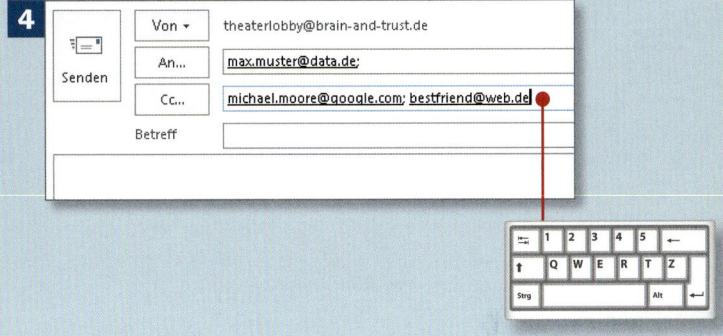

Schritt 5

Um zu verhindern, dass die Adressen der Kopie-Empfänger sichtbar sind, müssen sie in das **Bcc**-Feld eingetragen werden, das standardmäßig nicht eingeblendet wird. Wechseln Sie zur Registerkarte **Optionen**, und klicken Sie hier auf die Schaltfläche **Bcc**.

Schritt 6

Im Nachrichtenfenster gibt es nun das zusätzliche Feld **Bcc** ❸. Hier tragen Sie die Adressen der Empfänger ein, die für die anderen Empfänger nicht angezeigt werden sollen. *Bcc* steht übrigens für *Blind Carbon Copy* (Blindkopie).

Groß- und Kleinschreibung

E-Mail-Adressen müssen zwar präzise eingegeben werden, aber die Groß- und Kleinschreibung spielt keine Rolle. *HansMeier@google.com* funktioniert genauso wie *hansmeier@google.com*.

E-Mails schreiben und versenden (Forts.)

Schritt 7

Geben Sie Ihrer neuen E-Mail einen aussagekräftigen Betreff ❶. Anschließend schreiben Sie den Text der E-Mail. Bei HTML-Mails stehen Ihnen die Formatierungen zur Verfügung, die Sie aus Word kennen.

Schritt 8

Sie können E-Mails in verschiedenen Formaten verschicken. Um sie ohne weitere Formatierung zu versenden, wählen Sie das Textformat. Klicken Sie dazu auf der Registerkarte **Text formatieren** auf **Nur Text**.

Schritt 9

Sie können auch in Outlook auf die Rechtschreibprüfung zurückgreifen. Wechseln Sie dazu zur Registerkarte **Überprüfen**, und klicken Sie auf die Schaltfläche **Rechtschreibung und Grammatik**. Es öffnet sich der Aufgabenbereich, den Sie bereits aus Word kennen (siehe Seite 64).

---

i

Adressen im Adressbuch

Die Adressen im Adressbuch stammen aus den Outlook-Kontakten. Sofern für den Kontakt eine E-Mail-Adresse angegeben wurde, wandert der Eintrag automatisch ins Adressbuch.

Schritt 10

Sie können den Empfänger auf die Dringlichkeit Ihrer Nachricht hinweisen. Klicken Sie dazu auf der Registerkarte **Nachricht** in einer neuen Mail auf **Wichtigkeit: hoch**. Eine solche Nachricht wird im Posteingang besonders hervorgehoben. Wie das aussieht, hängt vom E-Mail-Programm des Empfängers ab.

Schritt 11

Wenn Sie die Arbeit an einer E-Mail unterbrechen und das bisher Geschriebene speichern möchten, klicken Sie auf **Speichern** in der Symbolleiste für den Schnellzugriff (oder auf **Datei ▸ Speichern**). Anschließend schließen Sie die Nachricht. Sie finden alle gespeicherten Mails im Ordner **Entwürfe ❷**.

Schritt 12

Nun steht dem Versand der E-Mail nichts mehr im Wege. Klicken Sie auf **Senden ❸**. Zuvor können Sie – sofern Sie mehrere Konten haben – über die Schaltfläche **Von** auswählen, welches Konto für den Versand verwendet wird.

E-Mails mit Anlagen versenden

Schön an der Kommunikation mit E-Mails ist, dass Sie zusammen mit Ihren Nachrichten auch Dateien verschicken können.

Schritt 1

Wenn Sie eine E-Mail schreiben, an die Sie eine Datei anhängen möchten, klicken Sie auf der Registerkarte **Nachricht** auf **Datei anfügen**.

Schritt 2

Im Dialog **Datei einfügen** wählen Sie eine Datei aus ❶. Dann klicken Sie auf die Schaltfläche **Einfügen**. Sie können auch mehrere Dateien in diesem Dialog markieren und in einem Rutsch an die E-Mail anheften.

Schritt 3

Wenn Sie Dateien an Ihre E-Mail angeheftet haben, finden Sie unter der Zeile **Betreff** die Zeile **Angefügt** ❷. Hier werden die Dateien (ggf. per Semikolon getrennt) aufgelistet. Hinter dem Dateinamen steht die Größenangabe.

Schritt 4

Wenn Sie versehentlich eine Datei zu viel angeheftet haben, können Sie diese schnell wieder entfernen. Klicken Sie die Datei mit rechts an, und wählen Sie **Entfernen** im Kontextmenü.

Schritt 5

Sie können nicht nur Dateien anfügen, sondern auch Outlook-Elemente wie Kontakte. Bedenken Sie aber, dass auch der Empfänger Outlook verwenden muss, um damit umgehen zu können. Klicken Sie auf **Element anfügen ▸ Outlook-Element**.

Schritt 6

Dann wählen Sie das gewünschte Element aus. Klicken Sie zum Beispiel auf **Kontakte ❸**. Anschließend sehen Sie eine Liste all Ihrer Kontakte. Markieren Sie den gewünschten Kontakt, und klicken Sie auf **OK ❹**.

!

Dateigröße

Achten Sie darauf, nicht zu große Dateien anzuhängen (siehe Schritt 3), damit Sie die E-Mail problemlos verschicken können. Ein guter Richtwert sind 2 bis 3 MB.

Neue E-Mails abrufen

Sicher wollen Sie nicht nur E-Mails schreiben, sondern Ihre Post auch lesen.

Schritt 1

Bevor Sie Ihre Nachrichten ansehen können, müssen Sie sie vom Mailserver Ihres Providers abholen. Aktivieren Sie dazu im Posteingang den Reiter **Senden/Empfangen**.

Schritt 2

Dort klicken Sie auf **Alle Ordner senden/empfangen**. Ihre Mailkonten werden abgerufen und die neuen Nachrichten auf Ihren Rechner gespeichert. Möchten Sie nur einzelne Konten abrufen, wählen Sie sie über das Menü der Schaltfläche **Senden-Empfangen-Gruppen** ❶ aus.

Schritt 3

Um Übermittlungsfehler aufzuspüren oder den Fortschritt des Downloads zu verfolgen, klicken Sie auf **Status anzeigen** ❷. Im Dialog **Outlook-Nachrichtenübermittlung** sehen Sie auf der Registerkarte **Aufgaben** ❸, welche Konten erfolgreich abgefragt wurden.

Schritt 4

Empfangene Mails landen im Post-eingang ④. E-Mails mit Dateianhang werden mit einer Büroklammer ge-kennzeichnet. Um eine Mail in einem neuen Fenster zu öffnen, klicken Sie doppelt darauf.

Schritt 5

Einen Dateianhang können Sie auf Ihrem Rechner speichern. Klicken Sie die Nachricht an, sodass sie im Lesebereich angezeigt wird. Klicken Sie mit rechts auf den Anhang, und wählen Sie **Speichern unter**.

Schritt 6

Im Dialog **Anlage speichern** be-stimmen Sie den Speicherort ⑤ und legen evtl. einen neuen Dateinamen fest ⑥. Anschließend klicken Sie auf die Schaltfläche **Speichern**.

ℹ E-Mails abholen

Die »klassische« Post bleibt so lan-ge in Ihrem Briefkasten, bis Sie sie hereinholen. Ganz ähnlich bleiben alle E-Mails in Ihrem Postfach bei Ihrem Provider, bis Sie Outlook anweisen, die E-Mails abzuholen (siehe Schritt 2).

E-Mails beantworten

Damit Sie auf E-Mails reagieren können, gibt es die Funktion »Antworten«.

Schritt 1

Wenn Sie eine E-Mail sofort beantworten möchten, markieren Sie sie im Posteingang. Dann aktivieren Sie die Registerkarte **Start** und klicken auf **Antworten**.

Schritt 2

Ein neues Fenster wird geöffnet, das genauso aussieht wie das für das Verfassen neuer Mails, nur dass hier bereits der Adressat eingetragen und der Text der alten Nachricht zu lesen ist. Ob und wie der Text der empfangenen Nachricht angefügt wird, können Sie festlegen. Dies zeigen wir ab Schritt 5.

Schritt 3

Schreiben Sie wie gewohnt den Text Ihrer Nachricht. Anschließend können Sie sie entweder gleich versenden ❶ oder sie zunächst speichern und später versenden.

Mail vor dem Antworten öffnen

Sie können eine Mail auch öffnen und dann im Nachrichtenfenster auf **Antworten** klicken.

Schritt 4

Wenn Sie eine E-Mail erhalten haben, die Sie nicht beantworten, sondern an eine andere Person weiterleiten wollen, markieren Sie sie im Posteingang und klicken auf **Weiterleiten**. Auch hier öffnet sich ein neues Fenster, in dem der Text der alten Nachricht angezeigt wird. Im Betreff steht nicht **AW:** (wie beim Antworten), sondern **WG:**.

Schritt 5

Wenn Sie bestimmte Einstellungen im Zusammenhang mit dem Antworten oder Weiterleiten von E-Mails ändern möchten, rufen Sie die Outlook-Optionen auf. Klicken Sie dazu auf **Datei ▸ Optionen**.

Schritt 6

Im Dialog **Outlook-Optionen** klicken Sie auf **E-Mail** ❷ und navigieren zum Bereich **Antworten und Weiterleitungen**. In den Feldern **Beim Antworten auf Nachrichten** ❸ und **Beim Weiterleiten von Nachrichten** wählen Sie, wie mit der Ursprungsnachricht verfahren wird. Sie können z. B. festlegen, dass sie als Anlage angehängt oder vollkommen ignoriert wird.

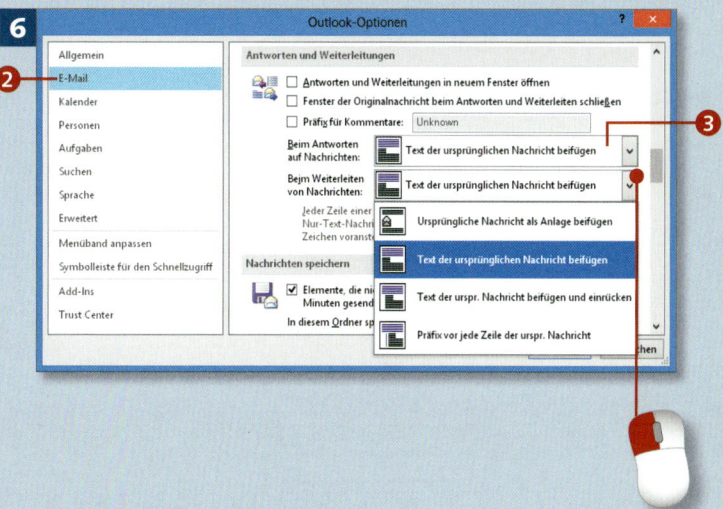

Signaturen einrichten und Designs verwenden

Wenn Sie viele E-Mails schreiben, ist es lästig, unter jeder E-Mail erneut die eigenen Kontaktdaten einzutragen. Für solche Informationen können Sie sich in Outlook eine Signatur einrichten, die Sie per Mausklick unter die E-Mail setzen.

Schritt 1

Um eine neue Signatur anzulegen, rufen Sie über **Datei ▸ Optionen** den Dialog **Outlook-Optionen** auf. Klicken Sie hier auf **E-Mail** ❶ und anschließend auf **Signaturen**.

Schritt 2

Im Dialog **Signaturen und Briefpapier** klicken Sie auf der Registerkarte **E-Mail-Signatur** auf die Schaltfläche **Neu**. Im folgenden Dialog geben Sie Ihrer neuen Signatur einen Namen.

Schritt 3

Daraufhin erscheint dieser Name in der Liste **Signatur zum Bearbeiten auswählen** ❷. Markieren Sie hier die neue Signatur, und geben Sie den Text für die Signatur im Feld **Signatur bearbeiten** ein. Auch in diesem Feld können Sie die üblichen Formatierungseinstellungen vornehmen.

Schritt 4

Stellen Sie für diese Signatur noch ein, wann sie verwendet werden soll. Dies legen Sie rechts in den Feldern **Neue Nachrichten** ❸ und **Antworten/Weiterleitungen** fest. Klicken Sie nach allen Einstellungen zweimal auf **OK**.

Schritt 5

Wenn Sie nun eine neue E-Mail schreiben, wird die Signatur im Nachrichtenfenster automatisch auftauchen.

Schritt 6

Wenn Sie mehrere Signaturen eingerichtet haben, können Sie jedes Mal entscheiden, welche verwendet wird. Klicken Sie dazu im Nachrichtenfenster auf **Signatur**, und wählen Sie die gewünschte Signatur aus. Eine vorhandene Signatur wird durch die neue ersetzt.

ℹ️ **Signatur auswählen**

Sie können es in den Feldern **Neue Nachrichten** und **Antworten/Weiterleitungen** auch bei der Einstellung **(ohne)** belassen (Schritt 4) und dann die Signatur für einzelne Nachrichten manuell auswählen (Schritt 6).

Schutz vor Phishing und Spam

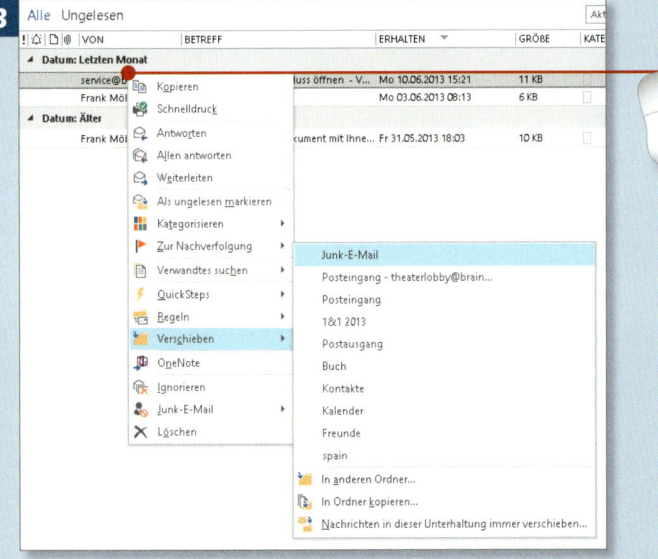

Wir wollen Ihnen nun einige Tipps geben, mit denen Sie Risiken des Internets wie lästigen Spam-Mails etc. begegnen können.

Schritt 1

Damit Ihr Posteingang nicht mit Spam-Mails und *Phishing* (Mails, die z. B. nach Passwörtern oder Bankdaten fragen) zugemüllt wird, stellt Outlook einen gesonderten Ordner dafür bereit und legt viele Mails mithilfe spezieller Filter automatisch dort ab. Klicken Sie auf **Junk-E-Mail**, um sich seinen Inhalt anzusehen.

Schritt 2

Wenn Sie sicher sind, dass sich im Junk-E-Mail-Ordner tatsächlich nur Spam-Mails befinden, können Sie alle auf einen Schlag loswerden. Klicken Sie den Ordner mit der rechten Maustaste an, und wählen Sie **Ordner leeren**.

Schritt 3

Wenn Sie eine einzelne E-Mail in den Junk-Ordner verbannen möchten, markieren Sie sie und klicken sie mit rechts an. Im Kontextmenü wählen Sie **Verschieben ▸ Junk-E-Mail**.

Schritt 4

Sie können dafür sorgen, dass Mails von einem bestimmten Absender automatisch in den Junk-Ordner verschoben werden. Klicken Sie eine solche Mail mit rechts an, und wählen Sie **Regeln ▸ Nachrichten von [Absender] immer verschieben**.

Schritt 5

Im zugehörigen Dialog **Regeln und Benachrichtigungen** markieren Sie den Ordner, in den die Mails in Zukunft automatisch verschoben werden sollen, also **Junk-E-Mail**. Bestätigen Sie Ihre Einstellung mit **OK**.

Schritt 6

Wie streng Outlook beim Aussortieren verfährt, können Sie überprüfen und notfalls ändern. Klicken Sie auf der Registerkarte **Start** auf **Junk-E-Mail ▸ Junk-E-Mail-Optionen**.

Schutz vor Phishing und Spam (Forts.)

Schritt 7

Im Dialog **Junk-E-Mail-Optionen** stellen Sie auf der Registerkarte **Optionen** die Stärke des Junk-E-Mail-Filters ein. Wenn Sie Junk-Mails nicht erst verschieben, sondern endgültig löschen möchten, aktivieren Sie die entsprechende Option **1**.

Schritt 8

Wenn eine Mail versehentlich im Ordner **Junk-E-Mail** gelandet ist und Sie möchten sie in den normalen Posteingang verschieben, klicken Sie sie mit rechts an und wählen **Junk-E-Mail ▸ Keine Junk-E-Mail**.

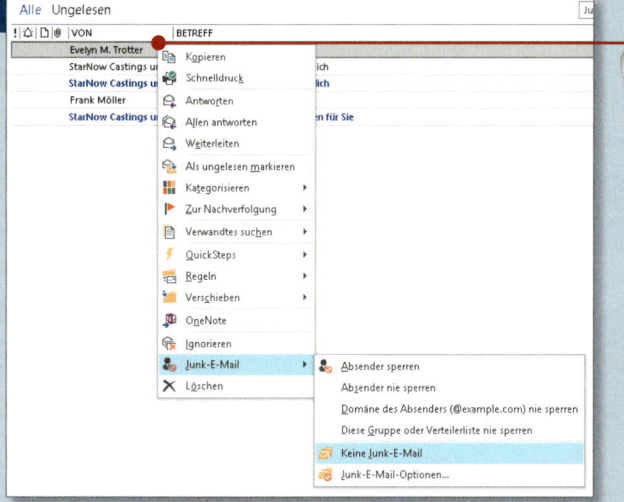

Schritt 9

Im folgenden Dialog können Sie entscheiden, ob zukünftig keine Nachricht dieses Absenders mehr als Spam eingestuft werden soll oder nur diese eine.

Der Ordner »Junk-E-Mail«
Wenn Sie einmal eine Mail in den Junk-Ordner verschoben haben, taucht der Ordner **Junk-E-Mail** direkt im Menü der Schaltfläche **Verschieben** auf der Registerkarte **Start** auf.

Schritt 10

Wenn Sie eine Mail im Ordner **Junk-E-Mail** entdecken, weitere Mails von dieser Domäne zukünftig aber im **Posteingang** landen sollen, markieren Sie die Mail und klicken auf der Registerkarte **Start** auf **Junk-E-Mail ▸ Domäne des Absenders nie sperren**.

Schritt 11

Ein Dialog öffnet sich, der Ihnen mitteilt, dass der Absender zur Liste der sicheren Absender hinzugefügt wurde. Bestätigen Sie ihn mit **OK**.

Schritt 12

Um zu kontrollieren, welche E-Mail-Adressen (nach einer Weile) zur Liste der sicheren Absender gehören, öffnen Sie über **Start ▸ Junk-E-Mail ▸ Junk-E-Mail-Optionen** den gleichnamigen Dialog. Wechseln Sie zur Registerkarte **Sichere Absender**. Hier finden Sie eine Liste aller als sicher eingestuften E-Mail-Adressen.

E-Mails archivieren

Zur Sicherheit können Ihre Mails archiviert werden – automatisch oder manuell.

Schritt 1

Alle E-Mails eines Kontos werden in einer einzigen Datendatei im PST-Format gesammelt. Wo sie abgelegt wird, sehen Sie unter **Datei ▸ Informationen ❶ ▸ Kontoeinstellungen ▸ Kontoeinstellungen**.

Schritt 2

Im Dialog **Kontoeinstellungen** wechseln Sie zur Registerkarte **Datendateien ❷**. Hier sehen Sie den Speicherort Ihrer PST-Datei(en). Um die Standard-PST-Datei zu ändern (sie wird in Outlook als erste Datei oberhalb des Posteingangs angezeigt), markieren Sie eine neue ❸ und klicken auf **Als Standard festlegen**.

Schritt 3

Sie können hier auch festlegen, dass E-Mails an ein anderes Konto weitergeleitet werden. Dazu klicken Sie auf der Registerkarte **E-Mail** auf **Ordner wechseln ❹**. Im zugehörigen Dialog markieren Sie den Ordner **Posteingang** des gewünschten Kontos und klicken auf **OK**.

Schritt 4

Sie können die PST-Datei regelmäßig archivieren – z. B. für den Fall, dass Outlook einmal nicht mehr funktioniert –, damit Sie die gesicherten Mails wieder einspielen können. Markieren Sie links den Ordner **Posteingang**, und klicken Sie auf der Registerkarte **Ordner** auf **Einstellungen für AutoArchivierung**.

Schritt 5

Im zugehörigen Dialog klicken Sie auf **Standardarchivierungseinstellungen** ❺. Im Dialog **AutoArchivierung** setzen Sie ein Häkchen vor **AutoArchivierung alle** und legen im Feld daneben ein Intervall fest. Klicken Sie auf **OK**.

Schritt 6

Um die Archivierung manuell anzustoßen, klicken Sie auf **Datei ▸ Informationen ▸ Tools zum Aufräumen ▸ Archivieren**. Im Dialog aktivieren Sie die Option **Diesen Ordner und alle Unterordner archivieren** ❻. Markieren Sie die Outlook-Konto-Datei ❼, damit alle Mail-Ordner archiviert werden, und legen Sie ein Datum für die Archivierung fest ❽. Aktivieren Sie auch die Option **Auch Elemente, für die "Keine Auto-Archivierung" aktiviert ist** ❾.

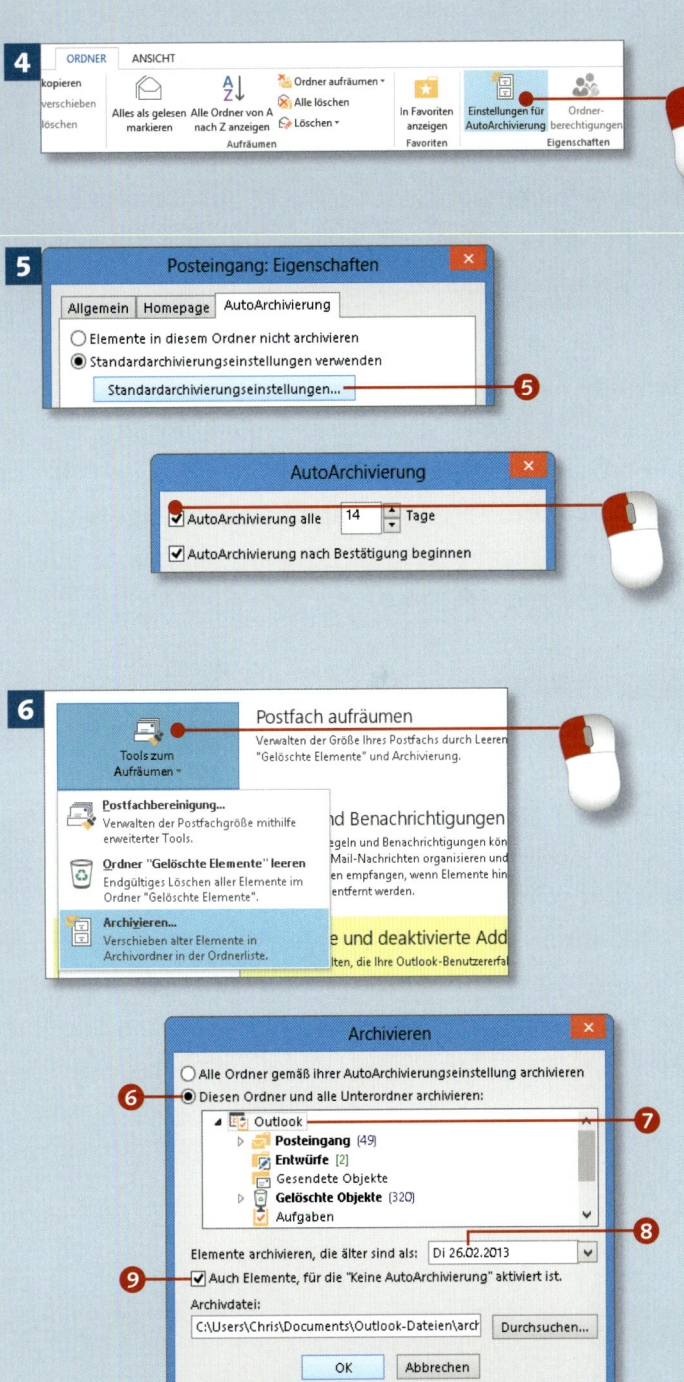

Kapitel 9
Mit Outlook Termine planen

Outlook bietet neben der E-Mail-Funktion einen elektronischen Kalender an. In diesem Kapitel erfahren Sie, wie Sie Ihre Termine mit den Tages-, Wochen- oder Monatsansichten des Kalenders übersichtlich verwalten.

Termine eintragen
Klicken Sie auf die Schaltfläche **Neuer Termin**, und geben Sie die Details Ihres Termins ❶ ein: in der Betreffzeile ein Stichwort, dann den Ort, den Zeitpunkt etc. Nach dem Speichern wird der Termin im Tageskalender angezeigt. Es gibt viele regelmäßige Termine. Sie müssen sie nicht jedes Mal erneut eintragen, sondern legen sie ein einziges Mal als sogenannte Terminserie an.

An Termine erinnern lassen
Der Outlook-Kalender wäre nur halb so viel wert ohne die Erinnerungsfunktion: Sie können u. a. angeben, wie früh vor dem Termin Sie erinnert werden wollen ❷. Wir zeigen Ihnen, wie Sie diese Funktion bestmöglich einstellen.

Notizen schreiben
Mit Outlook können Sie sich auch Notizen machen. Mit einem Klick auf die Schaltfläche **Neue Notiz** wird Ihnen ein kleiner Zettel ❸ angezeigt, den Sie füllen können (und den Sie nicht so leicht verlieren wie die echten Zettel, die Ihren Schreibtisch zieren).

❶ Im Kalender tragen Sie einmalige oder regelmäßige Termine ein.

							Teambesprechung - Termin
DATEI	TERMIN	EINFÜGEN	TEXT FORMATIEREN	ÜBERPRÜFEN	ADD-INS		

Speichern & schließen | Löschen | In meinen Kalender kopieren | | Termin | Terminplanung | Lync-Besprechung | Besprechungsnotizen | Teilnehmer einladen

Aktionen · Anzeigen · Lync-Besprec... · Besprechungsnotizen · Teilnehmer

Betreff: Teambesprechung
Ort: Kabine 6
Beginn: Mo 27.05.2013
Ende: Mo 27.05.2013

Terminserie

Termin
Beginn: 18:00
Ende: 18:30
Dauer: 30 Minuten

Serienmuster
- Täglich
- ● Wöchentlich
- Monatlich
- Jährlich

Jede/Alle 1 Woche(n) am
- ☑ Montag
- ☐ Dienstag
- ☐ Mittwoch
- ☐ Donnerstag
- ☐ Freitag
- ☐ Samstag
- ☐ Sonntag

❷ Outlook erinnert Sie an jeden Termin.

Seriendauer
Beginn: Mo 27.05.2013
- ○ Kein Enddatum
- ● Endet nach: 10 Terminen
- ○ Endet am: Mo 29.07.2013

OK | Abbrechen | Serie entfernen

DATEI	START	SENDEN/EMPFANGEN	ORDNER	ANSICHT

Neue Notiz | Neue Elemente | Löschen | Symbol | Notizenliste | Letzte 7 Ta... | Weiterleiten | Verschieben | Kategorisieren

Neu · Löschen · Aktuelle Ansicht · Aktionen · Kategorien

◢ Meine Notizen

Notizen

Yoga-Kurs bezahlen.
Kontonummer?

bis Ende des Monats
Rechnungen

26.07.2013 12:04

❸ Auch Notizen gehen in Outlook nicht verloren.

235

Termine eintragen, verschieben und löschen

Wenn Sie den Kalender von Outlook nutzen, ist das Eintragen von Terminen natürlich das A und O.

Schritt 1

Um einen Termin für den ausgewählten Tag einzugeben, klicken Sie auf der Registerkarte **Start** auf **Neuer Termin**.

Schritt 2

Ein neues Fenster öffnet sich. Füllen Sie zuerst die Zeilen **Betreff** und **Ort** aus ❶. Dann legen Sie über die Felder **Beginn** und **Ende** die Dauer des Termins fest ❷. Im Textbereich können Sie weitere Informationen zu diesem Termin festhalten.

Schritt 3

In der Standardeinstellung erinnert Sie Outlook 15 Minuten vor Beginn des Termins. Wenn Sie diese Erinnerung nicht brauchen, klicken Sie auf die Schaltfläche **Erinnerung** und wählen im Menü **Ohne**. Klicken Sie auf **Speichern & schließen** (❸ in Bild 2) um den Termineintrag abzuschließen.

Schritt 4

Wenn Sie den Tag im Datumsnavigator ❹ auswählen, erscheint der Termin im Kalender. Um einen weiteren
Termin für diesen Tag einzutragen,
klicken Sie einfach doppelt auf die
entsprechende Uhrzeit im Tageskalender.

Schritt 5

Tragen Sie die Daten wie gehabt ein.
Sollte sich der Termin mit einem bereits eingetragenen überschneiden,
sehen Sie dies an der Darstellung
der Terminblöcke.

Schritt 6

Um einen Termin zu verschieben,
ziehen Sie den Eintrag mit gedrückter Maustaste auf einen anderen Tag
(im Datumsnavigator) oder auf eine
andere Uhrzeit. Natürlich können
Sie den Termin auch per Doppelklick
öffnen und eine neue Zeit festlegen.

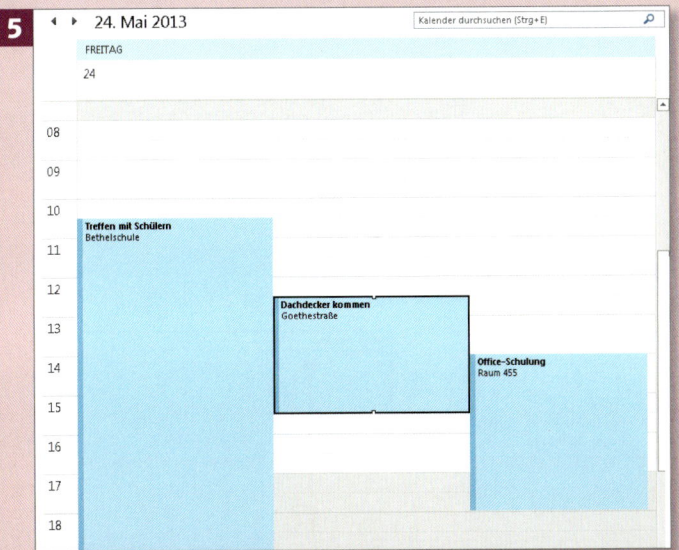

＋＋

Termine eintragen und löschen

Sie können Termine auch direkt
in die Zeile der jeweiligen Uhrzeit
eintragen. Durch Drücken der
Entf-Taste löschen Sie einen
Termin.

Termine nachbearbeiten

Während Sie in Ihrem klassischen Kalender eingetragene Termine durchstreichen müssen, wenn sie abgesagt werden, geht die Bearbeitung von Termineinträgen in Outlook ganz einfach. Sehen Sie selbst!

Schritt 1

Um Einträge und Einstellungen eines Termins zu ändern, klicken Sie in der Tagesansicht doppelt auf den Termin und nehmen alle Änderungen in dem bereits bekannten Fenster zur Termineingabe vor. Denken Sie daran, Ihre Änderungen zu speichern.

Schritt 2

Viele Einstellungen können Sie auch ändern, ohne das Terminfenster aufzurufen. Wenn Sie einen Termin anklicken, wird automatisch die Registerkarte **Kalendertools/Termin** geöffnet ❶.

Schritt 3

Hier können Sie z. B. die Erinnerungsfunktion ❷ für den ausgewählten Termin wieder einstellen oder sich des Termins auch komplett entledigen, indem Sie auf **Löschen** klicken.

Schritt 4

Termine können in Outlook unterschiedlich markiert werden. Damit zeigen Sie den Status des Termins an. Sie wählen die Markierung im Menü des Feldes **Anzeigen als**. Wenn Sie einen Termin z. B. als **Abwesend** markieren, erhält er einen lilafarbenen Balken.

Schritt 5

Sie können Termine auch als wichtig oder weniger wichtig markieren ➌ (leider wird dies in den Übersichten nicht angezeigt). Darüber hinaus lassen sich Termine als **Privat** ➍ kennzeichnen, sodass die Details nicht einsehbar sind, falls Sie Ihren Kalender für andere Personen freigegeben haben. Private Termine erhalten in der Übersicht ein kleines Schloss ➎.

Schritt 6

Termine lassen sich in Kategorien zusammenfassen. Markieren Sie einen Termin, und klicken Sie auf **Kategorisieren**. Wählen Sie eine Kategorie. Der Termin erhält dann den farblichen Hintergrund dieser Kategorie.

Wiederkehrende Termine

Viele Termine finden regelmäßig statt – auch sie lassen sich leicht festhalten.

Schritt 1

Um die fünf Termine Ihres Englisch-Kurses einzutragen, können Sie eine Terminserie einrichten. Markieren Sie einen bereits existierenden Termin, und klicken Sie auf der Registerkarte **Kalendertools/Termin** auf **Serientyp**.

Schritt 2

Im Dialog **Terminserie** legen Sie die Anfangs- und Endzeit aller Termine fest ❶. Anschließend definieren Sie das **Serienmuster** ❷, z. B. an welchen Tagen in der Woche der Termin stattfindet. Im Bereich **Seriendauer** ❸ bestimmen Sie den ersten und den letzten Termin oder die Anzahl der Termine insgesamt.

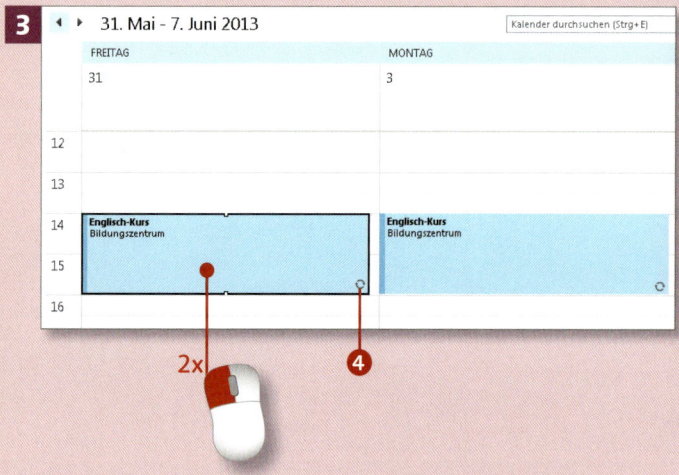

Schritt 3

Die Termine werden einzeln in den Kalender eingetragen, aber durch einen Kreis aus Pfeilen gekennzeichnet ❹. Wenn ein einzelner Termin einer Serie verschoben werden muss, klicken Sie ihn doppelt an, um das Terminfenster zu öffnen.

Schritt 4

In dem Dialog, der dann angezeigt wird, entscheiden Sie sich für die obere Option, da Sie nur den einen Termin ändern möchten. Dann klicken Sie auf **OK**.

Schritt 5

Anschließend nehmen Sie die Änderungen auf der Registerkarte **Terminserienelement** vor. Ändern Sie z. B. die Anfangszeit **5**, und schreiben Sie eine Notiz in das Textfenster **6**. Vergessen Sie nicht, die Änderungen mit **Speichern & schließen** zu sichern.

Schritt 6

In der Übersicht sehen Sie, dass dieser eine Termin jetzt aus der Reihe tanzt **7**. Wenn Sie alle Termine der Serie ändern wollen, verfahren Sie wie beschrieben, nur dass Sie in dem Dialog aus Schritt 4 die untere Option wählen.

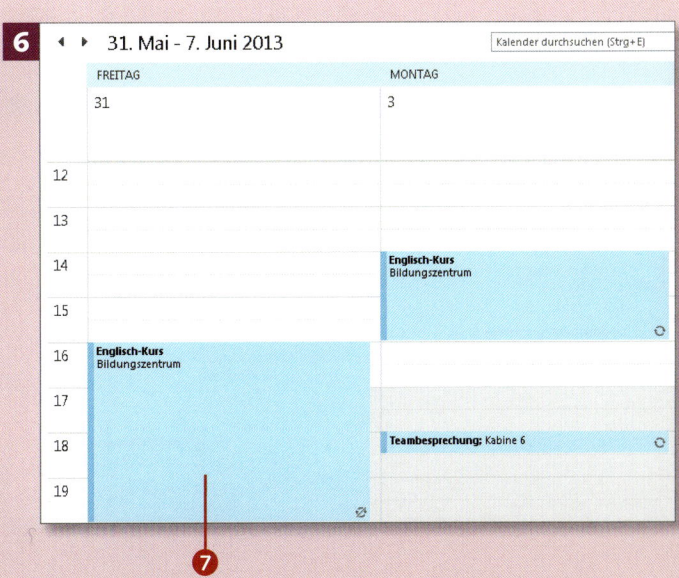

! Änderungen an der Serie

Wenn Sie einen einzelnen Termin einer Terminserie geändert haben und anschließend eine Änderung an der gesamten Terminserie vornehmen, wird die Änderung des Einzeltermins gelöscht.

An Termine erinnern lassen

Niemand ist davor gefeit, Termine zu vergessen! Outlook hat eine Erinnerungsfunktion, die unserem Gedächtnis auf die Sprünge helfen soll.

Schritt 1

Wenn Sie Outlook neu öffnen (oder es ist bereits geöffnet), und es sind Termine mit Erinnerungen vorhanden, erscheint ein Dialog, der alle Erinnerungen auflistet. Auch überfällige Termine tauchen hier auf ❶.

Schritt 2

Wenn Sie sich noch einmal an einen Termin erinnern lassen wollen, markieren Sie ihn in dieser Liste ❷, und entscheiden Sie, wann Outlook Sie wieder erinnern soll ❸. Anschließend klicken Sie auf die Schaltfläche **Erneut erinnern**. Dieser Termin verschwindet vorerst aus der Liste.

Schritt 3

Wenn Sie nicht erneut an einen Termin erinnert werden möchten, markieren Sie ihn, und klicken Sie auf die Schaltfläche **Schließen**. Die Informationen zu dem markierten Termin werden im Kopf des Dialogs ❹ angezeigt.

Schritt 4

Wenn Sie das Terminfenster für eine Erinnerung einsehen möchten, klicken Sie den entsprechenden Termin doppelt an. Anschließend können Sie den Termin bearbeiten, der Eintrag bleibt aber im Erinnerungsfenster bestehen.

Schritt 5

Wenn Sie die Erinnerungen nicht einzeln durchsehen wollen, klicken Sie auf die Schaltfläche **Alle schließen**. Wenn Sie im kleinen Dialog auf **Ja ❺** klicken, wird das Erinnerungsfenster geschlossen. Diese Erinnerungen sind damit »abgearbeitet«, d.h., Sie werden an diese Termine nicht wieder erinnert.

Schritt 6

Wenn Sie das Erinnerungsfenster per Schließkreuz versehentlich geschlossen haben, ohne die Erinnerung geprüft zu haben, können Sie das Fenster über die Schaltfläche **Erinnerungsfenster** auf der Registerkarte **Ansicht** erneut aufrufen.

> **! Outlook muss geöffnet sein**
> Die Erinnerungsfunktion arbeitet natürlich nur, wenn Outlook geöffnet ist!

An Termine erinnern lassen (Forts.)

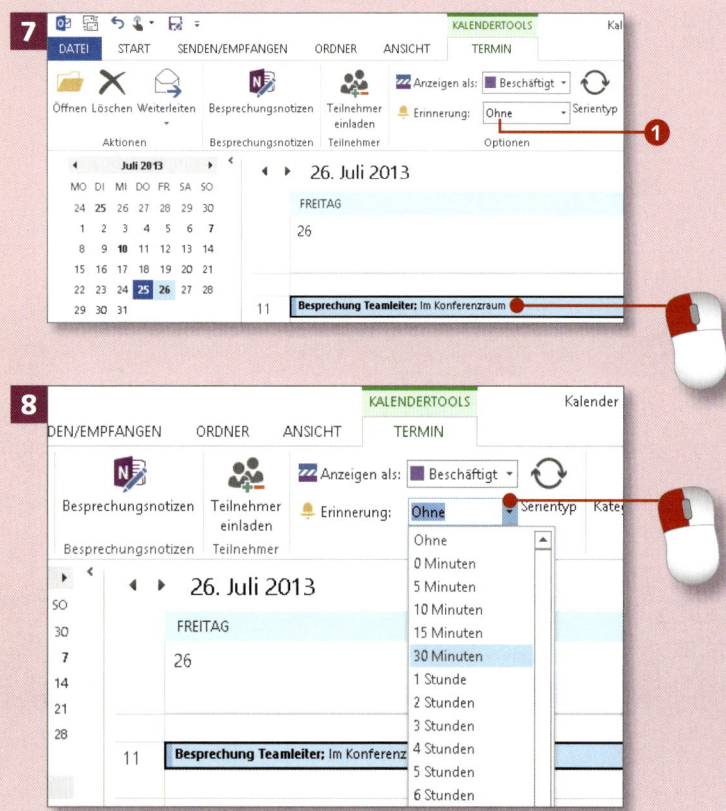

Schritt 7

Wenn Sie die Erinnerung an einen Termin versehentlich geschlossen haben, aber eigentlich weiterhin an den Termin erinnert werden möchten, können Sie die Erinnerung wieder aktivieren. Markieren Sie den betreffenden Termin. Auf der Registerkarte **Kalendertools/Termin** sehen Sie, dass die Erinnerung deaktiviert ist (**Ohne** ❶).

Schritt 8

Stellen Sie in der Auswahlliste den neuen Erinnerungszeitpunkt ein. Danach wird Outlook Sie wieder auf diesen Termin hinweisen.

Schritt 9

In der Standardeinstellung spielt Outlook einen kurzen Klang ab. Wenn Sie diesen Sound ändern und zum Beispiel lieber von »Hells Bells« auf einen Termin hingewiesen werden möchten, klicken Sie auf **Datei ▸ Optionen**.

Schritt 10

Im Dialog **Outlook-Optionen** aktivieren Sie die Kategorie **Erweitert**
❷. Über die Schaltfläche **Suche** im
Bereich **Erinnerungen** können Sie
eine neue Sounddatei aussuchen.

Schritt 11

Wenn Sie jedem Termin mit Erinnerung ein kleines Glockensymbol
hinzufügen möchten, klicken Sie
im Dialog **Outlook-Optionen** auf
Kalender ❸, und aktivieren Sie im
Bereich **Kalenderoptionen** die
Option **Glockensymbol für Termine
und Besprechungen mit Erinnerungen im Kalender anzeigen**.

Schritt 12

In der Standardeinstellung werden
alle neuen Termine mit einer Erinnerung von 15 Minuten vor Termin-
beginn ausgestattet. Möchten Sie
diesen Standard ändern, deaktivieren Sie die Option **Standarderin-
nerungen**, oder wählen Sie im Feld
daneben eine andere Zeitspanne.

Eine Notiz anlegen

Jeder kennt die kleinen gelben Zettel, die man als Erinnerungsstütze oder Notiz auf dem Schreibtisch verteilen kann. Nutzen Sie sie auch in Outlook!

Schritt 1

Um eine neue Notiz anzulegen, klicken Sie im Navigationsbereich links unten auf das Symbol mit den drei Punkten. Im Menü wählen Sie **Notizen** ❶. Anschließend klicken Sie auf der Registerkarte **Start** auf **Neue Notiz**.

Schritt 2

Ein kleines Notizblatt wird geöffnet. Hier geben Sie einfach den Text Ihrer Notiz ein. Sobald Sie das Fenster mit dem Schließkreuz schließen, wird die Notiz gespeichert.

Schritt 3

In der Ansicht **Symbol** ❷ werden die Notizen noch kleiner angezeigt. Die erste Zeile der Notiz erscheint unter dem Symbol. Um eine Notiz zu öffnen, klicken Sie sie doppelt an.

Symbol für die Notizen
Wenn Sie den Navigationsbereich breiter ziehen, taucht das Symbol zum Aufrufen der Notizen direkt dort auf.

Schritt 4

Auch die Notizen können Sie farblich kategorisieren. Markieren Sie dazu die Notiz, und wählen Sie im Menü der Schaltfläche **Kategorisieren** auf der Registerkarte **Start** die gewünschte Kategorie.

Schritt 5

Klicken Sie in der Gruppe **Aktuelle Ansicht** auf **Notizenliste** ❸, um eine tabellarische Übersicht aller Notizen zu erhalten. Wenn Sie mit der rechten Maustaste auf die Kopfzeile der Tabelle klicken und im Menü **Anordnen nach** wählen, können Sie sich die Notizen nach Kategorien gruppiert anzeigen lassen.

Schritt 6

Wenn Sie eine Menge Notizen angelegt haben, ist die Suchfunktion hilfreich. Geben Sie den Suchbegriff in das Suchfeld oberhalb der Notizen ein. Schon während der Eingabe werden die ersten Treffer angezeigt, und der Suchbegriff wird in den Notizen hervorgehoben. Die Registerkarte **Suchtools/Suchen** wird eingeblendet.

Kapitel 10
Kontakte und Adressen in Outlook verwalten

Outlook bietet neben der E-Mail-Funktion und dem Kalender auch ein Adressbuch für die bequeme Verwaltung all Ihrer Kontaktdaten. Wir beschreiben in diesem Kapitel, wie Sie mit diesem Outlook-Modul umgehen.

Kontaktdaten anlegen

Im Fenster zur Eingabe von Kontaktdaten ❶, das Sie über das Symbol **Neuer Kontakt** öffnen, geben Sie die Details Ihres Kontaktes ein: Name, Adresse, Telefonnummern etc. Selbst ein Foto der Person können Sie hinzufügen.

E-Mail an eine Kontaktgruppe

In diesem Abschnitt erfahren Sie, wie Sie eine Kontaktgruppe ❷ anlegen und Mitglieder hinzufügen. Dieser Kontaktgruppe können Sie dann bequem eine E-Mail schicken.

Kontaktdaten ausdrucken

Sie können Ihre Kontaktdaten ausdrucken, sodass Sie sie auch ohne Rechner bei sich haben. Im Dialog **Drucken** ❸ stellen Sie die gewünschten Optionen ein.

1 Erstellen Sie Ihr Adressbuch bequem in Outlook.

2 Legen Sie Kontaktgruppen an, und verschicken Sie Ihre E-Mails gleich an mehrere Empfänger.

3 Drucken Sie Ihr Outlook-Adressbuch einfach aus.

Zurechtfinden: die Ansichten für Kontakte

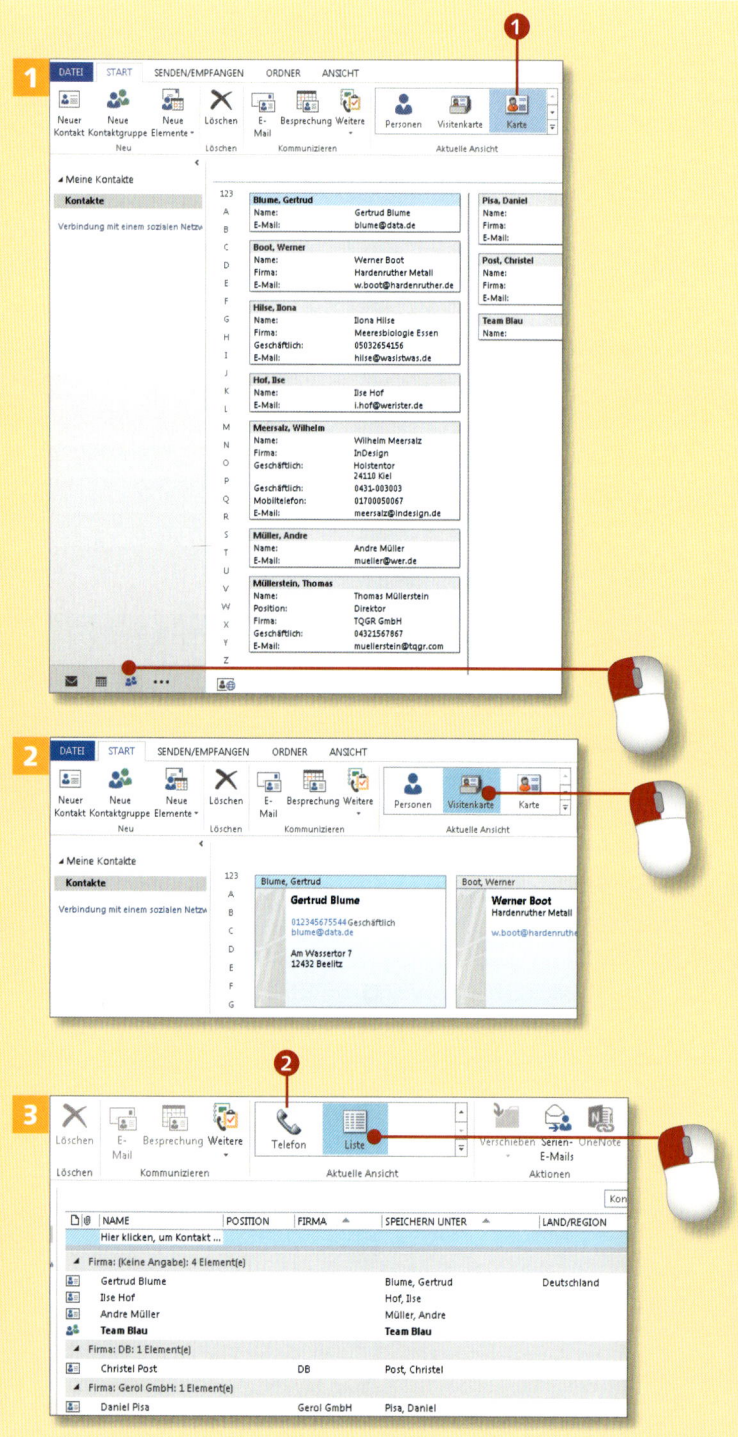

Mit dem Überbegriff »Kontakte« sind in Outlook einfach die Kontaktdaten Ihrer Freunde, Geschäftspartner etc. gemeint. Mit Outlook können Sie diese Daten prima verwalten.

Schritt 1

Sie öffnen das Kontaktfenster, indem Sie auf das Symbol **Kontakte** klicken. Rechts tauchen bisher angelegte Kontaktdaten auf. Diese Ansicht wird **Karte** ❶ genannt.

Schritt 2

Klicken Sie auf der Registerkarte **Start** in der Gruppe **Aktuelle Ansicht** auf **Visitenkarte**. Nun werden die Kontaktdaten wie auf Visitenkarten angezeigt. Einige Informationen fehlen in dieser Ansicht (sie gehören sozusagen nicht auf eine Visitenkarte).

Schritt 3

Klicken Sie in der Gruppe **Aktuelle Ansicht** auf **Liste**. Die Kontaktinformationen werden tabellarisch, also Zeile für Zeile dargestellt. In der Ansicht **Telefon** ❷ erhalten Sie ebenfalls eine tabellarische Ansicht, allerdings werden einige Adressinformationen unterschlagen, da der Fokus auf den Telefondaten liegt.

Schritt 4

Für einen schnellen Überblick ist die für einen Touchscreen optimierte Ansicht **Personen** passend. Hier werden nur die Namen angezeigt, ggf. mit einem Bild (wie Sie ein Bild ergänzen, erfahren Sie im Abschnitt »Einen neuen Kontakt anlegen« auf Seite 252).

Schritt 5

Sie können die Breite der Spalten in den tabellarischen Ansichten verändern. Setzen Sie den Mauszeiger in dem grauen Balken auf die Trennlinie zwischen den Spalten, und ziehen Sie sie mit gedrückter Maustaste nach rechts oder links.

Schritt 6

Wenn Sie den grauen Balken mit der rechten Maustaste anklicken, öffnet sich das Kontextmenü. Hier finden Sie u. a. die Befehle zum Entfernen einer Spalte und zur Veränderung der Sortierreihenfolge.

Navigationsbereich minimieren

Sie können den Navigationsbereich verkleinern oder ausblenden. Klicken Sie auf der Registerkarte **Ansicht** auf **Navigationsbereich** und im Menü auf **Minimiert** bzw. **Aus**.

Einen neuen Kontakt anlegen

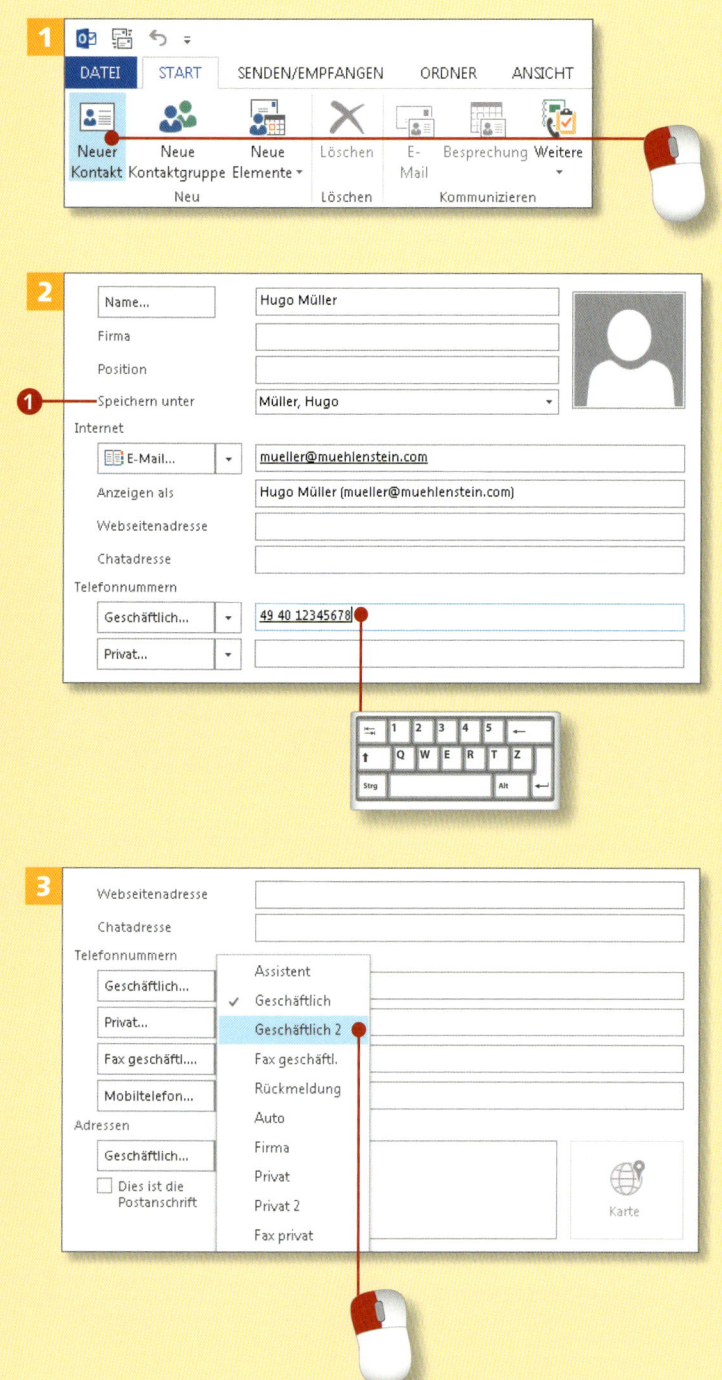

In den Outlook-Kontakten können Sie sortieren, Kontakte gruppieren oder nach bestimmten Daten suchen.

Schritt 1

Klicken Sie im Navigationsbereich unten rechts auf **Kontakte** und dann auf der Registerkarte **Start** in der Gruppe **Neu** auf **Neuer Kontakt**. Sie können auch mit der rechten Maustaste in das Kontaktfenster klicken und im Kontextmenü **Neuer Kontakt** wählen.

Schritt 2

Daraufhin öffnet sich ein neues Fenster. Beginnen Sie damit, den Namen einzutragen, und füllen Sie weitere Felder aus. Wenn Sie einen Vor- und einen Nachnamen eingegeben haben, steht im Feld **Speichern unter** ❶ automatisch der Nachname vorne.

Schritt 3

Unter **Telefonnummern** können Sie mehrere Nummern eingeben. Um eine zweite Firmennummer einzutragen, klicken Sie auf den Pfeil am Feld **Geschäftlich** und wählen **Geschäftlich 2**. Nun ist das Feld wieder frei, die erste Nummer aber dennoch gespeichert.

Schritt 4

Die eigentliche Adresse geben Sie in dem größeren Feld im Bereich **Adresse** ein. Wenn die eingegebene Adresse auch die klassische Postanschrift ist, haken Sie die entsprechende Option ❷ an.

Schritt 5

Sie können ein Foto des Kontakts hinzufügen – sofern Sie eines auf Ihrem Rechner (oder USB-Stick) gespeichert haben. Klicken Sie auf den Platzhalter ❸. Daraufhin öffnet sich der Dialog **Kontaktbild hinzufügen**. Wählen Sie das Bild mit einem Doppelklick aus.

Schritt 6

In dem Textfeld rechts können Sie weitere Informationen zum Kontakt eingeben ❹. Zu guter Letzt speichern Sie Ihre Eingaben. Klicken Sie dazu auf die Schaltfläche **Speichern & schließen** auf der Registerkarte **Start**. Nun taucht der neue Kontakt in der Übersicht auf.

Kontaktdaten ändern

Kontakt- und Adressdaten ändern sich häufig. Veränderungen an den Kontaktinformationen lassen sich aber leicht vornehmen.

Schritt 1

Um Änderungen an einem Kontakt vorzunehmen, klicken Sie doppelt darauf; dabei ist es nicht relevant, in welcher Ansicht (**Karte**, **Liste**, **Telefon** oder **Visitenkarte**) Sie sich befinden.

Schritt 2

Das Kontaktfenster wird geöffnet, und Sie können alle Informationen bearbeiten. Wenn Sie z. B. das Bild ändern oder löschen möchten, klicken Sie es mit der rechten Maustaste an und wählen den entsprechenden Befehl aus dem Kontextmenü.

Schritt 3

Um z. B. das Geburtsdatum Ihres Kontakts aufzunehmen, klicken Sie auf der Registerkarte **Kontakt** in der Gruppe **Anzeigen** auf **Details**.

Das Kontaktfenster der Ansicht »Personen«

In der Ansicht **Personen** werden nach einem Doppelklick auf den Kontakteintrag nur noch die wichtigsten Informationen angezeigt. Per Klick auf die Pluszeichen werden weitere Felder eingeblendet.

Schritt 4

In der Detailansicht des Kontakts werden zusätzliche Felder angezeigt, u.a. **Geburtstag**. Sie können das Geburtsdatum eingeben oder es über den kleinen Kalender auswählen.

Schritt 5

Hat Ihr Kontakt mittlerweile einen Doktortitel? Dann unterschlagen Sie ihn nicht. Klicken Sie auf den Pfeil am Feld **Titel**, und wählen Sie hier **Doktor**. Der Titel wird dann vor dem Namen angezeigt.

Schritt 6

Von der Detailansicht gelangen Sie zurück zu den primären Informationen, indem Sie auf die Schaltfläche **Allgemein** klicken. Wenn das nicht notwendig ist, können Sie gleich auf **Speichern & schließen** ❶ klicken.

Geburtstage als Ereignis

Alle Geburtstage, die Sie aufnehmen, werden automatisch als ganztägiges Ereignis im Outlook-Kalender angezeigt.

Kontakte sortieren und gruppieren

Je mehr Kontakte Sie sammeln, desto schwieriger wird es, einzelne Kontaktdaten schnell zu finden. Insofern ist es hilfreich, dass Sie die Kontakteinträge in den tabellarischen Ansichten sortieren und gruppieren können.

Schritt 1

Wechseln Sie zur Ansicht **Liste**. In der Standardeinstellung sehen Sie hier alle Kontakte gruppiert nach dem Eintrag im Feld **Firma** und alphabetisch nach dem Nachnamen sortiert.

Schritt 2

Wenn Sie die Gruppierung ändern möchten, klicken Sie auf den entsprechenden Spaltenkopf, zum Beispiel auf **Land/Region**. Ein nochmaliger Klick auf den Spaltenkopf ändert die Reihenfolge innerhalb der Spalte.

Schritt 3

Um die Unterteilung in Gruppen zu entfernen, klicken Sie mit der rechten Maustaste auf einen der Spaltenköpfe und wählen im Kontextmenü den Eintrag **Anordnen nach**. Im Untermenü deaktivieren Sie die Option **In Gruppen anzeigen**.

Schritt 4

Sie können auch mehrstufige Gruppierungen und Sortierungen durchführen. Klicken Sie dazu mit der rechten Maustaste auf einen Spaltenkopf, und wählen Sie im Kontextmenü den Eintrag **Ansichtseinstellungen**.

Schritt 5

Im Dialog **Erweiterte Ansichteinstellungen** klicken Sie auf **Sortieren**. (Wenn Sie anstelle einer Sortierung eine Gruppierung vornehmen möchten, müssten Sie hier auf **Gruppieren ❶** klicken.)

Schritt 6

Im Dialog **Sortieren** wählen Sie die Felder aus, nach denen sortiert werden soll, und legen die Sortierrichtung ❷ fest. Gruppierungen funktionieren analog. Zum Schluss klicken Sie auf **OK**.

Nach Kontakten suchen

Um schnell Kontakte zu finden, drücken Sie Strg + E (oder klicken direkt in das Suchfeld oben rechts). Die Suche beginnt bereits nach der Eingabe der ersten Zeichen. Um wieder alle Kontakte anzuzeigen, klicken Sie auf das Schließkreuz neben dem Suchfeld.

Eine E-Mail an mehrere Kontakte schreiben

Wenn Sie mehrere Personen zu einer Kontaktgruppe zusammenfassen, genügt ein Mausklick, um alle Empfänger der E-Mail festzulegen.

Schritt 1

Um eine neue Kontaktgruppe anzulegen, klicken Sie auf der Registerkarte **Start** auf die Schaltfläche **Neue Kontaktgruppe**.

Schritt 2

Im Fenster der Kontaktgruppe geben Sie zunächst im Feld **Name** ❶ den Namen der Kontaktgruppe ein. Um Mitglieder hinzuzufügen, klicken Sie auf **Mitglieder hinzufügen**. Im Menü wählen Sie den Eintrag **Aus Outlook-Kontakten**.

Schritt 3

Im Dialog **Mitglieder auswählen: Kontakte** sehen Sie alle Kontakte mit ihren E-Mail-Adressen. Markieren Sie den gewünschten Kontakt ❷, und klicken Sie dann auf die Schaltfläche **Mitglieder**. Wiederholen Sie dies für jeden Kontakt, der zu dieser Gruppe gehören soll. Verlassen Sie den Dialog mit **OK**.

Schritt 4

Im Fenster der Kontaktgruppe werden die ausgewählten Mitglieder aufgelistet. Klicken Sie auf **Speichern & schließen**. Die Kontaktgruppen tauchen dann unter den Kontakten mit einem besonderen Symbol ❸ auf.

Schritt 5

Um an die Mitglieder dieser Kontaktgruppe eine E-Mail zu schreiben, markieren Sie die Gruppe ❹ per Mausklick (egal, in welcher Ansicht) und klicken auf der Registerkarte **Start** auf **E-Mail**.

Schritt 6

Das Fenster zum Schreiben von E-Mails wird geöffnet. Im Feld **An** ist die Kontaktgruppe als Empfänger bereits eingetragen. Schreiben Sie Ihren Text, und versenden Sie die E-Mail jetzt wie üblich.

Kontaktlisten aktualisieren

Wenn sich die E-Mail-Adressen der Mitglieder Ihrer Kontaktgruppe ändern, müssen Sie die Kontaktgruppe mit einem Klick auf **Jetzt aktualisieren** auffrischen.

Das Adressbuch ausdrucken

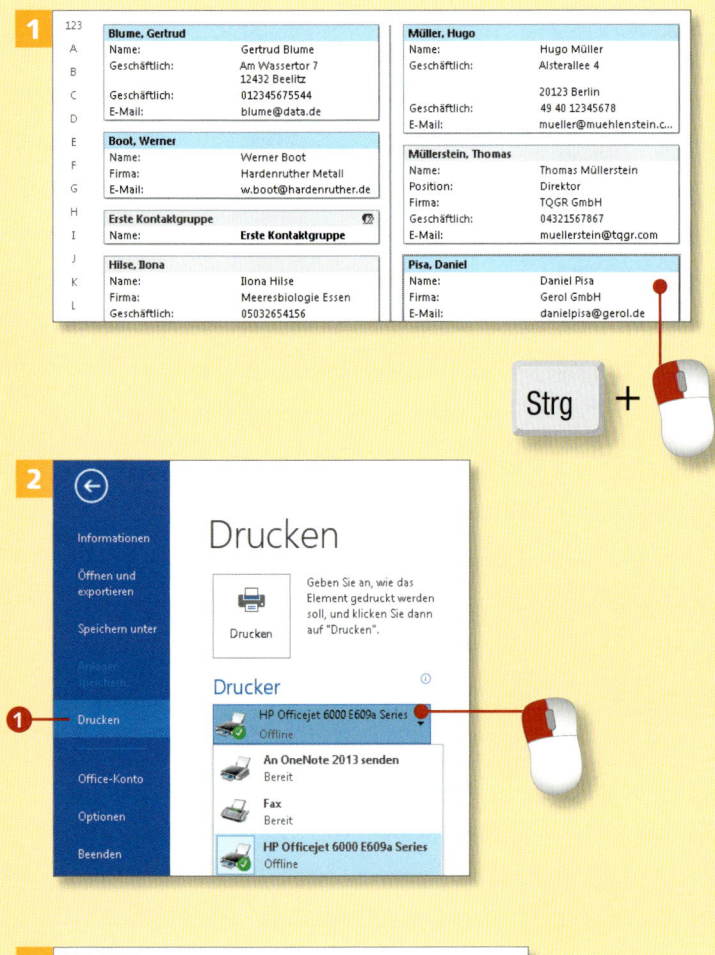

So praktisch die digitale Adressver-
waltung am Computer auch ist –
gelegentlich benötigen Sie Adressen
und andere Daten auch auf Papier,
etwa wenn Sie ohne Laptop oder
andere Kommunikationsmittel unter-
wegs sind.

Schritt 1

Wenn Sie in den Ausdruck des Ad-
ressbuchs nicht alle Kontakte aufnehmen wollen, müssen Sie zunächst
die gewünschten Kontakte markieren. Denken Sie daran, dass Sie
mehrere Kontakte durch Drücken
der Strg-Taste und Klicken mit der
Maus markieren können.

Schritt 2

Klicken Sie dann auf **Datei ▸ Drucken** ❶. Wählen Sie im Fenster
Drucken einen Drucker aus, indem
Sie am Feld **Drucker** auf den Auswahlpfeil klicken.

Schritt 3

Wählen Sie jetzt im Bereich **Einstellungen** das gewünschte Format aus.
In der Vorschau rechts erhalten Sie
einen Eindruck des Resultats nach
dem Ausdruck.

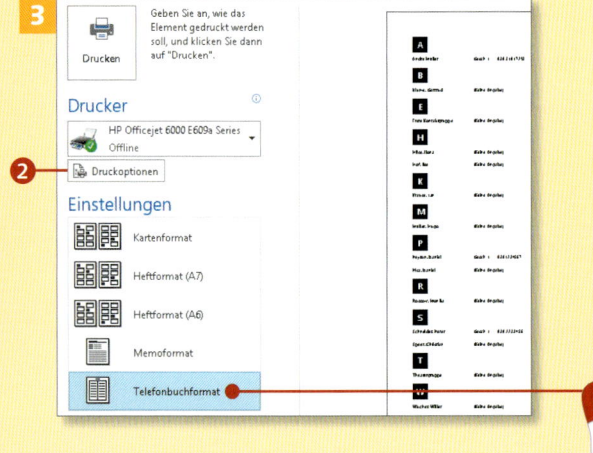

Schritt 4

Abschließend klicken Sie auf die Schaltfläche **Drucken**, und in Kürze stehen Ihnen die ausgedruckten Kontaktdaten zur Verfügung.

Schritt 5

Wenn es Sie stört, dass Sie (beim Kartenformat) stets leere Seiten am Ende des Ausdrucks erhalten, müssen Sie die Formateinstellung anpassen. Klicken Sie dazu auf **Druckoptionen** (❷ in Bild 3). Im Dialog **Drucken** markieren Sie **Kartenformat** ❸ und klicken auf **Seite einrichten**.

Schritt 6

Im Fenster **Seite einrichten: Kartenformat** wählen Sie auf der Registerkarte **Format** im Feld **Blankoformulare am Ende** den Wert **Keine** und klicken auf **OK**.

ℹ️ Druckformate

Je nachdem, welche Ansicht Sie ausgewählt haben, variiert die Auswahl an Druckformaten, die Outlook Ihnen anbietet. Wenn Sie z. B. die Ansicht **Telefon** geöffnet haben, gibt es hier nur **Tabellenformat**.

Adressen exportieren

Sie können Ihre gesammelten Adressen/Kontakte aus Outlook exportieren, sodass sie in einem anderen Format zur Verfügung stehen und weiterverwendet werden können.

Schritt 1

Öffnen Sie über **Datei** den Backstage-Bereich, und wählen Sie hier **Öffnen und exportieren** ❶. Klicken Sie auf die Schaltfläche **Importieren/Exportieren**.

Schritt 2

Im Dialog **Import/Export-Assistent** markieren Sie in der Liste die Auswahl **In Datei exportieren**. Klicken Sie dann auf **Weiter** ❷.

Schritt 3

Wählen Sie im nächsten Dialog den Eintrag **Durch Trennzeichen getrennte Werte**. Klicken Sie dann auf die Schaltfläche **Weiter**.

Schritt 4

Im nächsten Dialog bestimmen Sie, welchen Ordner Sie exportieren möchten. Klicken Sie also auf **Kontakte** und dann auf **Weiter**.

Schritt 5

Legen Sie im letzten Dialog fest, wohin die Daten exportiert werden sollen. Klicken Sie dazu auf die Schaltfläche **Durchsuchen**, sodass Sie den Speicherort und den Namen für die Exportdatei festlegen und die Datei speichern können.

Schritt 6

Zuletzt werden die durchzuführenden Aktionen aufgelistet. Klicken Sie auf **Fertig stellen**. Anschließend erhalten Sie eine Datei ❸, die Sie z. B. in Excel oder im Editor öffnen können. Erwarten Sie nicht zu viel, es sind eben einfach »durch Trennzeichen getrennte Werte«.

✚✚ Feldzuordnung

Im letzten Dialog des Exports finden Sie die Schaltfläche **Benutzerdefinierte Felder zuordnen** ❹. Damit rufen Sie einen Dialog auf, in dem Sie die beim Export verwendeten Feldnamen ändern können.

Kapitel 11
Mit PowerPoint präsentieren

PowerPoint ist ein Präsentationsprogramm, mit dem Sie Folien erstellen, die in der Regel als Bildschirmpräsentation vorgeführt werden. In diesem Kapitel erfahren Sie u.a., wie Sie solche Folien anlegen und bearbeiten, Animationen und Folienübergänge einbinden oder Designs verwenden.

Texte gestalten

Gliedern Sie Ihre Folien, und füllen Sie sie mit Text. Die Textfelder können Sie dann mit den vielen Möglichkeiten der Registerkarte **Zeichentools** ❶ gestalten. Weisen Sie z.B. eine Textfüllung, eine Textkontur oder Texteffekte zu.

Folienübergänge

Mit Folienübergängen bestimmen Sie, wie aufeinander folgende Folien erscheinen. PowerPoint bietet auf der Registerkarte **Übergänge** ❷ viele Effekte für diese Abfolge, z.B. **Verwehen**, **Schachbrett** oder **Jalousie**.

Schicke Designs für Ihre Folien

Mit den fertigen Designs können Sie die Folien Ihrer Präsentation im Nu ansprechend gestalten ❸. Der Hintergrund der Designs lässt sich mit den vielen Optionen, die der Aufgabenbereich **Hintergrund formatieren** anbietet, individuell gestalten.

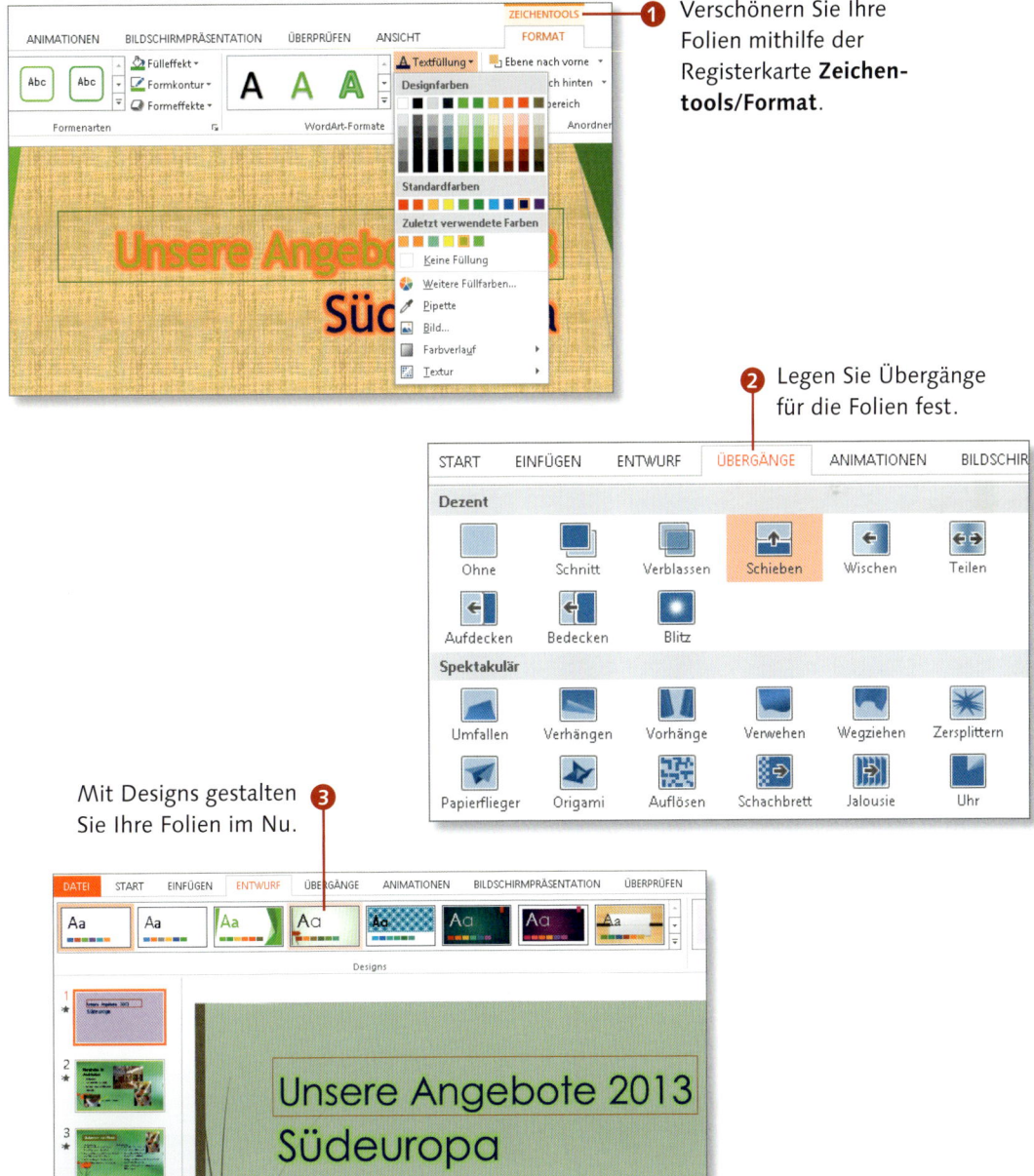

1 Verschönern Sie Ihre Folien mithilfe der Registerkarte **Zeichentools/Format**.

2 Legen Sie Übergänge für die Folien fest.

3 Mit Designs gestalten Sie Ihre Folien im Nu.

Die schnelle Präsentation per Assistent

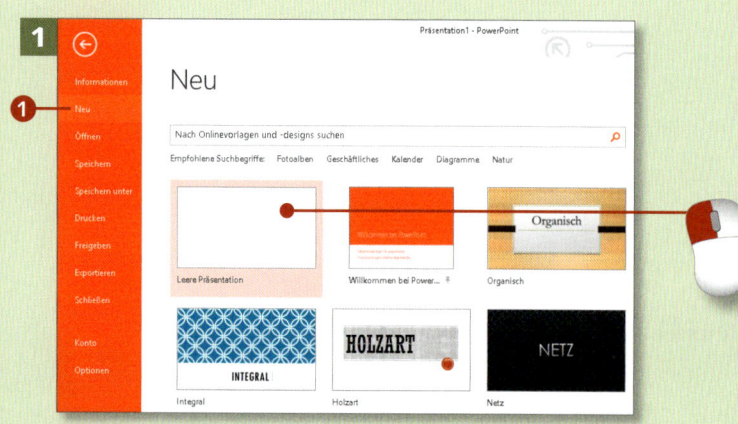

Eine Präsentation lässt sich am schnellsten mithilfe von Vorlagen erstellen. PowerPoint bietet viele Vorlagen, die Sie mit Ihren eigenen Inhalten füllen können.

Schritt 1

Nach dem Aufruf von PowerPoint wird – wie bei den anderen Office-Programmen – das Fenster **Neu** ❶ angezeigt. Sie können hier eine leere Präsentation starten oder sich eine Vorlage aussuchen.

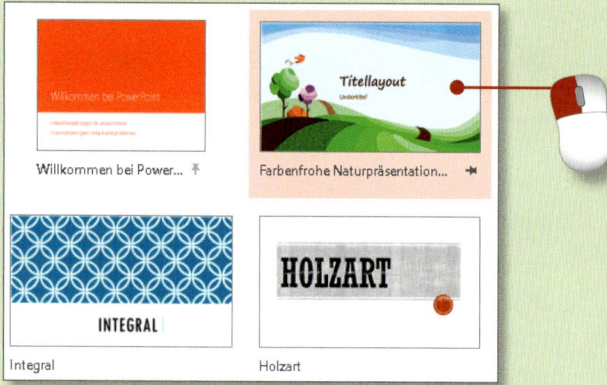

Schritt 2

Standardmäßig werden zunächst nur Vorlagen für Titelfolien (die erste Folie der Präsentation) angezeigt. Vorlagen für eine komplette Präsentation erreichen Sie über einen der Links unterhalb des Suchfeldes, z. B. **Natur** ❷. Im nächsten Fenster wählen Sie eine Vorlage aus.

Schritt 3

Nachdem Sie eine Miniatur angeklickt haben, taucht ein etwas größeres Bild auf. Möchten Sie die Vorlage verwenden, klicken Sie hier auf **Erstellen**.

Schritt 4

Schon wird Ihnen die erste Folie der Vorlage präsentiert. Im linken Bereich des Bildschirms werden weitere Folien der Präsentation als Vorschaubilder angezeigt.

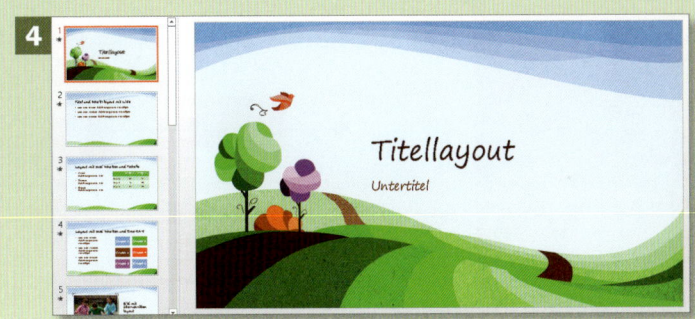

Schritt 5

Sie können nun beginnen, die einzelnen Folien mit Inhalt zu füllen. Klicken Sie z. B. auf den Platzhalter **Titellayout** auf der ersten Folie. Das setzt den Cursor in diesen Bereich, und Sie können Ihren Text eingeben.

Schritt 6

Um die nächste Folie zu bearbeiten, aktivieren Sie sie per Klick auf das Minibild. Auch hier klicken Sie wieder auf die Platzhalter, um eigene Texte einzugeben. Wenn sich auf einer Vorlage ein Foto befindet, löschen Sie es und klicken auf das Symbol zum Einfügen einer Grafik ❸. Im Dialog **Grafik einfügen** wählen Sie das gewünschte Bild aus.

Das passende Layout für eine Folie finden

Anders als bei einer Textverarbeitung, in der die Dokumente automatisch verlängert werden, müssen neue Folien extra eingefügt werden. Power-Point bietet fertige Layouts an.

Schritt 1

Wenn Sie Ihre Präsentation ohne Vorlage erstellen möchten, klicken Sie nach dem Aufruf von PowerPoint auf **Leere Präsentation**. Danach wird Ihnen eine schlichte Titelfolie präsentiert.

Schritt 2

Um eine Folie hinzuzufügen, klicken Sie auf der Registerkarte **Start** auf die Schaltfläche **Neue Folie**.

Schritt 3

Im Menü **Neue Folie** werden diverse Layouts für die Folie angeboten. Wählen Sie eins, das zum Text und zur geplanten Gestaltung der neuen Folie passt. Möchten Sie beispielsweise eine Überschrift, etwas Text und ein Bild einfügen, wählen Sie **Titel und Inhalt**.

Schritt 4

Sie sehen die eingefügte neue Folie im linken Bereich als Vorschaubild; die Folie selbst (mit den Platzhaltern und Symbolen) prangt auf dem Bildschirm. Klicken Sie in die Platzhalter, um Text einzugeben. Um z. B. ein Bild einzufügen, klicken Sie auf das Symbol **Bilder**.

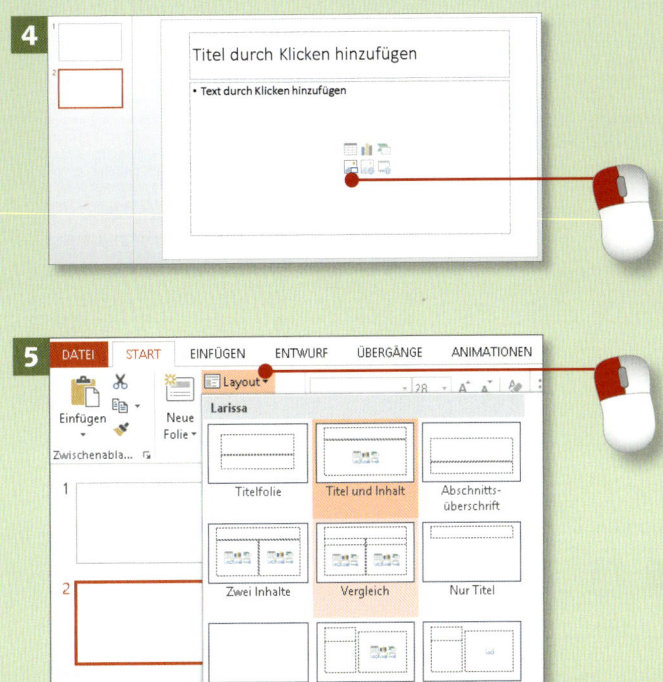

Schritt 5

Wenn Sie feststellen, dass das Layout doch nicht das richtige ist, öffnen Sie das Menü der Schaltfläche **Layout** und wählen eine neue Vorlage aus.

Schritt 6

Sie können natürlich auch mit einer ganz leeren Folie arbeiten und alle Elemente von Hand einfügen. Dazu klicken Sie auf **Neue Folie ▶ Leer**. Sie können dann aber nicht einfach drauflosschreiben, sondern brauchen Textfelder etc.

> **!**
>
> **Neue Folie oder neues Layout?**
> Beachten Sie, dass Sie mit **Neue Folie** eine weitere Folie einfügen und mit **Layout** das Layout der aktuellen Folie ändern. Da die Menüs identisch aussehen, passieren hier oft Missgeschicke.

Text einfügen und bearbeiten

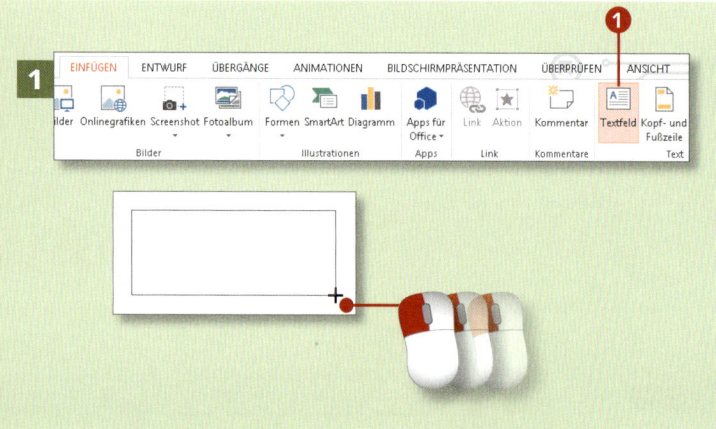

PowerPoint bietet eine Menge Möglichkeiten, den Text und die Textfelder zu gestalten.

Schritt 1

Wenn Sie mit einer leeren Folie arbeiten oder ein zusätzliches Textfeld brauchen, klicken Sie auf der Registerkarte **Einfügen** auf **Textfeld** ❶. Dann ziehen Sie mit gedrückter Maustaste das Feld auf. In dieses Textfeld tippen Sie Ihren Text.

Schritt 2

Es gibt zahlreiche Mittel, um den Text und das Textfeld zu bearbeiten. Neben den üblichen Formatierungen (Schriftart, -farbe etc.) für den Text stehen unter **Zeichentools/Format** ❷ u. a. Formeffekte und -konturen ❸ (für das Textfeld) und **Textfüllung**, **Textkontur** und **Texteffekte** ❹ (für den Text) bereit.

Schritt 3

Wenn der Text in einem Textfeld aus mehreren Wörter besteht, müssen Sie ihn zum Formatieren zunächst markieren. Zum Einfärben klicken Sie auf die Schaltfläche **Textfüllung** und wählen eine Farbe.

Schritt 4

Um den Text mit einer Art leuchtendem Umriss zu versehen, klicken Sie auf der Registerkarte **Zeichentools/Format** auf **Texteffekte** und zeigen im Menü auf **Leuchteffekt**. Im Untermenü suchen Sie sich einen Typ aus.

Schritt 5

Um dem Textfeld eine Hintergrundfarbe zu gönnen, nutzen Sie das Menü der Schaltfläche **Fülleffekt**. Wählen Sie hier eine Farbe (oder einen anderen Effekt ❺).

Schritt 6

Der Text lässt sich auch drehen. Setzen Sie den Cursor in das Feld, und klicken Sie auf **Drehen**. Wenn Sie den Text nicht um 90 Grad drehen wollen, klicken Sie auf **Weitere Drehungsoptionen**. Im Aufgabenbereich **Form formatieren** bestimmen Sie im Feld **Drehung** ❻ den Winkel.

Schatten für Text und Rahmen
Wenn das Textfeld einen Rahmen hat, wirkt sich die Zuweisung eines Schatteneffekts aus dem Menü **Formeffekte** sowohl auf den Text als auch auf den Rahmen aus.

Attraktive Folienübergänge erzeugen

Folien werden heutzutage meistens als eine Art Diashow am Bildschirm präsentiert. Mit Folienübergängen stellen Sie ein, wie die jeweils nächste Folie erscheint.

Schritt 1

Aktivieren Sie die Registerkarte **Übergänge** ❶. Markieren Sie links die erste Folie ❷, und klicken Sie in der Gruppe **Übergang zu dieser Folie** auf einen Effekt. Um alle Effekte zu sehen, klicken Sie auf den Pfeil ❸ an der Auswahl.

Schritt 2

Sobald Sie einen Übergangseffekt ausgewählt haben, wird er automatisch am Bildschirm abgespielt. Per Klick auf die Schaltfläche **Vorschau** können Sie den eingestellten Übergangseffekt jederzeit selbst starten.

Schritt 3

In der Regel sollen Folienübergänge für alle Folien der Präsentation gelten, sodass alle Folien jeweils mit dem gleichen Effekt erscheinen. Klicken Sie dazu nach der Einstellung des ersten Übergangs auf **Für alle übernehmen**. Sie können aber natürlich auch für jede Folie einen anderen Übergang festlegen.

Schritt 4

Wenn Sie Folien präsentieren, müssen Sie klären, wann die nächste Folie am Bildschirm erscheint. Treffen Sie Ihre Entscheidung in der Gruppe **Anzeigedauer**. Rufen Sie die nächste Folie einfach mit der Maus auf ❹, oder legen Sie im Feld **Nach** eine bestimmte Anzeigedauer für jede Folie fest.

Schritt 5

Im Feld **Sound** können Sie den Folienübergang »vertonen«. Wecken Sie die Zuschauer Ihrer Präsentation z. B. mit dem Effekt **Applaus** auf! Soll der Sound bei jeder Folie abgespielt werden, klicken Sie auf **Für alle übernehmen** (Schritt 3).

Schritt 6

Wenn bei den Folienübergängen ein eigener Audioeffekt abgespielt werden soll, klicken Sie ganz unten im Menü auf **Anderer Sound**. Im Dialog **Audio hinzufügen** öffnen Sie den Ordner ❺ mit der gewünschten Audiodatei, markieren sie und klicken auf **OK**. Beachten Sie, dass nur Audiodateien im WAV-Format eingefügt werden können.

Ein anderes Design auswählen

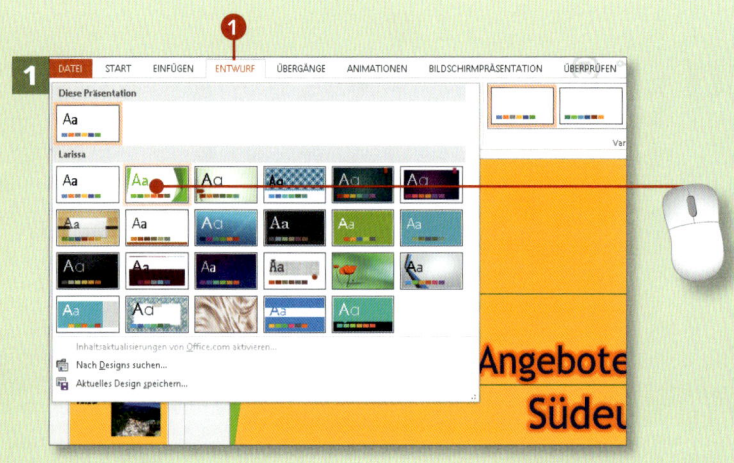

Mit Designs erhalten Folien ein Aussehen aus einem Guss. Sie lassen sich ganz leicht zuweisen und gelten für die ganze Präsentation.

Schritt 1

Aktivieren Sie die Registerkarte **Entwurf** ❶. Klicken Sie auf den Pfeil an der Gruppe **Designs**. Wenn Sie mit der Maus auf ein Design zeigen, erhalten Sie eine Vorschau. Klicken Sie auf das Design, das Sie auf Ihre Folien übertragen möchten.

Schritt 2

Ein Design wird allen Folien der Präsentation zugewiesen. Auch eine neue Folie, die Sie über **Start ▸ Neue Folie** einfügen, hat seine Eigenschaften (die Hintergrundfarbe stammt nicht aus dem Design, daher sehen Sie hier auch Folien mit gelblichem Hintergrund).

Schritt 3

Farben und Schriften des Designs lassen sich ändern. Öffnen Sie auf der Registerkarte **Entwurf** die Auswahl der Gruppe **Varianten**, und klicken Sie im Menü auf **Farben**. Wenn Sie über die Optionen fahren, sehen Sie die Auswirkungen direkt auf der Folie.

Schritt 4

Wenn Sie das Design verändern möchten, wählen Sie **Farben anpassen** ❷ unten im Menü. Im Dialog **Neue Designfarben erstellen** können Sie die einzelnen Elemente neu einfärben. Klicken Sie auf den Pfeil des Elements, und wählen Sie die neue Farbe aus.

Schritt 5

Um nur den Hintergrund eines Designs zu ändern, klicken Sie auf der Registerkarte **Entwurf** auf **Hintergrund formatieren** ❸. Im gleichnamigen Aufgabenbereich wählen Sie die Füllung (z. B. **Einfarbige Füllung** ❹ oder **Farbverlauf** ❺) und legen über die Kachel **Farbe** eine Farbe (bei einem Farbverlauf auch mehrere) fest.

Schritt 6

Sie können problemlos ein anderes Design für Ihre Folien auswählen. Klicken Sie einfach auf der Registerkarte **Entwurf** in der Gruppe **Designs** auf das Symbol für das gewünschte Design. Im Auslieferungszustand verwendet PowerPoint das Design **Larissa**.

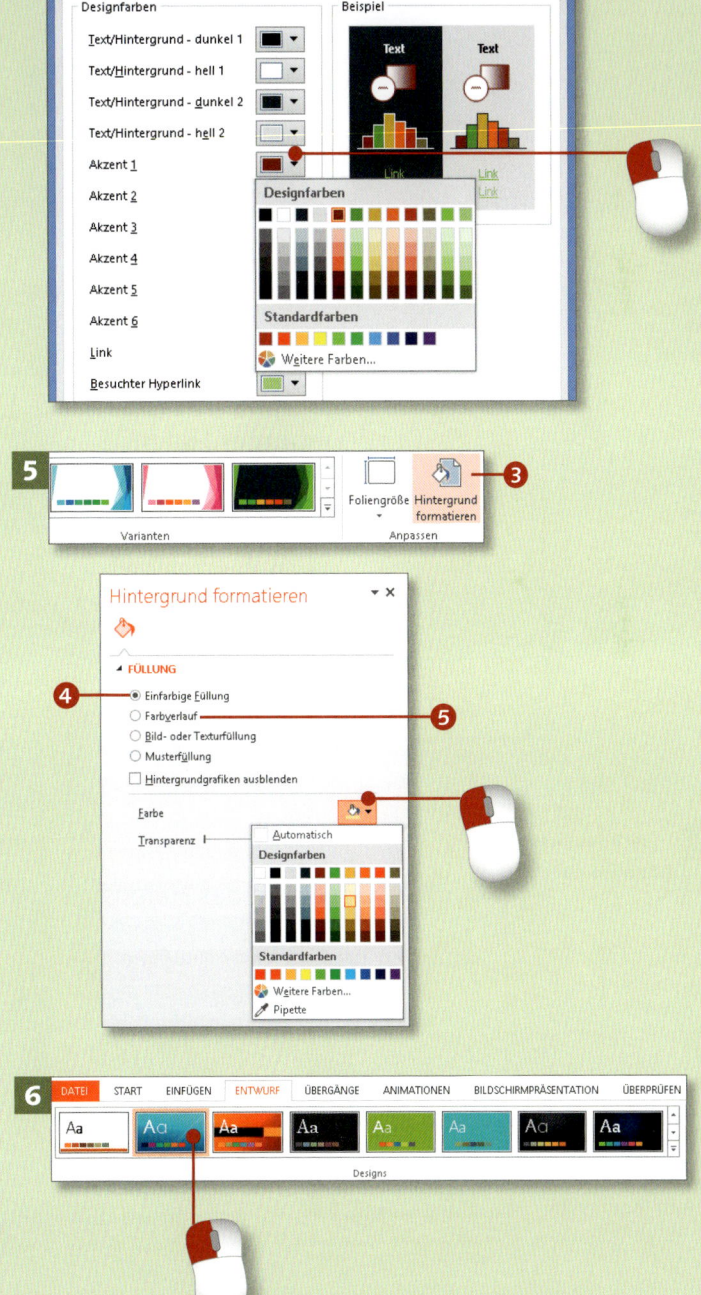

Von der Gliederung zur Folie

Es gibt verschiedene Wege, eine Präsentation zusammenzustellen. Sie nehmen sich z. B. eine Folie nach der anderen vor und gestalten sie. Sie können aber auch »textlastig« arbeiten und die Folien mithilfe der Gliederung erzeugen.

Schritt 1

Der PowerPoint-Bildschirm zeigt in der Ansicht **Normal** eine leere Folie mit zwei Platzhaltern (*Titelfolie*) und den linken Bereich mit den Miniaturfolien. Klicken Sie auf **Ansicht ▸ Gliederungsansicht**.

Schritt 2

Links taucht ein sehr kleines Symbol für die erste Folie auf. Schreiben Sie hier den Titel, der auf dieser Folie erscheinen soll. Der Text wird in den Platzhalter **Titel** auf der Folie übernommen.

Schritt 3

Sobald Sie die ⏎-Taste drücken, erscheint ein neues Foliensymbol (also auch eine neue Folie). Schreiben Sie nun Ihren nächsten Text. Er wird zunächst im Kopf der neuen Folie eingefügt.

Schritt 4

Schreiben Sie zunächst alle Texte, die auf den Folien auftauchen sollen, in die Gliederung. Nach jedem Eintrag drücken Sie ⏎.

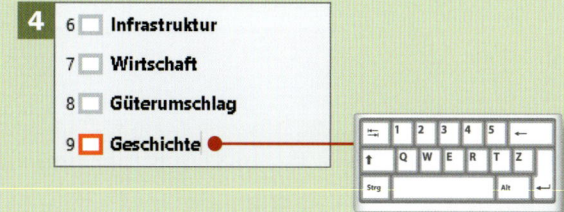

Schritt 5

Dann legen Sie fest, mit welchem Text eine neue Folie beginnt und welcher untergeordnet ist (als Untertitel erscheint). Setzen Sie den Cursor in die Zeile »Hamburg Port Authority«. Klicken Sie den Eintrag mit rechts an, und wählen Sie **Tiefer stufen**.

Schritt 6

Der Text »Hamburg Port Authority« ist nun als Untertext auf der Folie »Verwaltung und Organisation« gelandet ❶. Strukturieren Sie nun den übrigen Text. Jeden Eintrag, der eine neue Folie einleitet, lassen Sie auf der ersten Ebene stehen. Die übrigen Textzeilen stufen Sie einmal oder mehrmals herunter.

---

i

Fortsetzung der Hierarchie

Die jeweilige Hierarchie wird fortgesetzt, wenn Sie die ⏎-Taste drücken.

Kapitel 12
Präsentationen kreativ gestalten

In diesem Kapitel lernen Sie u. a., wie Sie Bilder und Grafiken in PowerPoint-Folien einbinden. Außerdem werden Sie selbst kreativ und erfahren, wie Sie eigene Zeichnungen ganz leicht mithilfe vorgefertigter Formen erstellen können.

Bilder einfügen

Es gibt Folienlayouts, die speziell für Grafiken gedacht sind ❶. Mit diesen Layouts haben Sie im Nu ein Foto eingefügt, das Sie dann mit den üblichen Mitteln der Bildbearbeitung weiterbearbeiten können.

Animationen

Das A und O einer Bildschirmpräsentation sind Animationen für die einzelnen Folienelemente. Wir zeigen Ihnen, wie Sie mit wenigen Schritten aus einfachen Folien eine schicke Bildschirmpräsentation machen ❷.

Die Präsentation vorführen

Sie können für Ihre Bildschirmpräsentation u. a. festlegen, wie lange die Folien jeweils gezeigt werden sollen. Dies regeln Sie über den Befehl **Neue Anzeigedauern testen** ❸ auf der Registerkarte **Bildschirmpräsentation**. Per Mausklick kann die Präsentation dann beginnen.

① Nutzen Sie Fotos zur Gestaltung Ihrer Präsentation.

Animationen sind das A und O einer Bildschirm- präsentation. ②

Legen Sie eine Anzeigedauer für die Animationen fest. ③

Onlinegrafiken suchen und einfügen

Präsentationen werden vor allem durch Fotos/Bilder belebt. Über eine Onlinesuche können Sie aus einem großen Fundus nach passenden Bildern suchen.

Schritt 1

Aktivieren Sie die Registerkarte **Einfügen**, und klicken Sie auf **Onlinegrafiken**.

Schritt 2

Im nächsten Fenster können Sie bei *Office.com* oder über die Bing-Bildersuche nach ClipArts suchen. Geben Sie den Suchbegriff in das Feld **ClipArt von Office.com** ein (so finden Sie frei verwendbare Grafiken). Dann klicken Sie auf die Lupe ❶.

Schritt 3

Daraufhin werden die Treffer präsentiert. Um ein Bild größer zu sehen, klicken Sie auf die Lupe, die auftaucht, sobald Sie mit der Maus auf das Bild zeigen. Um weiterzusuchen, schließen Sie das große Vorschaubild über das Schließkreuz ❷. Ansonsten klicken Sie auf **Einfügen**.

Schritt 4

Das Bild wird heruntergeladen und landet auf der Folie. Sie können es mit gedrückter Maustaste verschieben, seine Größe verändern (indem Sie mit gedrückter Maustaste an einem der Ziehpunkte ❸ ziehen) und/oder es mit den Funktionen der Registerkarte **Bildtools/Format** ❹ bearbeiten.

Schritt 5

Sie können das Bild mit den Vorlagen in der Gruppe **Bildformatvorlagen** verändern. Öffnen Sie das Menü per Klick auf den Auswahlpfeil, und probieren Sie verschiedene »Looks« aus. Sie sehen den Effekt unmittelbar auf der Folie.

Schritt 6

Um ein Bild, das Sie heruntergeladen haben, auf Ihrem Rechner zu speichern, klicken Sie es mit der rechten Maustaste an und wählen **Als Grafik speichern**. Im Dialog **Als Bild speichern** wählen Sie den Speicherort aus und geben der Datei ggf. einen anderen Namen.

Bilddateien einfügen und anordnen

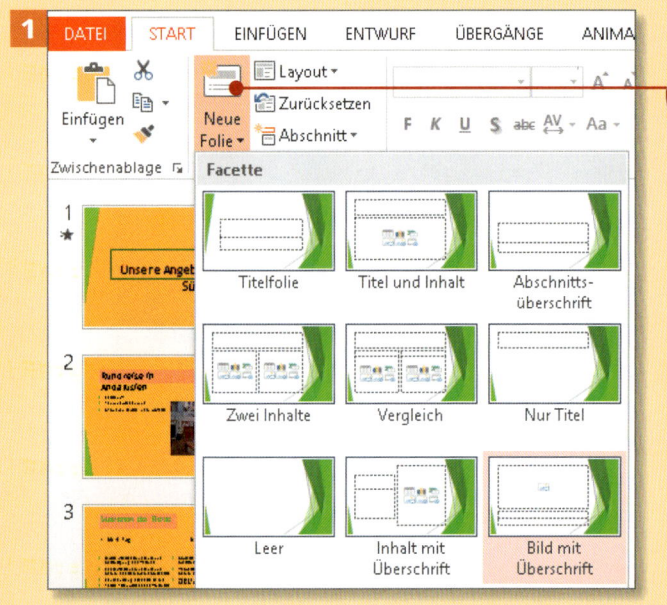

Mit den entsprechenden Layouts lassen sich Bilder und Grafiken blitzschnell einfügen und dann weiterbearbeiten.

Schritt 1

Es gibt Folienlayouts, die speziell für Grafiken und Bilder gedacht sind. Klicken Sie auf der Registerkarte **Start** auf **Neue Folie**, und wählen Sie beispielsweise **Bild mit Überschrift**. Denken Sie daran, vorher die Folie zu markieren, nach der Sie die neue Folie einfügen möchten.

Schritt 2

Auf der Folie prangt in der Mitte das Symbol **Grafik aus Datei einfügen**. Klicken Sie darauf. Im Dialog **Grafik einfügen** (siehe z. B. Seite 120) navigieren Sie zu dem Ordner, in dem das Bild liegt. Markieren Sie es, und klicken Sie auf **Einfügen**.

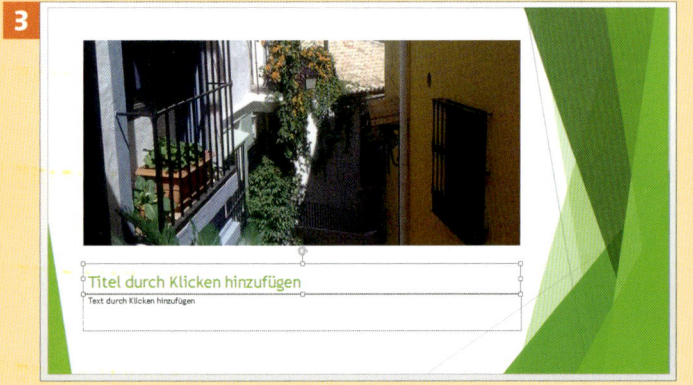

Schritt 3

Das Bild passt sich in den Platzhalter ein, und Sie müssen nichts nachbearbeiten. Sie können aber auch eine ganz leere Folie verwenden und das Bild oder die Bilder nach Gusto einfügen und platzieren.

Schritt 4

Wenn Sie eine leere Folie vor sich haben, klicken Sie auf der Registerkarte **Einfügen** auf **Bilder**. Im Dialog **Grafik einfügen** öffnen Sie den Ordner, in dem das Bild liegt, markieren es und klicken auf **Einfügen**.

Schritt 5

Das Foto landet auf der Folie. Ziehen Sie es mit gedrückter Maustaste an die richtige Stelle. Mit den acht Ziehpunkten des markierten Bildes bringen Sie es auf die passende Größe.

Schritt 6

Hilfreich sind die *Führungslinien*, mit denen Sie die Fotos sauber platzieren können (Sie aktivieren sie auf der Registerkarte **Ansicht**). Sie zeigen an, in welcher Position die Bilder exakt neben- bzw. untereinanderliegen.

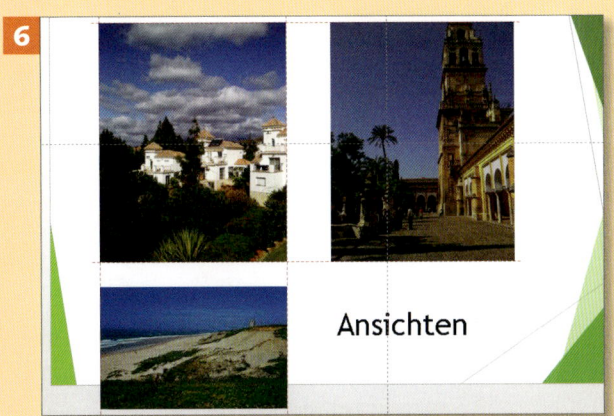

Führungslinien verschieben

Führen Sie den Mauszeiger an die Linie, und verschieben Sie sie mit gedrückter Maustaste. Wenn Sie dabei die Strg-Taste gedrückt halten, fügen Sie weitere Führungslinien ein.

Linien, Rechtecke, Pfeile und andere Formen

Sie können auch selbst kreativ werden und die Folie mit »gezeichneten« Objekten verschönern.

Schritt 1

Aktivieren Sie die Registerkarte **Einfügen**, und klicken Sie auf **Formen**. Im Menü sehen Sie alle Formen, die Sie verwenden können.

Schritt 2

Um eine Form einzufügen, klicken Sie ihr Symbol an. Dann führen Sie den Mauszeiger (der zu einem Fadenkreuz wird) auf die Folie und ziehen die Form mit gedrückter Maustaste auf.

Schritt 3

Die Form wird in der Farbe gezeichnet, die das gewählte Design für Objekte vorsieht. Um sie zu ändern, markieren Sie die Form, klicken unter **Zeichentools/Format** auf **Fülleffekt** und wählen eine andere Farbe.

Farbe aufnehmen

Wenn Sie die Option **Pipette** ❶ wählen, können Sie mit der Pipette auf eine andere Farbe auf der Folie klicken, um genau diese Farbe auf die Form zu übertragen.

Schritt 4

Auf die gleiche Weise zeichnen Sie auch andere Formen. Öffnen Sie das Menü **Formen**. Klicken Sie auf einen Pfeil im Bereich **Linien**, und ziehen Sie ihn auf der Folie auf.

Schritt 5

Um den Pfeil zu bearbeiten, klicken Sie auf der Registerkarte **Zeichentools/Format** auf **Formkontur**. Im Menü zeigen Sie auf **Stärke ❷**, um im Untermenü einen breiteren Pfeil einzustellen, und auf **Pfeile ❸**, um ggf. die Pfeilenden zu ändern.

Schritt 6

Für eine schnelle Bearbeitung der gezeichneten Formen können Sie auch fertige Angebote nutzen. Markieren Sie die Form, und klicken Sie auf den Pfeil am Auswahlfeld **Formenarten**. Klicken Sie dann einfach auf das gewünschte Format.

Kein Fülleffekt für Pfeile

Bei Pfeilen oder anderen Linien ist die Schaltfläche **Fülleffekt** nicht aktiv, weil es ja nichts zu füllen gibt!

Objekte färben und füllen

Mit den Fülleffekten können Sie Formen, Objekte oder dem Hintergrund nicht nur eine einfache Farbe zuweisen, sondern auch Farbverläufe, Strukturen und sogar Bilder.

Schritt 1

Markieren Sie die Form, und klicken Sie auf der Registerkarte **Zeichentools/Format** auf **Fülleffekt ▸ Weitere Füllfarben**. Auf der Registerkarte **Standard ❶** des Dialogs **Farben** finden Sie eine große Auswahl an Farben, die Sie einer Form zuweisen können.

Schritt 2

Auf der Registerkarte **Benutzerdefiniert ❷** können Sie die Farbe differenziert einstellen. Eine ausgewählte Grundfarbe lässt sich mit dem Schieberegler »feintunen« ❸. Mit dem Schieberegler **Transparenz ❹** gestalten Sie eine Farbe durchsichtiger, sodass andere Objekte durchschimmern.

Schritt 3

Um exakt den Ton zu treffen, den Sie einer anderen Form zugewiesen haben, geben Sie in den Feldern **Rot**, **Grün** und **Blau** die Werte der ersten Form ein (Sie sehen sie, wenn diese Form markiert ist).

Schritt 4

Farbverläufe sind sehr effektvoll, z. B. für den Folienhintergrund. Klicken Sie auf der Registerkarte **Entwurf** ganz rechts auf **Hintergrund formatieren** ❺. Im Aufgabenbereich aktivieren Sie die Option **Farbverlauf**.

Schritt 5

Markieren Sie einen *Farbverlaufstopp* ❻, und wählen Sie im Feld **Farbe** ❼ eine Farbe. Markieren Sie einen weiteren Stopp, und wählen Sie eine andere Farbe. Dann verschieben Sie die die Stopps mit gedrückter Maustaste, um festzulegen, wie die Farben ineinander verlaufen. Nutzen Sie auch die Optionen **Typ** ❽ und **Richtung** ❾.

Schritt 6

Interessant ist auch dies: Aktivieren Sie im Aufgabenbereich **Hintergrund formatieren** z. B. **Bild- oder Texturfüllung**. Im Feld **Textur** ❿ können Sie unterschiedliche Hintergrundeffekte wie **Sand**, **Marmor** oder **Wassertropfen** auswählen.

Fülleffekte für Formen
Einer Form weisen Sie Effekte zu, indem Sie im Menü der Schaltfläche **Fülleffekt** z. B. **Farbverlauf ▸ Weitere Farbverläufe** wählen.

Objekte kopieren und gruppieren

Dass man Grafiken kopieren kann, ist vermutlich nicht neu für Sie. Die praktische Möglichkeit der Gruppierung wird aber oft übersehen.

Schritt 1

Um eine Form nochmals einzufügen, können Sie die Befehle **Kopieren/Einfügen** auf der Registerkarte **Start** nutzen oder folgenden Trick: Markieren Sie das Objekt, halten Sie die `Strg`-Taste gedrückt, und verschieben Sie es mit gedrückter Maustaste.

Schritt 2

Wenn mehrere Formen eine Grafik bilden, ist es sinnvoll, sie zu gruppieren. Markieren Sie das erste Objekt, halten Sie die `⇧`-Taste gedrückt, und klicken Sie dann die übrigen Objekte an.

Schritt 3

Nun sind alle Formen mit einem Rahmen versehen. Führen Sie den Mauszeiger darauf, und rufen Sie per Rechtsklick das Kontextmenü auf.

Mehrere Formen markieren
Sie markieren mehrere Formen, indem Sie die Maustaste gedrückt halten und einen Rahmen um alle Formen aufziehen.

Schritt 4

Im Kontextmenü klicken Sie auf **Gruppieren** und wählen im Untermenü die Option **Gruppieren**.

Schritt 5

Nach der Gruppierung ist aus mehreren Objekten ein einziges Objekt geworden. Dies erkennen Sie daran, dass nur noch ein Rahmen mit Ziehpunkten um die Objekte liegt. Sie können die gruppierte Form jetzt en bloc bearbeiten, also beispielsweise als Ganzes verschieben oder vergrößern/verkleinern.

Schritt 6

Eine Gruppierung lässt sich auch wieder aufheben. Klicken Sie die Gruppe mit der rechten Maustaste an, und wählen Sie **Gruppieren ▸ Gruppierung aufheben**. Nun können Sie die Formen wieder einzeln verschieben oder in der Größe verändern.

✚✚ Verstreute Formen gruppieren

Die Formen und Grafiken, die Sie gruppieren möchten, müssen nicht dicht nebeneinanderliegen. Mithilfe der ⌷Strg⌷-Taste können Sie auch eine Form einbeziehen, die irgendwo auf der Folie liegt.

Schrift- und andere Animationseffekte

Für Präsentationen, die am Bildschirm vorgeführt werden, sind Animationen der eigentliche Clou. In diesem Abschnitt zeigen wir Ihnen, wie Sie Folienelemente »beleben«.

Schritt 1

Sie können jedes Element einer Folie animieren. Die Animationseinstellungen und diverse Optionen finden Sie auf der Registerkarte **Animationen**.

Schritt 2

Markieren Sie das Element auf einer Folie, das als Erstes animiert werden soll. Klicken Sie ggf. auf den Pfeil ❶ an der Gruppe **Animationen**, um das Auswahlmenü zu öffnen. Wählen Sie einen Effekt für den Eingang, also die Art und Weise, wie ein Element auftaucht, wenn die Folie gezeigt wird, z. B. **Hineinschw…**.

Schritt 3

Die Animation wird unmittelbar nach der Auswahl vorgeführt. Um sie erneut anzuschauen, klicken Sie auf die Schaltfläche **Vorschau**. Links neben dem Element mit der Animation ist eine kleine 1 zu sehen ❷.

Schritt 4

Varianten des eingestellten Effekts bietet das Menü der Schaltfläche **Effektoptionen**. Die Auswahl hängt vom ausgewählten Effekt ab. Der Effekt **Hineinschw.** bietet lediglich die Auswahl **Aufwärts schweben** und **Abwärts schweben**.

Schritt 5

Sie können weitere Einstellungen für die Animation festlegen, z. B. den Start und die Dauer. Markieren Sie das animierte Element, und bestimmen Sie im Menü der Schaltfläche **Start**, ob die Animation beim Anklicken wiedergegeben wird, gleichzeitig mit der vorherigen Animation oder nach deren Beendigung.

Schritt 6

Wie lange die Animation abgespielt werden soll (wenn Sie in Schritt 5 nicht die Option **Beim Klicken** festgelegt haben), bestimmen Sie im Feld **Dauer**. Geben Sie hier die Sekunden (oder Minuten) ein. Prüfen Sie die Dauer mithilfe der Vorschau, und korrigieren Sie sie, wenn nötig.

Die Reihenfolge ändern

Wenn ein animiertes Element zu früh/spät erscheint, ändern Sie nachträglich die Reihenfolge. Dazu markieren Sie das animierte Element und klicken ganz rechts auf der Registerkarte **Animationen** auf **Früher** oder **Später**.

Schrift- und andere Animationseffekte (Forts.)

Schritt 7

Klicken Sie auf den Pfeil **1** an der Gruppe **Animation**. Auf der Registerkarte **Effekt** des zum Effekt passenden Dialogs können Sie einen Sound hinzufügen **2** (ähnlich wie bei den in Kapitel 11 beschriebenen Folienübergängen) und bestimmen, was nach der Animation passieren soll. Mit **Nach Animation ausblenden** geschieht genau das: Das Element verschwindet ganz kurz.

Schritt 8

Auf der Registerkarte **Anzeigedauer** gibt es unter anderem die Option **Trigger**. Hiermit legen Sie fest, wie/ wann die Animation ausgelöst wird. Klicken Sie auf die Schaltfläche **3**, und aktivieren Sie die Option **Effekt starten beim Klicken auf**. Im Feld daneben wählen Sie in der Auswahlliste das passende Element.

Schritt 9

Eine Textzeile bzw. ein Textfeld animieren Sie auf die gleiche Art. Der gezeigte Dialog enthält bei Text zusätzlich die Registerkarte **Textanimation 4**.

Schritt 10

Hier können Sie einstellen, wie der Text erscheinen soll: zusammen als Block (alle Absätze auf einmal) oder zeilenweise nacheinander (z. B. mit der Option **Bei 1. Abschnittsebene**).

Schritt 11

In welcher Reihenfolge die animierten Elemente auftauchen, können Sie auch nachträglich noch ändern. Markieren Sie das entsprechende Element, und klicken Sie auf der Registerkarte **Animationen** in der Gruppe **Anzeigedauer** auf **Früher** oder **Später**. Die Animationen werden entsprechend umsortiert.

Schritt 12

Die Einstellungen eines Animationseffekts können Sie auf andere Elemente übertragen. Markieren Sie das erste Element, und klicken Sie auf **Animation übertragen** ❺. Wie bei der Funktion **Format übertragen** wird der Mauszeiger zu einen Pinsel. Klicken Sie dann auf das Element, dem Sie die Einstellung zuweisen möchten.

Musik für Ihre Präsentation

Der passende Sound zum jeweiligen Thema wird dazu beitragen, dass das Publikum Ihrer Präsentation gespannt folgt!

Schritt 1

Klicken Sie auf der Registerkarte **Einfügen** auf den Pfeil an der Schaltfläche **Audio**. Im Menü wählen Sie die Option **Audio auf meinem Computer**.

Schritt 2

Im Dialog **Audio einfügen** navigieren Sie zu dem Ordner ❶ mit Musik- und Sounddateien. Als Dateityp ist **Audiodateien** ❷ eingestellt, sodass alle passenden Dateien aufgelistet werden. Markieren Sie eine Datei ❸, und klicken Sie auf **Einfügen**.

Schritt 3

Auf der Folie erscheint nun ein Lautsprechersymbol. Verschieben Sie es am besten in eine Ecke der Folie. Sobald Sie darauf zeigen, sehen Sie ein Steuerungselement mit Abspielfunktionen (**Wiedergabe**, **rückwärts**, **vorwärts**) und einem Symbol zur Einstellung der Lautstärke.

Schritt 4

Sie können Ihre Audiodatei direkt auf der Folie testen. Klicken Sie auf den Pfeil zur Wiedergabe, und regulieren Sie notfalls die Lautstärke **4**. Zum Beenden klicken Sie erneut auf das Wiedergabe-Symbol (es zeigt nun zwei Striche **5** für »Pause«).

Schritt 5

Viele Einstellungsmöglichkeiten und Optionen für den Sound bzw. die Audiodatei bietet die Registerkarte **Audiotools/Wiedergabe** **6** (die eingeblendet wird, wenn das Lautsprechersymbol markiert ist).

Schritt 6

Wenn die eingefügte Sounddatei die ganze Präsentation begleiten soll, aktivieren Sie die Option **Folienübergreifende Wiedergabe**.

Audiodatei beschneiden

Sie können eine Audiodatei beschneiden, indem Sie auf der Registerkarte **Audiotools/Wiedergabe** links auf die Schaltfläche **Audio beschneiden** klicken. Im zugehörigen Dialog gibt es einen Schieberegler, mit dem sich die Start- und Endzeit des Audioclips festlegen lässt.

Ein Video in die Präsentation einbetten

Ohne große Mühe können Sie ein Video aus dem Internet in Ihre Präsentation einbetten. Meistens stammen die Videoclips, die die Suche ergibt, von YouTube.

Schritt 1

Um ein Video in die Präsentation einzufügen, aktivieren Sie die Registerkarte **Einfügen** und klicken hier auf **Video**. Wenn es sich um ein Internetvideo handelt, wählen Sie **Onlinevideo**.

Schritt 2

Im nächsten Fenster sehen Sie das Suchfeld der Bing-Suche. Geben Sie einen Suchbegriff ein, und klicken Sie auf die Lupe.

Schritt 3

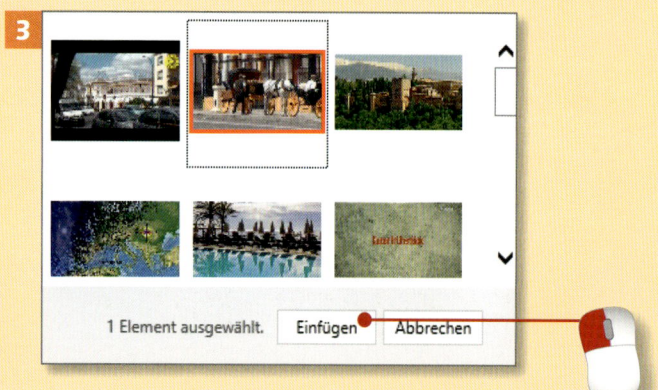

Sodann werden Ihnen die Treffer präsentiert. Markieren Sie ein Vorschaubild, und klicken Sie auf die Schaltfläche **Einfügen**.

Das Video in der Vorschau

Bevor Sie einen Videoclip einfügen, können Sie das Video in einer Vorschau abspielen. Dazu zeigen Sie auf das Bild und klicken dann auf die Lupe, die in der rechten Ecke des Bildes auftaucht.

Schritt 4

Das Video landet mit dem Vorschaubild auf der Folie. Sie können es
an eine andere Stelle verschieben,
wenn Sie möchten.

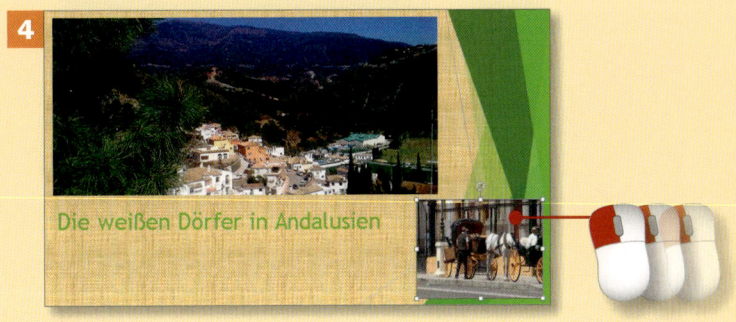

Die weißen Dörfer in Andalusien

Schritt 5

Zum Abspielen starten Sie die Bildschirmpräsentation. Klicken Sie dazu
auf der Registerkarte **Bildschirmpräsentation** auf **Von Beginn an**
oder auf **Ab aktueller Folie**. In der
Vollbildansicht sehen Sie das Video
mit den üblichen Abspielfunktionen.
Klicken Sie auf den Pfeil, um das
Video zu starten.

Schritt 6

Den Ton steuern Sie mithilfe des
Schiebereglers, der eingeblendet
wird, wenn Sie mit der Maus auf das
kleine Lautsprechersymbol zeigen.

Eigene Videos einbinden

Sie können auch eigene, auf Ihrer
Festplatte gespeicherte Videos einbinden. Dazu klicken Sie im Menü
der Schaltfläche **Video** auf **Video
auf meinem Computer**. Achten
Sie darauf, welche Formate unterstützt werden (nachzulesen z. B.
auf den entsprechenden Seiten
von Microsoft).

Präsentationen speichern und drucken

Sie können Folien auch ganz klassisch ausdrucken, bevor Sie sie präsentieren. Für den Ausdruck bietet Power-Point mehrere Optionen an.

Schritt 1

Im Normallfall speichern Sie Ihre Datei als PowerPoint-Präsentation. Dazu klicken Sie auf **Datei ▸ Speichern unter ❶**. Markieren Sie **Computer ❷**, und klicken Sie auf **Durchsuchen**. Im Dialog **Speichern unter** wählen Sie den Speicherort und geben der Präsentation einen Namen. Dann klicken Sie auf **Speichern**.

Schritt 2

Die Folien lassen sich auch auf Papier ausdrucken. Klicken Sie auf **Datei ▸ Drucken ❸**. Wenn Sie jede Folie auf einer Seite ausdrucken möchten, belassen Sie es bei der Standardeinstellung und klicken direkt auf **Drucken**.

Schritt 3

Um die Folien verkleinert, aber dafür mit dem Text im Notizbereich auszudrucken, klicken Sie auf den Pfeil an dem Feld, in dem standardmäßig **Ganzseitige Folien** steht. Im Menü wählen Sie **Notizenseiten**.

Schritt 4

Im selben Menü finden Sie auch die Rubrik **Handzettel**. Wählen Sie hier beispielsweise die Option **4 Folien horizontal**. In der Vorschau rechts sehen Sie das Resultat des Ausdrucks.

Schritt 5

Kleine Handzettel mit den Folien lassen sich auch in einem Word-Dokument erstellen. Klicken Sie dazu auf **Datei ▸ Exportieren** ❹. In der Mitte klicken Sie auf **Handzettel erstellen** ❺ und rechts erneut auf **Handzettel erstellen**.

Schritt 6

Im Dialog **An Microsoft Word senden** legen Sie ein Seitenlayout fest und klicken auf **OK**. Das Word-Dokument mit den Folien (in einer Tabelle) wird nun automatisch erstellt. Sie können es auf dem üblichen Weg weiterbearbeiten und formatieren.

> **ℹ Handzettel im Word-Dokument**
> Bei der Erstellung von Handzetteln im Word-Format taucht das neue Word-Dokument automatisch in der Taskleiste auf, sodass Sie es per Mausklick öffnen können.

Eine Präsentation erfolgreich vorführen

Schauen Sie sich an Ihrem Bildschirm an, wie die Präsentation als Vorführung im Vollbildmodus mit allen Animationen wirkt.

Schritt 1

Aktivieren Sie die Registerkarte **Bildschirmpräsentation**, und klicken Sie für einen ersten Eindruck auf **Von Beginn an**. Wenn als Startpunkt für Animationen oder Übergänge die Option **Beim Klicken** bzw. **Bei Mausklick** eingestellt ist (siehe Seite 291), klicken Sie jeweils, um die Präsentation fortzusetzen.

Schritt 2

Drücken Sie [Esc], um die Vorführung abzubrechen. Ansonsten erscheint am Ende ein schwarzer Bildschirm, und Sie klicken einmal, um die Präsentation zu verlassen.

Schritt 3

Ganz praktisch ist es, Einblendzeiten festzulegen, um die Präsentation danach mit der gespeicherten Anzeigedauer automatisch ablaufen zu lassen. Klicken Sie auf **Neue Anzeigedauern testen**.

Folien ausblenden

Sie können gewisse Folien aus einer Präsentation ausblenden. Aktivieren Sie die Folie, und klicken Sie auf der Registerkarte **Bildschirmpräsentation** in der Gruppe **Einrichten** auf **Folie ausblenden**.

Schritt 4

Der Test beginnt wie eine normale Vorführung. Klicken Sie jeweils, wenn Sie meinen, dass die Folie oder das Element lange genug zu sehen war. Zum Schluss werden Sie gefragt, ob Sie die Anzeigedauer speichern möchten. Klicken Sie auf **Ja**.

Schritt 5

Wenn Sie die Bildschirmpräsentation starten, läuft sie nun ohne Ihr Zutun mit den gespeicherten Zeiten ab. Um doch das Zepter in der Hand zu halten, deaktivieren Sie auf der Registerkarte **Bildschirmpräsentation** die Option **Anzeigedauern verwenden**.

Schritt 6

Während der Präsentation können Sie eine Folie mit rechts anklicken und dann eine ganze Reihe von Optionen für die Vorführung nutzen, z. B. **Stift** (um auf der Folie zu malen). Mit **Weiter** und **Zurück** ❶ navigieren Sie.

Präsentation als Endlosschleife

Sie können Ihre Präsentation auch immer und immer wieder durchlaufen lassen. Die Einstellung **Ansicht an einem Kiosk** und findet sich auf der Registerkarte **Bildschirmpräsentation** unter **Bildschirmpräsentation einrichten**.

Eine Präsentation als Video für das Web erstellen

Sie können Ihre PowerPoint-Bildschirmpräsentation als Video speichern und dieses Video dann auf einer Video-Website wie YouTube veröffentlichen.

Schritt 1

Öffnen Sie Ihre Präsentation, und wählen Sie **Datei ▸ Exportieren ❶**. Klicken Sie auf **Video erstellen ❷**. Belassen Sie es rechts bei **Computer- und HD-Anzeigen ❸** (oder wählen Sie fürs Internet die mittlere Stufe). Mit **Aufgezeichnete Zeitabläufe und Kommentare verwenden ❹** werden vorher eingestellte Zeiten beibehalten. Klicken Sie dann auf **Video erstellen**.

Schritt 2

Im Dialog **Speichern unter** wird im Feld **Dateiname ❺** der Name der Präsentation vorgeschlagen, als Dateityp ist **MPEG4-Video (*.mp4)** eingestellt ❻. Wählen Sie den Ordner ❼ aus, in dem Sie das Video speichern möchten, und klicken Sie auf **Speichern**.

Schritt 3

Daraufhin wird das Video erstellt. In der Statusleiste erhalten Sie eine entsprechende Meldung ❽.

Schritt 4

Um das Video abzuspielen, öffnen Sie im Datei-Explorer den Ordner, in dem Sie das Video gespeichert haben, und klicken die Datei mit rechts an. Im Kontextmenü zeigen Sie auf **Öffnen mit** und wählen das Programm, mit dem Sie das Video abspielen möchten, z. B. **Windows Media Player**.

Schritt 5

Das Video wird gestartet. Am unteren Rand finden Sie die üblichen Bedienelemente zum Steuern des Videos.

Schritt 6

Sie können das Video ins Internet stellen, z. B. auf YouTube (klicken Sie dort auf **Video hochladen**, und wählen Sie dann Ihr Video aus) oder indem Sie das Video zum Anzeigen auf einer Webseite auf einen Server hochladen.

Dateigröße

Als Film gespeichert, können Präsentationen eine beachtliche Größe erreichen. Prüfen Sie, ob die Grafiken und Audiodateien, die in die Präsentation eingebunden sind, verkleinert werden können.

Kapitel 13
Seriendruck in Office

Ob Einladungen, Werbebriefe oder Kundeninformationen – wann immer viele Empfänger den gleichen Brief erhalten sollen, sind Serienbriefe die richtige Wahl. Wir zeigen Ihnen in diesem Kapitel, wie Sie die Seriendruckfunktion von Word richtig nutzen und eine Excel-Liste oder Ihre Outlook-Kontakte als Datenquelle verwenden.

Seriendruck starten und Empfängerliste erstellen

Sie starten den Seriendruck auf der Registerkarte **Sendungen**. Der zweite Schritt besteht darin, die Datenquelle zu bestimmen ❶. Sofern Sie nicht auf eine vorhandene Adressliste zurückgreifen, können Sie eine neue Adressliste erstellen, in der Sie alle variablen Daten eingeben.

Vorhandene Adresslisten nutzen

Anstatt eine neue Adressliste zu erstellen, können Sie für den Serienbrief auch vorhandene Adresslisten ❷ nutzen. Sie wählen im Menü **Empfänger auswählen** entweder die Option **Vorhandene Liste verwenden** oder **Aus Outlook-Kontakten auswählen**. Im Dialog **Datenquelle auswählen** bestimmen Sie dann die Datenquelle, die die gewünschten Namen/Adressen enthält.

① Fassen Sie die Empfänger des Serienbriefs in einer Liste zusammen.

② Sie können auch bereits gespeicherte Adresslisten benutzen.

Die Serienbrieffunktion von Word

Der Umgang mit der Serienbrieffunktion von Word gilt als hohe Kunst der Textverarbeitung. So schwer ist es aber gar nicht.

Schritt 1

Um einen Serienbrief zu schreiben, öffnen Sie ein neues Dokument und klicken auf der Registerkarte **Sendungen** auf **Seriendruck starten ▸ Briefe**.

Schritt 2

Bestimmen Sie die Datenquelle. Klicken Sie dazu auf **Empfänger auswählen ▸ Neue Liste eingeben**. Dieser Schritt ist nicht notwendig, wenn Sie auf eine vorhandene Datenquelle zurückgreifen können (wie das geht, zeigen wir Ihnen ab Seite 312).

Schritt 3

Im Dialog **Neue Adressliste** tragen Sie in jeder Zeile die Adressdaten eines Empfängers ein. Um eine neue Adresse einzugeben, klicken Sie auf **Neuer Eintrag ❶**. Wenn Sie alle Adressen eingegeben haben, klicken Sie auf **OK ❷**.

Schritt 4

Im Dialog **Adressliste speichern**
wählen Sie einen Ordner (Windows
schlägt **Meine Datenquellen** ❸
vor). Geben Sie der Datei einen Namen, und belassen Sie den Dateityp
bei **Microsoft Office Adresslisten
(*.mdb)** ❹. Klicken Sie abschließend
auf **Speichern** ❺.

Schritt 5

Um die eingegebenen Daten zu
ändern oder zu ergänzen, klicken
Sie auf die Schaltfläche **Empfängerliste bearbeiten** (❻ in Bild 2).
Wählen Sie im zugehörigen Dialog
im Bereich **Datenquelle** die soeben
gespeicherte Datei ❼, und klicken
Sie dann auf **Bearbeiten**.

Schritt 6

Im Dialog **Datenquelle bearbeiten**
können Sie neue Datensätze anlegen
oder vorhandene bearbeiten. Über
die Schaltfläche **Spalten anpassen**
rufen Sie einen Dialog auf, in dem
Sie neue Spalten hinzufügen ❽ oder
nicht benutzte Spalten entfernen ❾
können.

Die Datenfelder einfügen

Nachdem Sie den Seriendruck vorbereitet haben, können Sie die Seriendruckfelder einfügen. Und den eigentlichen Brieftext müssen Sie natürlich auch noch schreiben, sofern Sie das noch nicht getan haben.

Schritt 1

Um ein Seriendruckfeld einzufügen, setzen Sie den Cursor an die Stelle im Dokument, an der die Adresse beginnen soll. Klicken Sie dann auf der Registerkarte **Sendungen** auf **Seriendruckfeld einfügen**. Da die Anrede (Herr/Frau) im Feld *Titel* steht, wählen Sie im Menü **Titel**.

Schritt 2

Das Seriendruckfeld erscheint im Text ❶. Auf diese Art und Weise vervollständigen Sie die Adresse und können so auch die Grußzeile zusammenbauen.

Schritt 3

Für eine Vorschau auf den fertigen Serienbrief klicken Sie auf **Vorschau Ergebnisse**. Alle eingefügten Felder werden mit den Werten aus der Datenquelle (Adressliste) gefüllt.

Schritt 4

Mit den Pfeilen ❷ in der Gruppe **Vorschau Ergebnisse** können Sie durch die Briefe navigieren. Um wieder den Text mit den Seriendruckfeldern zu sehen, klicken Sie erneut auf **Vorschau Ergebnisse**.

Schritt 5

Statt einzelner Seriendruckfelder können Sie auch einen kompletten Adressblock einfügen. Dazu klicken Sie auf **Adressblock** ❸. Im Dialog **Adressblock einfügen** wählen Sie links unter **Adresselemente festlegen** das Format.

Schritt 6

Falls Ihre Datenliste andere Feldnamen verwendet als Word, können Sie die Zuordnung über **Übereinstimmende Felder festlegen** ❹ anpassen. Im zugehörigen Dialog bestimmen Sie für jedes Feld, das im Adressblock verwendet wird, ein Feld aus der Datenquelle bzw. Adressliste.

❗ Speichern

Denken Sie daran, das Dokument mit den eingefügten Seriendruckfeldern, das sogenannte *Hauptdokument*, zu speichern.

Die Datenfelder einfügen (Forts.)

Schritt 7

Nachdem Sie beide Dialoge mit **OK** verlassen haben, wird der Adressblock in das Dokument eingefügt ❶. Auch hier können Sie über die Schaltfläche **Vorschau Ergebnisse** eine Qualitätskontrolle durchführen und prüfen, ob die Ergebnisse in Ordnung sind.

Schritt 8

Ähnlich wie den Adressblock können Sie eine Anrede einfügen. Setzen Sie den Cursor an die betreffende Stelle im Text, und klicken Sie auf die Schaltfläche **Grußzeile**.

Schritt 9

Im Dialog **Grußzeile einfügen** bestimmen Sie zuerst das Format für die Grußzeile. Keine Sorge: auch wenn in der Vorschau »Herr« steht, wird die Anrede in Briefen an Frauen korrekt sein.

Den Brieftext schreiben

Es spielt keine Rolle, wann Sie den nicht variablen Text des Briefes schreiben. Sie können das gleich zu Anfang erledigen oder nachdem Sie die Seriendruckfelder eingefügt haben.

Schritt 10

Nachdem Sie den Dialog mit **OK** bestätigt haben, wird das Feld für die Grußzeile eingefügt. Sie sehen in der Zeile jetzt <<*Anrede*>> ②.

Schritt 11

Auch hier hilft wieder die Vorschau, um die Ergebnisse zu kontrollieren. Klicken Sie also auf die Schaltfläche **Vorschau Ergebnisse.** Sie sehen sowohl den Adressblock als auch die tatsächliche Anrede.

Schritt 12

Sie können auch gezielt nach Empfängern suchen, z. B. wenn Sie einen einzelnen Brief ändern/ergänzen möchten. Dazu klicken Sie auf die Schaltfläche **Empfänger suchen** ③. Im zugehörigen Dialog geben Sie den Namen des gesuchten Empfängers ein und klicken auf **Weitersuchen** ④.

> ℹ️ **Anrede**
>
> Anhand der Einträge in den Feldern **Anrede** und **Titel** ermittelt Word das Geschlecht, um die Grußzeile anzupassen. Leider übernimmt Word dabei nicht die Angaben, die üblicherweise im Feld **Titel** gemacht werden, wie *Dr.* oder *Prof.*

Das Outlook-Adressbuch als Datenquelle nutzen

Sie müssen nicht für jeden Serienbrief eine neue Empfängerliste erstellen. Genauso gut können Sie auf Ihre Adressen zurückgreifen, die Sie in Outlook sammeln.

Schritt 1

Beginnen Sie Ihren Serienbrief, wie wir es im ersten Abschnitt dieses Kapitels gezeigt haben. Allerdings wählen Sie im Menü der Schaltfläche **Empfänger auswählen** den Eintrag **Aus Outlook-Kontakten auswählen**.

Schritt 2

Wenn Sie Outlook nicht geöffnet haben, müssen Sie zunächst Ihr Profil auswählen. Sofern Sie nur ein Profil eingerichtet haben (was die Regel sein dürfte), können Sie den voreingestellten Profilnamen mit **OK** übernehmen.

Schritt 3

Im nächsten Dialog wählen Sie den gewünschten Kontakteordner aus. Auch hier dürfte die Auswahl nicht allzu groß sein, da normalerweise nur ein Kontakteordner verwendet wird.

i

Die Adressdaten vervollständigen
Überprüfen Sie ggf. vor der Vorbereitung des Serienbriefs die Kontaktdaten in Outlook. Geben Sie z. B. fehlende Adressdaten ein.

Schritt 4

Im Dialog **Seriendruckempfänger** sehen Sie eine Liste aller Kontakte des Ordners. Wenn es Einträge gibt, die den Serienbrief nicht erhalten sollen, können Sie den Kreis der Empfänger hier einschränken.

Schritt 5

Deaktivieren Sie die Häkchen bei den Empfängern, die den Serienbrief nicht erhalten sollen. Verlassen Sie den Dialog dann mit **OK**. Mit **Aktualisieren** ❶ können Sie die Outlook-Kontakte aktualisieren.

Schritt 6

Anschließend können Sie in Ihrem Serienbrief über die Seriendruckfelder auf alle Kontaktinformationen aus Outlook zugreifen. Fügen Sie die Felder wie ab Seite 308 beschrieben in das Dokument ein.

i Vorhandene Listen wählen

Auf vorhandene Adresslisten im MDB-Format greifen Sie zu, indem Sie im Menü der Schaltfläche **Empfänger auswählen** die Option **Vorhandene Liste verwenden** markieren. Im Dialog **Datenquelle auswählen** wählen Sie dann die Datei aus, die die Adressdaten für den Serienbrief enthält.

Eine Excel-Adressliste als Datenquelle nutzen

Auch Adressen, die Sie in Excel sammeln und verwalten, können Sie in Serienbriefen nutzen. Voraussetzung ist natürlich, dass Sie die Adressinformationen sinnvoll in Spalten und Zeilen abgelegt haben.

Schritt 1

Beginnen Sie Ihren Serienbrief, wie in den vorangegangenen Abschnitten beschrieben. Klicken Sie dann im Menü der Schaltfläche **Empfänger auswählen** auf **Vorhandene Liste verwenden**.

Schritt 2

Im Dialog **Datenquelle auswählen** markieren Sie die Excel-Datei, die die Adressinformationen enthält ❶. Anschließend klicken Sie auf die Schaltfläche **Öffnen**.

Schritt 3

Jetzt müssen Sie bestimmen, welches Tabellenblatt die Adressinformationen beinhaltet. Markieren Sie also seinen Namen. Im Normalfall stehen in der ersten Zeile die Spaltenüberschriften *Vorname*, *Name* etc., daher können Sie die entsprechende Option ❷ aktiviert lassen. Klicken Sie dann auf **OK**.

Schritt 4

Nach der Verbindung mit der Excel-Tabelle verfahren Sie wie üblich: Platzieren Sie den Cursor im Dokument, und fügen Sie die Seriendruckfelder ein. In der Liste sehen Sie als Felder die Spaltenüberschriften der Excel-Tabelle.

Schritt 5

Rufen Sie ggf. den Dialog **Übereinstimmende Felder festlegen** auf (siehe Schritt 6 auf Seite 309), um Felder bzw. Feldnamen anzupassen (siehe dazu den Kasten »Übereinstimmende Felder«).

Schritt 6

Schauen Sie sich das Ergebnis in der Vorschau an. Formatierungen der Adresselemente nehmen Sie übrigens immer im Hauptdokument vor. Markieren Sie das entsprechende Seriendruckfeld, und weisen Sie die gewünschte Formatierung zu.

ℹ Übereinstimmende Felder

Die Zuordnung von Spaltenüberschriften und Feldnamen (Schritt 5) müssen Sie nur vornehmen, wenn Sie die Funktionen **Grußzeile** oder **Adressblock** verwenden wollen.

Daten filtern und sortieren

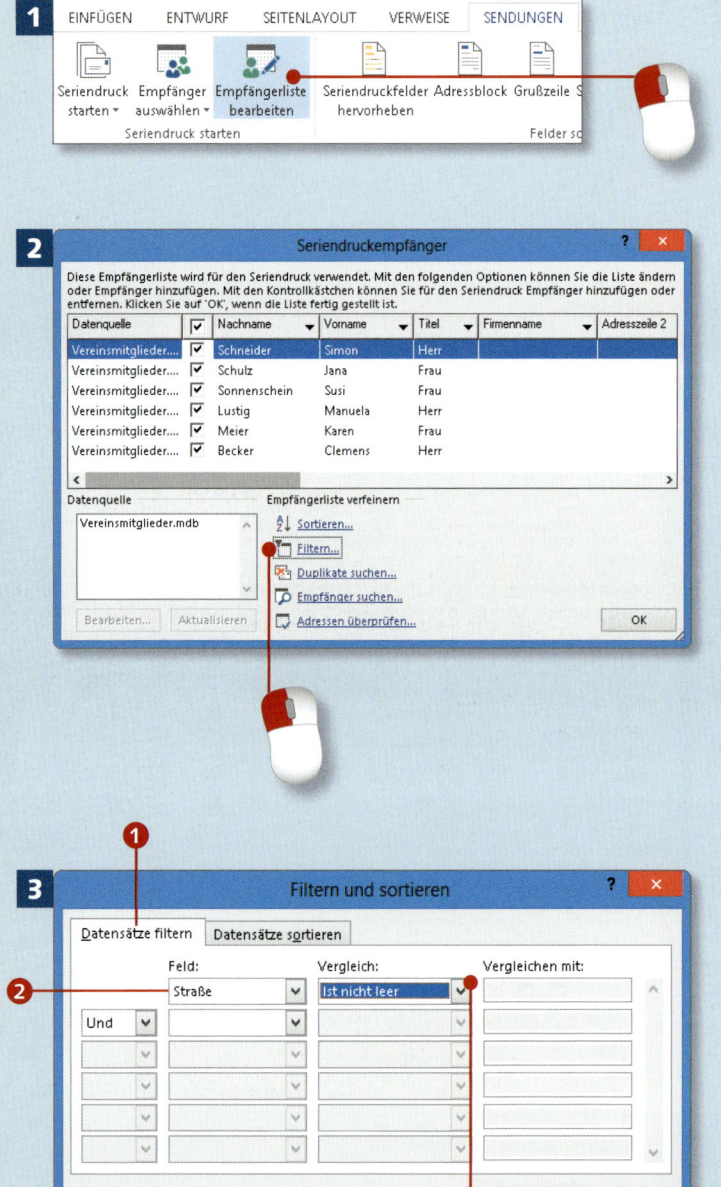

Sie müssen nicht allen Empfängern schreiben, die in Ihrer Empfängerliste enthalten sind. Word bietet einen einfach zu bedienenden Filter.

Schritt 1

Um eine Sortierung durchzuführen und/oder bestimmte Adressen aus dem Empfängerkreis herauszufiltern, klicken Sie auf der Registerkarte **Sendungen** auf **Empfängerliste bearbeiten**.

Schritt 2

Im Dialog **Seriendruckempfänger** sind alle Empfänger Ihrer Adressliste aufgelistet. In manchen Fällen sollen aber nicht alle den Serienbrief erhalten. Das ist kein Problem, mit einem Filter lässt sich das regeln. Klicken Sie auf **Filtern**.

Schritt 3

Im Dialog **Filtern und sortieren** wählen Sie auf der Registerkarte **Datensätze filtern** ❶ zunächst das Feld aus, das die Information enthält, nach der Sie die Empfängerliste einschränken möchten. Um z. B. alle Adressen auszuschließen, bei denen die Straßenangabe fehlt, wählen Sie das Feld **Straße** ❷ und als Vergleich **Ist nicht leer**.

Schritt 4

Um eine weitere Bedingung hinzuzufügen, legen Sie zunächst die Art der Verknüpfung fest, z. B. **Und** ❸. Um nur Berlinern den Serienbrief zu schicken, stellen Sie als Feld **Ort** ein ❹, als Vergleich **Gleich** ❺, und in die Spalte **Vergleichen mit** schreiben Sie »Berlin«.

Schritt 5

Wechseln Sie zur Registerkarte **Datensätze sortieren** ❻. Wählen Sie zunächst das Feld aus, z. B. **Nachname**, und legen Sie daneben die Sortierreihenfolge fest ❼.

Schritt 6

Nachdem Sie den Dialog **Filtern und sortieren** mit **OK** geschlossen haben, sehen Sie den Erfolg Ihrer Aktion im Dialog **Seriendruckempfänger**. Hier werden nur noch Datensätze aus Berlin angezeigt, die nach dem Nachnamen sortiert sind.

i

Filter entfernen

Um wieder alle Datensätze aufzunehmen, müssen Sie die Filter entfernen. Dazu klicken Sie im Dialog **Seriendruckempfänger** auf **Alle löschen** (❽ in Bild 5).

Den Serienbrief drucken

Bevor Sie Hunderte von Seiten ausdrucken, können Sie sich das Ergebnis des Seriendrucks in einer Word-Datei anschauen.

Schritt 1

Nachdem Sie den Serienbrief zusammengestellt haben, können Sie sich alle Briefe in einer Datei anzeigen lassen. Klicken Sie auf der Registerkarte **Sendungen** auf **Fertig stellen und zusammenführen ▸ Einzelne Dokumente bearbeiten**.

Schritt 2

Im zugehörigen Dialog können Sie nochmals festlegen, welche Datensätze Sie in den Serienbrief aufnehmen wollen. Klicken Sie dann auf **OK**.

Schritt 3

Word erstellt ein neues Dokument, das alle Briefe enthält und sie jeweils durch einen Abschnittswechsel getrennt anzeigt. Hier könnten Sie alle Briefe noch einmal einzeln vor dem Ausdruck überprüfen und notfalls korrigieren.

> **3**
>
> Herr¶
> Simon·Schneider¶
> Kantstr.·2¶
> 10666·Berlin¶
> ¶
> ¶
> ¶
> ¶
> **Ausschreibung·BVD–Vereinsmeisterschaft·2012/2013**¶
> ¶
> ¶
> Sehr·geehrter·Herr·Schneider,¶
> ¶
> am·28.·April·2013:¶
> Vorrunde·6·Spiele,·danach·Steppleader-Finale.¶
> Das·heißt,·der·Viertplatzierte·spielt·gegen·den·Drittplatzierten,·der·Gewinner·spielt·gegen·den·Ersten.¶
> **Der·Sieger·ist·Vereinsmeister.**¶
> ¶
> Wann:·Sonntag,·den·28.·April·2013,·um·10.00·Uhr¶
> ¶
> Wo:·Delmenhorst·im·Jute·Sports·Bowling¶
> ¶
> Kosten:·12,00·€·pro·Person¶
> ¶
> Anmeldung·bis·24.·April·2013·beim·Sportwart·Hubert·Klingsbichel·(0421/541187)¶
> ¶
> Bis·dann¶
> ¶
> Der·Vorstand⸻⸻⸻Abschnittswechsel·(Nächste·Seite)⸻⸻

Schritt 4

Wenn Sie den Eindruck haben, dass alle Briefe in Ordnung sind, können Sie das Dokument wie jede andere Word-Datei ausdrucken. Klicken Sie dazu auf **Datei ▸ Drucken ❶ ▸ Drucken**.

Schritt 5

Falls Sie die fertigen Briefe nicht mehr kontrollieren möchten, können Sie sie auch direkt an den Drucker schicken. Klicken Sie dazu im Menü der Schaltfläche **Fertig stellen und zusammenführen** auf den Eintrag **Dokumente drucken**.

Schritt 6

Nachdem Sie die Empfänger ausgewählt haben ❷, können Sie im Dialog **Drucken** den Drucker auswählen und weitere Einstellungen für den Druck vornehmen. Abschließend klicken Sie unten auf **OK**.

ℹ Fertige Briefe

Im Regelfall speichern Sie die Datei mit den fertigen Serienbriefen nicht, da sie sich jederzeit neu erstellen lässt. Sie brauchen an sich nur das Hauptdokument und die Datenquelle.

Kapitel 14
Office und das Internet

In diesem Kapitel erfahren Sie, wie Sie ein Office-Dokument als E-Mail verschicken. Darüber hinaus geht es um die Möglichkeit, Dokumente im sogenannten SkyDrive abzulegen und sie online über die Office Web Apps zu bearbeiten.

Ein Office-Dokument als E-Mail verschicken

Sie können ein Dokument direkt aus dem entsprechenden Programm versenden. Diesen Vorgang starten Sie über **Datei ▸ Freigeben** ❶.

Dokumente online bearbeiten

Wir zeigen Ihnen in diesem Kapitel außerdem, wie Sie Ihre auf dem SkyDrive gespeicherten Dokumente online aufrufen, sie bearbeiten ❷ und für andere Nutzer freigeben können. Für den Onlinezugriff auf die Dokumente müssen Sie sich mit Ihrer Windows-Live-ID anmelden.

Versenden Sie ein Dokument ganz einfach per E-Mail. **1**

2 Auf dem SkyDrive abgelegte Dokumente können online bearbeitet werden.

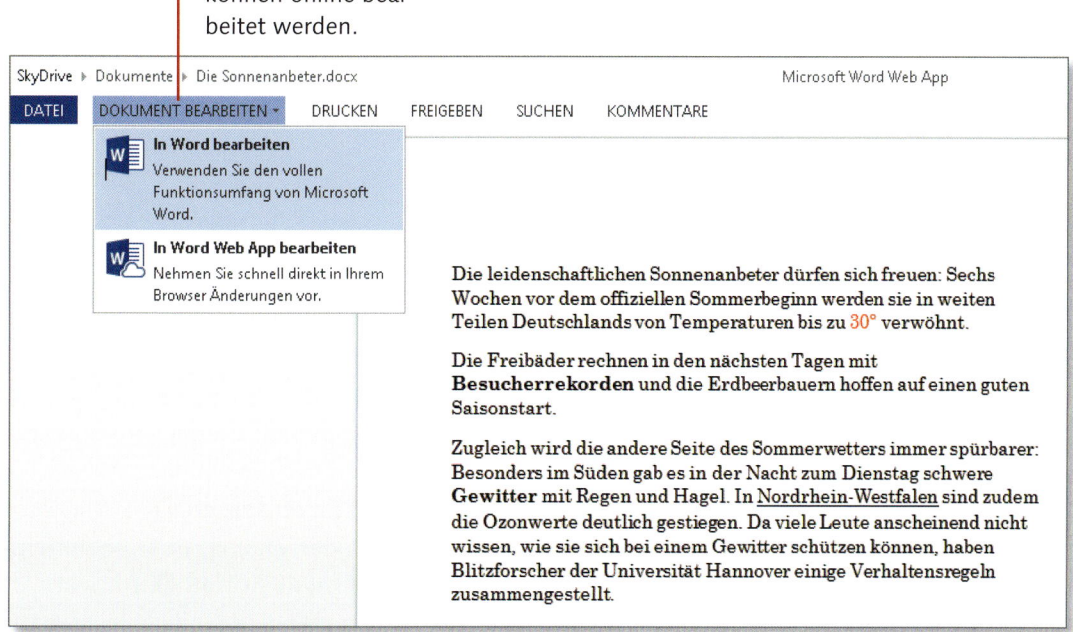

Ein Office-Dokument per E-Mail versenden

Sie können ein Office-Dokument auch direkt aus dem entsprechenden Programm verschicken. Zuvor stellen Sie sicher, dass Sie keine ungewollten Informationen mitschicken.

Schritt 1

Bevor Sie ein Office-Dokument verschicken, klicken Sie auf **Datei ▸ Informationen ❶ ▸ Auf Probleme überprüfen ▸ Dokument prüfen**.

Schritt 2

Im Dialog **Dokumentprüfung** können Sie festlegen, was geprüft werden soll. Nicht nur die Eigenschaften des Dokuments werden untersucht, sondern weitere Elemente, mit denen ungewollt Informationen preisgegeben werden. Klicken Sie dann auf **Prüfen**.

Schritt 3

Nach einem kurzen Moment wird Ihnen das Ergebnis der Überprüfung angezeigt. »Verdächtige« Informationen werden mit einem Ausrufezeichen hervorgehoben. Um diese Informationen zu löschen, klicken Sie auf **Alle entfernen ❷**. Schließen Sie dann den Dialog, oder beginnen Sie mit **Erneut prüfen ❸** von vorn.

Schritt 4

Wenn der Empfänger eine andere Office-Version verwendet, klicken Sie im Menü **Auf Probleme über-prüfen** auf den Eintrag **Kompatibi-lität prüfen** (❹ in Bild 4). Im zuge-hörigen Dialog werden Ihnen die möglichen Probleme angezeigt. Sie müssen sie separat beheben.

Schritt 5

Ein so vorbereitetes Dokument kön-nen Sie ohne Bedenken verschicken. Klicken Sie auf **Datei ▸ Freigeben** ❺, und wählen Sie im mittleren Bereich den Eintrag **E-Mail** ❻ und rechts z. B. **Als Anlage senden**.

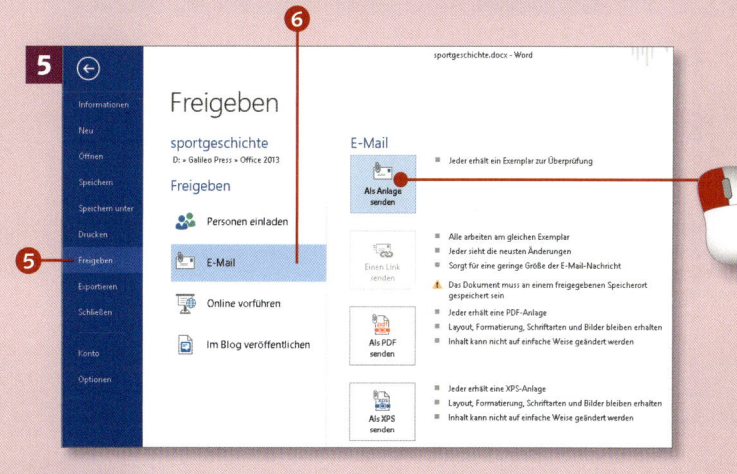

Schritt 6

Jetzt wird Outlook mit einem Fenster zum Verfassen einer neuen E-Mail gestartet. Die Word-Datei (bzw. das PDF) ist als Anlage einge-fügt ❼ und der Dateiname im Feld **Betreff** eingesetzt. Jetzt schreiben und versenden Sie die E-Mail einfach.

Office-Dokumente online bearbeiten

Mit den Office Web Apps können Sie Ihre Dokumente überall auf der Welt bearbeiten.

Schritt 1

Um ein Dokument im Internet, also auf dem SkyDrive zu speichern, klicken Sie auf **Datei ▸ Speichern unter ❶**, markieren **[Benutzername]s SkyDrive ❷** und klicken auf **Durchsuchen** (wenn Sie nicht mit Ihrer Windows-Live-ID angemeldet sind, holen Sie dies nach).

Schritt 2

Nach der Verbindung mit dem Microsoft-Server werden Ihre SkyDrive-Ordner angezeigt. Wählen Sie den Ordner, in dem Sie das Dokument ablegen wollen, z. B. **Dokumente ❸**. Geben Sie einen Dateinamen ein ❹, und klicken Sie auf **Speichern**.

Schritt 3

Um das Dokument über das Internet zu bearbeiten, loggen Sie sich bei Windows Live (*http://office. live.com/*) bzw. SkyDrive mit Ihrer Windows-Live-ID ❺ ein.

Schritt 4

Auf Ihrem SkyDrive navigieren Sie zu der Datei, die Sie öffnen möchten. Markieren Sie links **Dateien** ❻ (oder **Zuletzt** ❼), und klicken Sie z. B. auf den Ordner **Dokumente**.

Schritt 5

Daraufhin wird der Inhalt des Ordners angezeigt. Ein einfacher Klick auf das Dokument reicht, um es in der *Word Web App* zu öffnen.

Schritt 6

Zunächst können Sie das Dokument nur lesen. Um es bearbeiten zu können, klicken Sie auf den Pfeil an der Schaltfläche **Dokument bearbeiten**. Um es direkt online zu bearbeiten, wählen Sie hier **In Word Web App bearbeiten**.

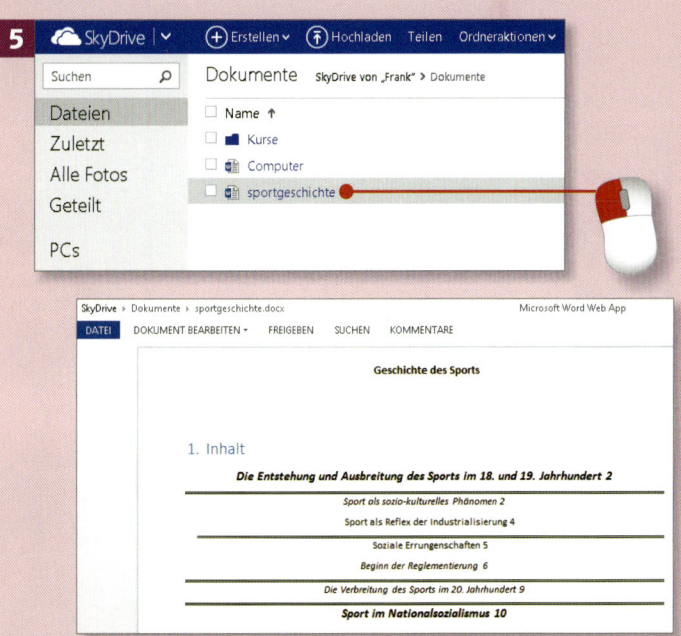

Dokumente erstellen

Sie haben mit SkyDrive nicht nur Zugriff auf Ihre hochgeladenen Dokumente, sondern können auch neue anlegen. Dazu klicken Sie in der oberen Menüleiste auf **Erstellen ▶ Word-Dokument**.

Office-Dokumente online bearbeiten (Forts.)

Schritt 7

Sie sehen in Ihrem Browser eine Oberfläche, die mehr oder minder der Oberfläche des betreffenden Office-Programms entspricht. Es fehlen allerdings einige Registerkarten und eine ganze Menge Befehle. Sie können das Dokument nun verändern und bearbeiten, z. B. eine markierte Textpassage fett hervorheben.

Schritt 8

Alle Änderungen können Sie über **Datei ▸ Speichern** ❶ speichern. Um die bearbeitete Fassung als Kopie auf Ihren lokalen Computer herunterzuladen, wählen Sie **Datei ▸ Speichern unter** ❷ **▸ Herunterladen**. Etwaige Änderungen sollten Sie aber *vor* dieser Aktion speichern.

Schritt 9

Sie werden dann gefragt, ob Sie die Seite verlassen möchten. Wenn Sie auf **Seite verlassen** ❸ klicken, werden Sie in einem weiteren Dialog gefragt, wie mit der Datei verfahren werden soll. Mit der Option **Öffnen mit (Microsoft Word)** wird die Datei lokal auf Ihrem Rechner geöffnet.

Schritt 10

Sie können Dokumente vom Sky-Drive aus mit anderen teilen. Klicken Sie auf **Freigeben** ❹. Im nächsten Fenster tragen Sie die E-Mail-Adresse ein ❺ und klicken auf **Teilen**.

Schritt 11

Um ein anderes Dokument zu öffnen, navigieren Sie zurück zum Überblick über die Inhalte (Schritt 4). Klicken Sie auf den übergeordneten Ordner. Sie werden dann gefragt, ob Sie die Seite verlassen möchten. Klicken Sie auf **Seite verlassen**.

Schritt 12

Klicken Sie auf den Link **Abmelden** oben rechts am Bildschirm. Hier sehen Sie auch, dass Sie mit *Office 365* arbeiten ❻, die offizielle Bezeichnung für die Office-Version in der Cloud.

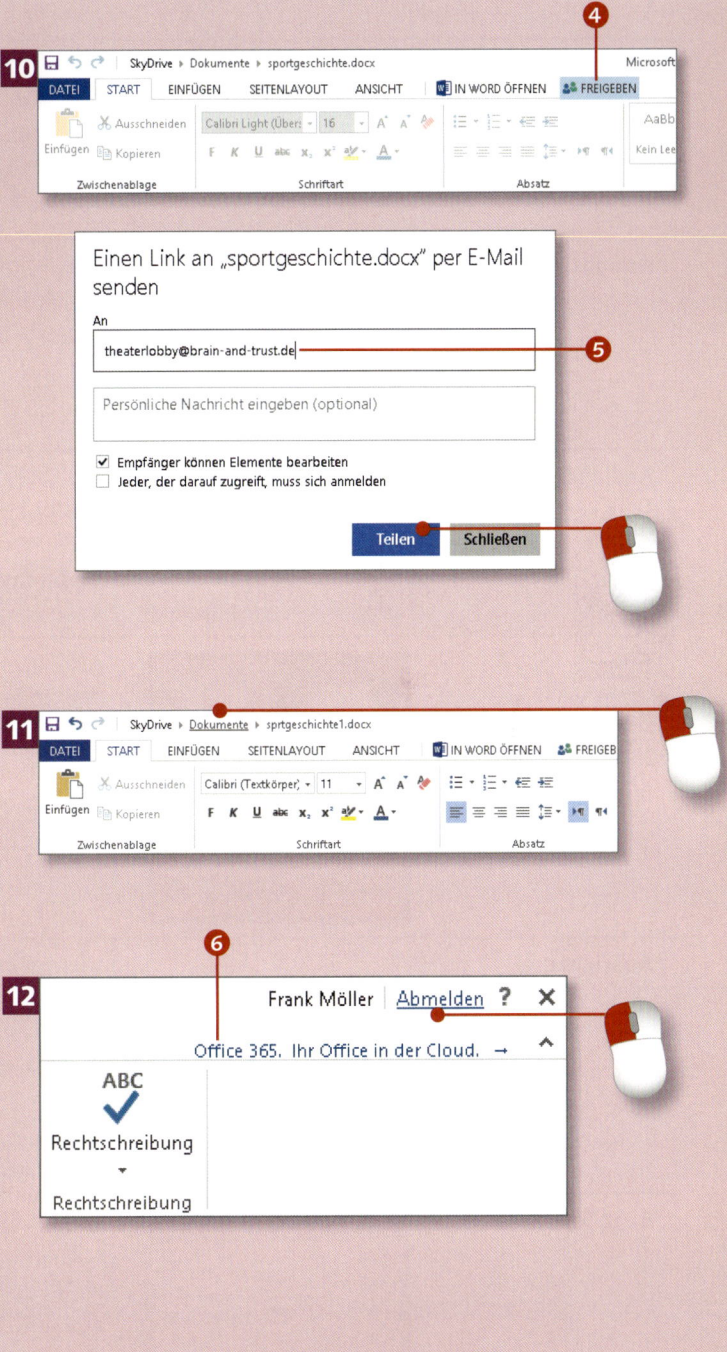

ℹ **Geteilte Dokumente**

Der Empfänger erhält eine E-Mail mit der Information, dass Sie ein Dokument mit ihm teilen möchten. Darin gibt es auch einen Link, der zu dem Dokument in der Word Web App führt.

Glossar

Absatz		Ein Absatz ist der Text zwischen zwei Absatzmarken. Sobald Sie die ⏎-Taste drücken, erzeugen Sie einen neuen Absatz, der endet, wenn Sie erneut die ⏎-Taste drücken. Dazwischen steht Fließtext, also fortlaufender Text.
Animation		Mit Animationen werden sowohl Texte als auch Objekte auf PowerPoint-Folien in Bewegung gesetzt. Es gibt viele unterschiedliche Animationseffekte.
Ansicht		Die Programme bieten auf der Registerkarte **Ansicht** unterschiedliche Möglichkeiten der Bildschirmdarstellung. In Word gibt es z. B. das **Seitenlayout** und den **Lesemodus**, in Excel die Ansichten **Normal** oder die **Umbruchvorschau**.
App	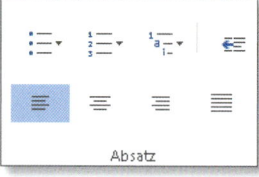	Abkürzung des englischen Begriffs *application*, mit dem jede Art von Software gemeint ist. Umgangssprachlich wird der Begriff meistens für Programme auf Smartphones und Tablet-Computern verwendet.
Ausrichtung		Hierbei geht es um die Anordnung von Absätzen auf einer Seite. Der Standard ist linksbündig (die ersten Zeichen stehen Zeile für Zeile untereinander), Absätze können aber auch zentriert, rechtsbündig oder im Blocksatz ausgerichtet werden. In Excel bezieht sich die Ausrichtung auf die Inhalte innerhalb der Zellen.
AutoText		Textpassagen, die man regelmäßig verwendet, z. B. die eigene Adresse, kann man als *AutoText* definieren. Solche AutoTexte lassen sich mithilfe des AutoText-Namens wie ein Textbaustein immer wieder verwenden (siehe auch *Schnellbaustein*).

Backstage-Bereich		Das Menü, das über die Registerkarte **Datei** geöffnet wird, wird als *Backstage-Bereich* bezeichnet. Hier sind grundlegende Funktionen gesammelt, z. B. **Speichern**, **Öffnen**, **Drucken** und **Freigeben**.
Bildschirm-präsentation		Wenn PowerPoint-Folien am Bildschirm vorgeführt werden, in der Regel mit Animationen und Folienübergängen, spricht man von einer *Bildschirmpräsentation*.
Bildschirm-tastatur		Eine Tastatur, die an einem Touch-Bildschirm eingeblendet werden kann. Zum Schreiben werden die virtuellen Tasten mit dem Finger angetippt.
Browser		Computerprogramm zur Darstellung von Internetseiten oder Dokumenten im Internet, z. B. der Internet Explorer oder Mozilla Firefox.
ClipArt	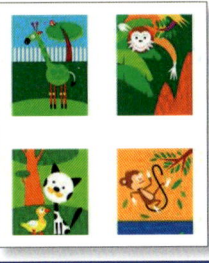	ClipArts sind Bilder (Illustrationen, Fotos) und andere Mediendateien, die in ein Dokument eingefügt werden können.
Datei-Explorer		Auch kurz: Explorer (früher: Windows-Explorer). Der Standard-Dateimanager von Windows. Dazu gehören z. B. die Taskleiste, der Desktop und das Dateimanager-Fenster.

Glossar

Design		Das gewählte Design bestimmt das Aussehen des gesamten Dokuments, einschließlich der Schriftarten, -farben oder Texteffekte. Office 2013 bietet zahlreiche Designs an (jedoch nur in den Dateiformaten DOCX, PPTX oder XLSX).
Diagramm		Ein Diagramm stellt Zahlenmaterial grafisch dar. Es gibt verschiedene Diagrammtypen. Klassisch sind Balken-, Säulen-, Kreis- oder Liniendiagramme.
Dokument-vorlage	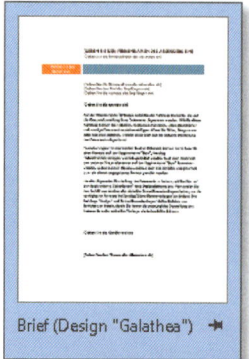	Dokumentvorlagen sind vorgefertigte Dokumente. Sie können Formatierungen, Text und andere Elemente enthalten. Selbst erstellte Dokumentvorlagen werden unter **Persönlich** gesammelt; Word bietet zahlreiche Vorlagen für unterschiedliche Zwecke an.
Drag & Drop		Drag & Drop bezeichnet eine Methode, Text zu kopieren und einzufügen. Man markiert den Text und zieht ihn mit der Maustaste an die gewünschte Stelle im Dokument.
Einzug	Die leidenschaftlichen Sonnenanbeter dürfen sich freuen: Sechs Wochen vor dem offiziellen Sommerbeginn werden sie in weiten Teilen Deutschlands von Temperaturen bis zu 60° verwöhnt. ¶ Die Freibäder rechnen in den nächsten Tagen mit **Besucherrekorden** und die Erdbeerbauern hoffen auf einen guten Saisonstart. ¶ Zugleich wird die andere Seite des Sommerwetters immer spürbarer: Besonders in Süden gab es in der Nacht zum Dienstag schwere **Gewitter** mit Regen und Hagel. In Nordrhein-Westfalen sind zudem die Ozonwerte deutlich gestiegen. ¶	Wenn man Text ein wenig vom eingestellten Seitenrand aus einrückt (meistens vom linken Seitenrand), spricht man von einem Einzug. Der Befehl wirkt sich auf den Absatz aus, in dem der Cursor steht.

E-Mail-Konto		Um E-Mails mit Outlook versenden und empfangen zu können, müssen Sie mithilfe der Anmeldedaten, die Sie vom Provider erhalten haben, ein E-Mail-Konto einrichten.
Empfängerliste		Eine Empfängerliste ist (in Word) eine Datei, die die Adressdaten der Empfänger eines Serienbriefes enthält. Solche Dateien werden ansonsten auch als *Datenquelle* bezeichnet.
Entwurfsansicht		Die Ansicht **Entwurf** ist eine der möglichen Ansichten in Word. Im Gegensatz zum **Seitenlayout** werden hier keine Ränder, Seitenumbrüche oder Ähnliches angezeigt; das Dokument sieht also nicht so aus wie der Ausdruck.
Fingereingabe		Bezeichnet die Möglichkeit, Office bei einem Touchscreen auch über Fingerberührung zu bedienen. Ein spezieller Fingereingabe-Modus sorgt für mehr Platz zwischen den Befehlen/Symbolen.
Folie		Für eine PowerPoint-Präsentation werden einzelne Folien erstellt. Diese Folien können Text, Grafiken, Zeichnungen und Sound enthalten und als Bildschirmpräsentation vorgeführt werden.
Folienübergang		In einer Bildschirmpräsentation wird eine Folie nach der anderen gezeigt. Mit den Übergängen stellt man ein, auf welche Weise dieser Übergang erfolgt.

Glossar

Form		Die Office-Programme bieten vorgefertigte Formen (Rechtecke, Ellipsen, Dreiecke etc.), die man auf einem Blatt bzw. einer Folie aufziehen und dann weiterbearbeiten kann.
Formatierung		Die optische Bearbeitung eines Textes nennt man Formatierung. In Word unterscheidet man zwischen Zeichenformatierung (die Veränderung einzelner Zeichen), Absatzformatierung (die Bearbeitung von Absätzen) und Seitenformatierung (die Bearbeitung des ganzen Dokuments). In Excel werden die markierten Zellbereiche formatiert, in PowerPoint markierter Text oder Textfelder.
Formatvorlage		Formatvorlagen sind gebündelte Formatierungen (z. B. eine bestimmte Schriftart, eine Schriftgröße oder eine Farbe), die man einem Absatz per Mausklick zuweisen kann. Auf diese Weise kann man Textabschnitte sehr schnell und immer gleichbleibend formatieren. Es gibt fertige Formatvorlagen (z. B. **Überschrift 1**), die sich anpassen lassen.
Funktion		Um Berechnungen in Excel anzustellen, kann man entsprechende Funktionen verwenden. Excel bietet zahlreiche solcher Funktionen für unterschiedliche Einsatzgebiete und Berechnungen an.
Fußnote		Fußnoten sind Texte, die am Ende einer Seite stehen. Es handelt sich um Ergänzungen, z. B. Literaturhinweise, Quellenangaben oder Kommentare. Fußnotenzeichen im Text verweisen auf die Fußnoten, denen das entsprechende Fußnotenzeichen ebenfalls vorangestellt wird.

Glossar

Fußzeile		Die Fußzeile am Ende der Seite enthält Text, der auf jeder Seite des Dokuments stehen soll. Die Wiederholung des Textes erfolgt automatisch. Typischerweise wird der Fußzeilenbereich dazu genutzt, Seitenzahlen einzufügen.
Hochformat		Das Hochformat beschreibt eine Seite, bei der sich die kürzeren Blattkanten oben und unten befinden. Öffnet man ein neues Dokument in Word, ist standardmäßig das **Hochformat** eingestellt. Das Pendant (mit den längeren Blattkanten oben und unten) ist das **Querformat**.
Junk-E-Mail		E-Mails, die unerwünscht im Posteingang landen und meistens Werbebotschaften enthalten, werden als *Junk-E-Mail* oder *Spam* bezeichnet. Man sollte sie vorsichtshalber sofort löschen, ohne sie zu öffnen.
Kalender (Outlook)		Der **Kalender** ist das Outlook-Modul, mit dem man Termine verwalten kann. Es gibt hier eine Tages-, Monats- und Wochenansicht.
Kommentar		Kommentare lassen sich in Word, Excel und PowerPoint einfügen. In Excel beziehen sie sich auf den Inhalt einer Zelle (in Word und PowerPoint auf den jeweils markierten Text).
Kontakte (Outlook)		Hinter der Schaltfläche **Kontakte** verbirgt sich das Adressbuch von Outlook. Die Kontakte können auf unterschiedliche Weise angezeigt werden, z. B. als Visitenkarten.

Glossar

Kopfzeile	Kopfzeile Fußzeile Seitenzahl Kopf- und Fußzeile	Die Kopfzeile ist der Bereich am Kopf der Seite und enthält Text, der auf jeder Seite des Dokuments stehen soll. Wie bei der Fußzeile erfolgt die Wiederholung des Textes automatisch. Oft steht in der Kopfzeile ein Firmenname, die Überschrift des Kapitels oder der Name des Dokuments.
Kopieren	Zwischenablage Alle einfügen Alle löschen Klicken Sie auf ein Element, um es einzufügen: 2.1. Sport als sozio-kulturelles Phänomen	Kopieren bedeutet in der Textverarbeitung, dass eine Textpassage mithilfe des Befehls **Kopieren** dupliziert wird. Der kopierte Text landet in der Zwischenablage und kann dann an anderer Stelle eingefügt werden.
Kursivierung	*Leidenschaftliche·Sonnenanbeter-·dürfen·sich·freuen:·Temperaturen·bis·zu·30·Grad!·¶*	Die Kursivierung ist eine Form der Auszeichnung von Schrift. Sie dient der Hervorhebung von Schrift innerhalb von Texten und Textpassagen. Kursivschrift läuft im Gegensatz zur normalen Schrift schräg (normalerweise nach rechts geneigt).
Laufweite	Leidenschaftliche·Sonnenanbeter-·dürfen·sich·freuen:·Temperaturen·bis·zu·30·Grad!·¶	Die Laufweite bezeichnet den Abstand zwischen den Zeichen einer Schrift. In Word kann man die Standardlaufweite einer Schrift sowohl verkleinern (um die Zeichen näher zusammenrücken zu lassen) als auch erweitern (sodass sich der Abstand zwischen den Zeichen vergrößert).
Lineal	☑ Lineal ☐ Gitternetzlinien ☐ Navigationsbereich Anzeigen Zoom	In Word lassen sich Lineale anzeigen (Registerkarte **Ansicht**). Es gibt das horizontale Lineal am oberen Bildschirmrand und ein vertikales Lineal am linken Rand. Beide sind in Zentimeter gegliedert und zeigen u. a. die Breite der Seitenränder an.
Markieren	🔍 Suchen ▾ ab︎ac Ersetzen Markieren ▾ Bearbeiten	Markieren bedeutet, dass man eine Anzahl von Zeichen auswählt, um Word »mitzuteilen«, dass Formatierungen nur auf diesen Text angewendet werden sollen. Üblicherweise markieren Sie mit der Maustaste, es geht aber z. B. auch mit den Pfeiltasten, per Tastenkombination, über das Menüband und bei einem Touchdisplay mit dem Finger.

Notiz		In Outlook gibt es das Modul **Notizen**, das es ermöglicht, wichtige Informationen auf einem »Zettel« festzuhalten.
Postausgang		Der **Postausgang** ist der Ordner in Outlook, in dem E-Mails vor dem Versand abgelegt werden. Treten beim Versand Probleme auf (fehlt z. B. eine Internetverbindung), wird die E-Mail erst einmal hier aufbewahrt. Klicken Sie auf der Registerkarte **Senden/Empfangen** auf **Alle senden**. Damit werden alle Nachrichten aus dem Postausgang verschickt.
Posteingang		Der **Posteingang** ist der Outlook-Ordner, in dem die empfangenen Mails gesammelt und angezeigt werden.
Querformat		Das **Querformat** beschreibt eine Seite, bei der sich die längeren Blattkanten oben und unten befinden. Es eignet sich beispielsweise für Tabellen mit vielen Spalten.
Rechtschreibprüfung		Die Rechtschreibprüfung in Word überprüft den geschriebenen Text anhand eines programmeigenen Wörterbuchs. Wurde ein Wort nicht so geschrieben, wie es im Wörterbuch steht, oder ist der Begriff unbekannt, erscheint unter dem Wort eine rote Wellenlinie.

Glossar

Registerkarte		Registerkarten sind die Bereiche auf dem Menüband, auf denen passende Befehle und Funktionen zu unterschiedlichen Themen gesammelt sind. Mit einem Klick auf den jeweiligen Reiter wechselt man die Registerkarten. Auch Dialogfenster können mehrere Registerkarten beinhalten.
Schnellbaustein	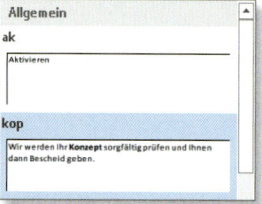	Für Textpassagen, die Sie häufig verwenden, können Sie Schnellbausteine anlegen. Einmal definiert, kann man sie immer wieder in ein Dokument einfügen. Word bietet auch von Haus aus Schnellbausteine an.
Schriftart	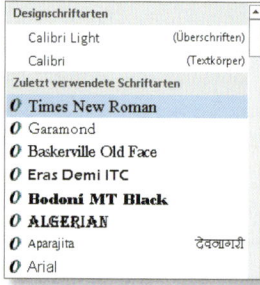	Die Schriftart ist die grafische Gestaltung eines Zeichensatzes. Zur Unterscheidung der typografischen Eigenschaften erhalten Schriften Namen, z. B. **Arial**, **Courier** oder **Times New Roman**. Die Office-Programme werden standardmäßig mit vielen verschiedenen Schriftarten ausgeliefert.
Schriftschnitt		Zum Schriftschnitt gehören Formatierungen wie **Fett** oder **Kursiv** zur Gestaltung und/oder Hervorhebung von Zeichen bzw. Textpassagen.
Seitenlayout		Das Seitenlayout betrifft sowohl die eingestellten Seitenränder eines Dokuments als auch die Ausrichtung des Blattes, wobei zwischen Hochformat und Querformat unterschieden werden kann.

Glossar

Serienbrief		Ein Serienbrief ist ein Dokument, das an mehrere Empfänger versendet wird. Eine Datenbank enthält die variablen Elemente, z. B. Namen und Adressen der Empfänger. Diese werden mithilfe von Feldern in die Textvorlage/das Dokument integriert. Durch das Zusammenführen des Dokuments mit der Datenquelle ergeben sich die fertigen Serienbriefe.
SkyDrive		Ein Dienst von *Microsoft Windows Live*, der es ermöglicht, Dateien auf eine Online-Festplatte hochzuladen und dort zu bearbeiten. Anderen Nutzern kann der Zugriff auf Dokumente, die hier gespeichert sind, gewährt werden. Der Zugriff erfolgt über einen Webbrowser (z. B. Internet Explorer, Safari oder Firefox).
Spalte		Ein Word-Dokument kann einspaltig geschrieben sein (Standard) oder in mehrere Spalten unterteilt werden. Die Zeilen werden am Ende der Spalte umbrochen. Am Ende einer Spalte springt der Cursor zum Anfang der nächsten Spalte (oder in die erste Spalte der Folgeseite). In Excel ist der Bildschirm in Spalten und Zeilen unterteilt. Die Spalten werden mit **A**, **B**, **C** usw. benannt.
Spam		Unerwünschte E-Mails, die in aller Regel von dubiosen Absendern stammen, die per E-Mail bestimmte Produkte bewerben. Man sollte sie vorsichtshalber sofort löschen, ohne sie zu öffnen (siehe auch *Junk-E-Mail*).
Statusleiste		Die Statusleiste befindet sich am unteren Rand des Programmfensters. Hier werden u. a. Informationen über die Anzahl der Seiten und Wörter angezeigt. Rechts in der Statusleiste können Sie den Zoom einstellen oder die Ansicht ändern.

Glossar

Summenfunktion		Mithilfe der Summenfunktion lassen sich Werte in einer Excel-Tabelle sehr leicht zusammenzählen.
Tabelle		Eine Tabelle ist eine geordnete Zusammenstellung von Texten und/oder Daten. Um in Word mit einer Tabelle zu arbeiten, fügt man sie einfach mit der gewünschten Spalten- und Zeilenanzahl in das Dokument ein. Die Bildschirmansicht von Excel hingegen ist standardmäßig in Spalten und Zeilen eingeteilt.
Texteffekt		Mithilfe der Texteffekte wendet man einen Grafikeffekt auf den markierten Text an. Zu diesen Effekten zählen z. B. **Schatten**, **Spiegelung** oder **Leuchten**. Das Menü ist nur im Dateiformat DOCX nutzbar.
WordArt	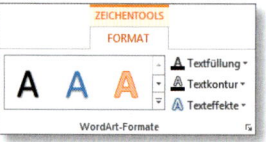	Mit WordArt kann Text dekorativ gestaltet werden. So erreichen Sie Effekte, die mit einer »normalen« Formatierung nicht einzustellen wären, z. B. Konturen und unterschiedlichste Verformungen von Schriftzügen (wie Bogen oder Wellen).
Zahlenformat		Zahlen werden in Excel mithilfe der Zahlenformate gestaltet. Man weist z. B. die Anzahl der Dezimalstellen und ein Währungszeichen zu.

Zeilenumbruch		Text wird in Word automatisch umbrochen, wenn das Ende der Zeile, also der rechte Seitenrand, erreicht ist. Der Cursor springt dann in die nächste Zeile. Die ↵-Taste wird nur gedrückt, um bewusst einen neuen Absatz zu beginnen. Mit ⇧ + ↵ erzeugt man einen *weichen Umbruch*. Dies bedeutet, dass der Cursor zwar in die nächste Zeile wandert, aber in der Word-Definition kein neuer Absatz beginnt. Formatierungen z.B. werden fortgesetzt.
Zelladresse	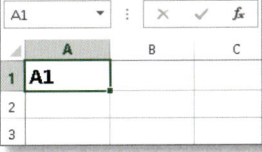	Die Zelladressen bilden sich in Excel aufgrund der Spalten- und Zeilenbezeichnungen, d.h. aus Buchstaben und Zahlen. Die Zelle ganz oben links heißt dementsprechend A1.
Zelle		Die Einteilung von Tabellen in Spalten und Zeilen ergibt die Zellen. Dies sind die Bereiche, in die die Werte eingegeben werden. Man spricht sowohl bei Excel- als auch bei Word-Tabellen von Zellen.
Zoom		Mit dem Zoom wird die Anzeige auf dem Bildschirm gesteuert. Je höher der Zoomwert ist, desto größer wird die Anzeige der Schrift, doch der Ausschnitt verkleinert sich entsprechend.

Index

Index

Index

Index

Index

- Das ideale Nachschlagewerk – für alle Windows-Editionen geeignet

- Fotos, Musik, Videos, Internet, E-Mails, Netzwerk u.v.m.

- Mit klaren Schritt-für-Schritt-Anleitungen

René Gäbler

Windows 8
Der umfassende Ratgeber

So haben Sie Windows 8 schnell im Griff. René Gäbler zeigt und erklärt Ihnen das System mit all seinen Möglichkeiten. Von der Installation und dem Umgang mit Dateien und Ordnern über die Einrichtung von Hard- und Software bis hin zum eigenen Heimnetzwerk. In Farbe, mit vielen Bildern und anhand zahlreicher Schritt-für-Schritt-Anleitungen führt Sie René Gäbler in diesem umfassenden Ratgeber durch Windows 8. Kompetent, praxisnah und vollständig.

778 S., 2013, komplett in Farbe, mit DVD, 29,90 Euro
ISBN 978-3-8421-0058-9
www.vierfarben.de/3173

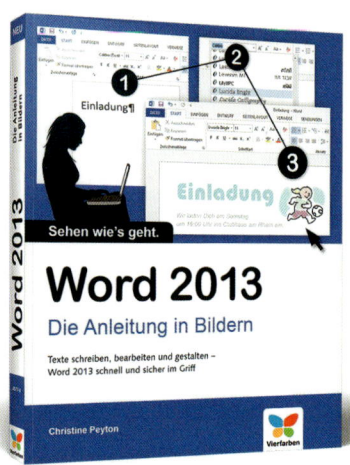

Christine Peyton

Word 2013
Die Anleitung in Bildern

Christine Peyton zeigt Ihnen, wie Sie
mit Word schreiben und gestalten,
problemlos drucken oder Ihren Text mit
Bildern interessanter machen. Dank
kompletter Praxisbeispiele kommen Sie
Schritt für Schritt zu ansehnlichen
Ergebnissen.

300 S., 2013, komplett in Farbe,
9,90 Euro
ISBN 978-3-8421-0077-0
www.vierfarben.de/3290

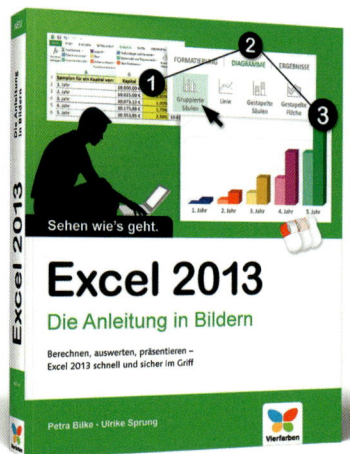

Petra Bilke, Ulrike Sprung

Excel 2013
Die Anleitung in Bildern

Mit diesem Buch lernen Sie, wie Sie
Daten in Excel eingeben, Formeln und
Funktionen nutzen, Diagramme
gestalten oder Tabellenblätter ausdrucken. Jeder Schritt wird an einem
Bild verdeutlicht, sodass Sie Excel auch
ohne Vorkenntnisse sicher bedienen.

358 S., 2013, komplett in Farbe,
9,90 Euro
ISBN 978-3-8421-0074-9
www.vierfarben.de/3287